Pages précédentes:
Montréal en 1830, d'après un dessin de R.-A. Sproule. (*La Presse*)

Claude-V. Marsolais
Luc Desrochers - Robert Comeau

Histoire des
maires de Montréal

vlb éditeur

VLB ÉDITEUR
Une division du groupe
Ville-Marie Littérature
1000, rue Amherst, bureau 102
Montréal, Québec
H2L 3K5
Tél.: (514) 523-1182
Télécopieur: (514) 282-7530

Infographie:
Luc Lapierre

Maquette de la couverture:
Christiane Houle

Photo de la couverture:
Conseil municipal en 1883, Archives de la
Ville de Montréal. Photo: Notman

Distribution:
LES MESSAGERIES ADP
955, rue Amherst
Montréal, Québec
H2L 3K4
Tél.: (514) 523-1182
        interurbain sans frais: 1 800 361-4806

Dépôt légal: 4e trimestre 1993
Bibliothèque nationale du Québec
ISBN 2-89005-547-7

LISTE DES MAIRES

1-VIGER, Jacques, maire de 1833 à 1836. Né à Montréal le 7 mai 1787, il y décéda le 12 décembre 1858 à l'âge de 71 ans.

2-McGILL, Peter, maire de 1840 à 1842. Né à Creebridge, Écosse, en août 1789, il meurt le 28 septembre 1860 à Montréal, à l'âge de 71 ans.

3-BOURRET, Joseph, maire de 1842 à 1844 et de 1847 à 1849. Né à Rivière-du-Loup le 10 juin 1802, il meurt à Montréal le 5 mars 1859 à l'âge de 56 ans.

4-FERRIER, James, maire de 1844 à 1846. Né à Dunshalt, Écosse, le 22 octobre 1800, il meurt à Montréal le 30 mai 1888 à l'âge de 87 ans.

5-MILLS, John Easton, maire en 1847. Né à Tolland, Massachussetts, le 14 octobre 1796, il meurt du typhus à Montréal le 15 novembre 1847. Il avait 50 ans.

6-FABRE, Édouard-Raymond, maire de 1849 à 1851. Né à Montréal le 15 septembre 1799, il y meurt du choléra à l'âge de 55 ans le 16 juillet 1854.

7-WILSON, Charles, maire de 1851 à 1854. Né à Coteau-du-Lac en avril 1808, il meurt à Montréal le 4 mai 1877 à l'âge de 69 ans.

8-NELSON, Wolfred, maire de 1854 à 1856. Né à Montréal le 10 juillet 1791, il y meurt le 17 juin 1863 à l'âge de 71 ans.

9-STARNES, Henry, maire de 1856 à 1858 et de 1866 à 1868. Né à Kingston le 13 octobre 1816, il meurt à Montréal le 3 mars 1896 à l'âge de 80 ans.

10-RODIER, Charles-Séraphin, maire de 1858 à 1862. Né à Montréal le 3 octobre 1797, il y meurt le 3 février 1876 à l'âge de 78 ans.

11-BEAUDRY, Jean-Louis, maire de 1862 à 1866, de 1877 à 1879 et de 1881 à 1885. Né à Saint-Henri-de-Mascouche le 27 mars 1809, il meurt à Montréal le 25 juin 1886 à l'âge de 77 ans.

12-WORKMAN, William, maire de 1868 à 1871. Né à Ballymacash, Irlande, le 21 mai 1806, il meurt à Montréal le 23 février 1878 à l'âge de 71 ans.

13-COURSOL, Charles-Joseph, maire de 1871 à 1873. Né à Fort Malden, Ontario, il meurt à Montmagny le 4 août 1885 à l'âge de 66 ans.

14-CASSIDY, Francis, maire de février à juin 1873. Né à Saint-Jacques de l'Achigan le 17 janvier 1823, il meurt à Montréal le 14 juin 1873 à l'âge de 50 ans.

15-BERNARD, Aldis, maire de 1873 à 1875. Né au lac Memphrémagog en 1810, il est mort à San José, Californie, le 3 juillet 1876 à l'âge de 66 ans.

16-HINGSTON, William-Hales, maire de 1875 à 1877. Né à Huntingdon, Ontario, le 29 juin 1829, il meurt à Montréal le 18 février 1907 à l'âge de 78 ans.

17-RIVARD, Sévère, maire de 1879 à 1881. Né à Yamachiche le 7 août 1834, il meurt à Montréal le 4 février 1888 à l'âge de 54 ans.

18-BEAUGRAND, Honoré, maire de 1885 à 1887. Né à Lanoraie le 24 mars 1849, il meurt à Westmount le 7 octobre 1906 à l'âge de 57 ans.

19-ABBOTT, John Joseph Coldwell, maire de 1887 à 1889. Né à Saint-André d'Argenteuil le 12 mars 1821, il meurt à Montréal le 30 octobre 1893 à l'âge de 72 ans.

20-GRENIER, Jacques, maire de 1889 à 1891. Né à Berthier-en-Haut le 20 janvier 1823, il meurt à Montréal le 5 mars 1909 à l'âge de 86 ans.

21-McSHANE, James, maire de 1891 à 1893. Né à Montréal le 7 novembre 1833, il y meurt le 14 décembre 1918 à l'âge de 85 ans.

22-DESJARDINS, Alphonse, maire de 1893 à 1894. Né à Terrebonne le 6 mai 1841 il y meurt le 4 juin 1912 à l'âge de 71 ans.

23-VILLENEUVE, Joseph-Octave, maire de 1894 à 1896. Né à Sainte-Anne-des-Plaines le 4 mars 1836, il meurt à Montréal le 27 juin 1901 à l'âge de 65 ans.

24-WILSON-SMITH, Richard, maire de 1896 à 1898. Né en Irlande du Nord en 1852, il meurt à Sainte-Agathe le 12 décembre 1917 à l'âge de 60 ans.

25-PRÉFONTAINE, Raymond, de 1898 à 1902. Né à Longueuil le 16 septembre 1850, il meurt à Paris le 25 décembre 1905 à l'âge de 55 ans.

26-COCHRANE, James, maire de 1902 à 1904. Né à Kincardine, Écosse, le 5 septembre 1852, il meurt à Montréal le 28 mai 1905 à l'âge de 53 ans.

27-LAPORTE, Hormidas, maire de 1904 à 1906. Né à Lachine le 7 novembre 1850, il meurt à Montréal le 20 février 1934 à l'âge de 83 ans.

28-EKERS, Henry Archer, maire de 1906 à 1908. Né à Montréal le 8 septembre 1855, il y meurt le 1er février 1907 à l'âge de 71 ans.

29-PAYETTE, Louis, maire de 1908 à 1910. Né à Montréal le 23 décembre 1854, il y meurt le 19 mars 1930 à l'âge de 76 ans.

30-GUERIN, James John Edmund, maire de 1910 à 1912. Né à Montréal le 4 juillet 1856, il y décède le 10 novembre 1932 à l'âge de 76 ans.

31-LAVALLÉE, Louis-Arsène, maire de 1912 à 1914. Né à Berthier-en-Haut le 2 février 1861, il meurt à Montréal le 19 novembre 1936, à l'âge de 76 ans.

32-MARTIN, Médéric, maire de 1914 à 1924 et de 1926 à 1928. Né à Montréal le 22 janvier 1869, il meurt à Laval-des-Rapides le 12 juin 1946, à l'âge de 77 ans.

33-DUQUETTE, Charles, maire de 1924 à 1926. Né à Montréal le 25 juillet 1869, il y meurt le 30 décembre 1937, à l'âge de 68 ans.

34-HOUDE, Camillien, maire de 1928 à 1932, 1934 à 1936, 1938 à 1940 et de 1944 à 1954. Né à Montréal le 13 août 1889, il y meurt le 11 septembre 1958, à l'âge de 69 ans.

35-RINFRET, Fernand, maire de 1932 à 1934. Né à Montréal le 28 février 1883, il meurt à Los Angeles, Californie, le 12 juillet 1939, à l'âge de 56 ans.

36-RAYNAULT, Adhémar, maire de 1936 à 1938 et de 1940 à 1944. Né à L'Assomption le 12 juillet 1891, il meurt à Saint-Bruno le 11 avril 1984, à l'âge de 92 ans.

37-DRAPEAU, Jean, maire de 1954 à 1957 et de 1960 à 1986. Il est né le 18 février 1916.

38-FOURNIER, Sarto, maire de 1957 à 1960. Né à East-Broughton le 15 février 1908, il meurt à Ottawa le 23 juillet 1980 à l'âge de 72 ans.

39-DORÉ, Jean, maire depuis 1986. Il est né le 12 décembre 1944 à Montréal.

Avant-propos

Une histoire des maires de Montréal nous a paru fort à propos pour commémorer le 350ᵉ anniversaire de fondation de notre ville. D'autant que, mis à part la contribution d'historiens qui ont déjà écrit sur la vie de quelques-uns de ces représentants, jamais une telle histoire n'a encore été publiée pour l'ensemble des 39 magistrats qui se sont succédé à la mairie depuis que Montréal a obtenu sa première charte en 1833.

Dans cet ouvrage, nous n'avons pas voulu analyser les caractéristiques sociologiques de ces maires ni produire une étude critique de l'orientation des diverses politiques municipales. Nous nous sommes plutôt limités à un survol historique des événements significatifs qui se sont déroulés sous chacune des administrations, tout en y intégrant des éléments biographiques et généalogiques pour chacun des maires. Quelques thèmes ont aussi été mis en évidence, notamment lorsqu'ils ont soulevé de grands débats ou des controverses. En ce sens, nous avons surtout voulu retracer les événements que nous avons jugés importants et qui, à nos yeux, ont marqué le développement d'une des grandes villes du continent nord-américain, métropole québécoise de trois millions d'habitants et principal foyer de la francophonie.

On peut résumer ainsi les objectifs visés dans cet ouvrage: l'étude de l'évolution de la fonction de maire de Montréal et de la démocratie municipale, l'extension de l'espace géographique et municipal et les problèmes qui en découlent, le clivage entre les deux principales communautés linguistiques, le débat entre les réformistes et les populistes qui a capté l'attention des Montréalais pendant près d'un demi-siècle et celui, plus récent, des trente dernières années qui a divisé les «participationistes» (comités de citoyens, le FRAP, le RCM) et les modernistes centralisateurs (principalement regroupés au sein du Parti civique).

Nous encourageons fortement les chercheurs que ce domaine de la recherche historique intéresse à explorer les innombrables facettes encore méconnues de la politique municipale, car si la recherche historique sur Montréal s'est considérablement développée depuis le début des années soixante-dix, l'histoire de la politique municipale n'a pas évolué au même rythme. Les chercheurs trouveront dans cet ouvrage des pistes susceptibles de les orienter. Il est bien entendu que nous avons dû également puiser dans les nombreuses synthèses qui ont été réalisées dans le passé. Parmi celles-ci mentionnons l'*Histoire de la Corporation de la cité de Montréal*, de Cléophas Lamothe, parue en 1903, l'ouvrage *Montreal, 1534-1914*, de William Henry Atherton, publié en 1914, et l'*Histoire de Montréal*, de Robert Rumilly, en cinq volumes parus entre 1970 et 1974, du *Montréal en évolution*, de Jean-Claude Marsan, ouvrage publié en 1974 dans lequel l'auteur fait l'historique du développement de l'architecture et de l'environnement montréalais, et enfin, de Paul-André Linteau, l'*Histoire de Montréal depuis la Confédération*, parue en 1992. Les volumes du *Dictionnaire biographique du Canada* leur seront également d'une grande utilité pour les personnages clés de la scène municipale qui sont décédés avant 1900.

Cet ouvrage n'aurait pas été possible sans la contribution financière de la Ville de Montréal qui nous a permis d'effectuer une partie des recherches. Nous la remercions, ainsi que l'éditeur adjoint de *La Presse*, Claude Masson, qui a ouvert si généreusement ses pages à la publication d'une chronique hebdomadaire entre le 5 janvier et le 1er novembre 1992. Nous tenons également à exprimer notre gratitude à Denys Chouinard, des Archives de la Ville de Montréal, à Normand Charbonneau, directeur du service iconographique des Archives nationales du Québec à Montréal, et Gérard Monette, directeur du service de la documentation de *La Presse*, pour leur contribution à la recherche historique et iconographique.

Enfin, nous devons signaler que cet ouvrage présente, sous une forme et un contenu légèrement remaniés et augmentés, des articles qui ont paru dans le quotidien *La Presse*. Pour la compréhension du lecteur, nous avons cru bon d'ajouter deux annexes, l'une sur les régimes administratifs municipaux de Montréal, et l'autre sur les élections à la mairie de Montréal.

ROBERT COMEAU
LUC DESROCHERS
CLAUDE-V. MARSOLAIS

Évolution de la démocratie à Montréal

Le régime électoral municipal a été lent à se démocratiser. Lors de la première élection municipale, le 3 juin 1833, seuls 1300 hommes, propriétaires de biens immobiliers, avaient le droit de vote, et à peine trois ou quatre électeurs par quartier votèrent pour leur représentant, à main levée. Le maire était choisi parmi les conseillers et par ceux-ci. À compter de 1852, il sera élu par les électeurs lors du scrutin qui se tient du 15 février au premier lundi de mars à l'hôtel de ville.

En 1860, les locataires obtiennent le droit de vote, mais à la condition d'avoir payé leurs taxes avant le 1er janvier et d'avoir acquitté la corvée (impôt annuel d'un dollar pour qui ne paie que la taxe d'eau). Or, comme ils travaillent douze heures par jour et que les bureaux de vote ne sont ouverts que pendant huit heures, ils peuvent difficilement exercer leur droit. Pour être éligible au poste de maire, il fallait posséder des biens immobiliers d'une valeur d'au moins 4000 $, ce qui représentait à l'époque l'équivalent de dix années de salaire d'un ouvrier qualifié. En 1894, cette somme sera portée à 10 000 $.

Il faudra attendre 1889 avant que ne soit introduit le scrutin secret, mesure en vigueur aux élections provinciales depuis 1875. Les filles majeures et les veuves qui sont propriétaires obtiennent également le droit de vote. En 1899, les femmes locataires gagnent à leur tour ce privilège.

Après la mise en place d'une nouvelle forme de gouvernement municipal en 1910, définie par l'élection de quatre commissaires (sorte de conseil d'administration) et d'une vingtaine de conseillers, on élimine toute contrainte à la qualité d'électeur et de candidat éligible. La pauvreté ne représente donc plus un obstacle pour être élu sur la scène municipale.

Mais la forme de gouvernement a continué à évoluer. Ainsi, après une mise en tutelle du gouvernement provincial de 1918 à 1921, le nouveau conseil est composé de trente-cinq membres parmi lesquels seront choisis cinq conseillers qui formeront le comité exécutif, organe qui devient le véritable lieu de l'exercice du pouvoir.

La crise financière de 1940 ouvre au gouvernement provincial la porte à l'imposition d'une forme de gouvernement corporatiste, très à la mode vers la fin des années trente. Le conseil municipal regroupe alors 99 conseillers répartis en trois catégories égales en nombre: les conseillers de classe A, élus uniquement par les propriétaires; les conseillers de classe B, élus par les propriétaires et les locataires; les délégués de la classe C, nommés par treize associations patronales, syndicales et universitaires. Chacune des catégories désigne deux représentants pour former le comité exécutif. Cette forme de gouvernement ne plaît guère aux Montréalais, puisque leur participation aux élections oscillera entre 20 et 30 p. 100 pendant cette période.

Aux élections municipales de 1954 apparaît la première formation politique montréalaise, la Ligue d'action civique, qui réussit à faire élire son candidat à la mairie, Jean Drapeau. En 1957, l'opposition regroupée dans un autre parti, le Ralliement du Grand Montréal, fera élire Sarto Fournier. En 1960, une faction de la Ligue d'action civique fonde le Parti civique, dirigé par Jean Drapeau et Lucien Saulnier, qui aura la voie libre jusque dans les années soixante-dix alors qu'il affrontera le Front d'action politique (FRAP), le Rassemblement des citoyens de Montréal (RCM) et le Groupe d'action municipale (GAM) à diverses élections.

Entre-temps, en 1962, le modèle corporatiste de gouvernement municipal a été aboli; seuls les quarante-cinq conseillers choisis par l'ensemble des électeurs forment le conseil municipal, et cela pour une durée de quatre ans au lieu de trois. Le maire obtient de nouveaux pouvoirs en désignant les élus qu'il veut voir siéger au comité exécutif.

En 1978, le nombre de conseillers est porté à 54. Une loi régit désormais le financement des partis politiques. Les corporations et les entreprises ne peuvent soutenir les partis locaux tandis que le montant des contributions individuelles est limité.

Cette même année, la Ville crée le poste de vérificateur dont le rôle est d'examiner les comptes et affaires relatifs aux différents fonds, services et biens de la Ville, d'examiner également les états financiers et d'émettre son opinion à ce sujet.

Enfin, en 1980, une nouvelle loi impose aux partis municipaux un mode de fonctionnement similaire à celui qui régit les partis provinciaux, notamment la reconnaissance du parti par le Directeur général des élections, la déclaration des intérêts financiers des candidats, la réglementation des dépenses électorales et le remboursement d'une partie des dépenses électorales.

Bref, désormais la démocratie à Montréal se porte bien.

1

Jacques Viger, premier maire de Montréal (1833-1836): un nationaliste érudit

ANQ-M

Jacques Viger doit son élection comme premier maire de Montréal en 1833 à sa grande connaissance de la société montréalaise et à son engagement dans le mouvement nationaliste de l'époque. Fort estimé de ses contemporains, il représente la probité et l'honnêteté. Il est en outre une véritable encyclopédie vivante. Soucieux du détail, archiviste et historien à l'âge de vingt et un ans, il notait dès 1808 dans de nombreux carnets ses observations sur Montréal et le Bas-Canada.

Premier linguiste du Québec, il a rédigé une «néologie canadienne» répertoriant les termes en usage au pays. Il a touché à tout: cartographie, statistiques, etc. Il a connu une brève carrière de journaliste au *Canadien* de Québec, où il a pu donner libre cours à son esprit nationaliste. Cousin du député de Chambly, Denis-Benjamin Viger, ainsi que du chef du «Parti patriote», Louis-Joseph Papineau, sa position dans ce puissant réseau familial lui permet d'être au cœur des événements politiques. Solidaire de la grande famille Viger-Papineau, il sera dès 1822 secrétaire du Comité de Montréal qui organise la protestation et l'opposition au projet de loi sur l'union des deux Canadas. Papineau en est le président.

Au moment où il est choisi maire par les conseillers municipaux, la Chambre d'assemblée et le Conseil législatif du Bas-Canada se livrent une lutte furieuse. Cette lutte, qui oppose le camp patriote au camp loyaliste des Britanniques pour l'obtention d'un conseil législatif plus représentatif de la composition de l'Assemblée législative, incite Viger à prendre parti pour le camp de Papineau.

Pendant la guerre de 1812 ayant opposé les anciennes colonies américaines à l'Angleterre, Viger fait partie du corps des Voltigeurs qui, sous les ordres de Salaberry, a pour mission de repousser l'envahisseur américain.

À partir de 1813, il occupera le poste d'inspecteur des chemins, des ruelles et des ponts de Montréal. Il réalisera un plan détaillé de la ville et rédigera de minutieux rapports sur l'état des chemins.

En 1825, il procède au premier recensement de l'île de Montréal, visitant lui-même chaque ménage et compilant des informations sur tous les citoyens. L'exercice consciencieux de ses devoirs d'inspecteur pendant vingt ans lui permet de prendre une place importante sur la scène politique muni-cipale. Au moment de son élection, il connaît à fond la so-ciété montréalaise et est très populaire auprès de ses conci-toyens. Sa réputation auprès des élites n'est pas moins grande. Très engagé dans les affaires publiques, il entretient des relations étroites avec ses deux cousins députés à Québec, Papineau et Viger. En 1828, il leur conseille de main-tenir assez bas le cens électoral (le montant d'imposition nécessaire pour être électeur), afin de permettre à une majorité de petits propriétaires canadiens-français de voter.

L'octroi d'une première charte municipale

La première charte municipale est octroyée à Montréal par le Conseil législatif de Québec sur une base temporaire et à la suite des pressions conjuguées du Parti canadien et des marchands anglais. Le premier cherchait une scène politique à sa mesure, alors que les marchands désiraient voir le Con-seil apporter des améliorations, devenues pressantes, aux installations portuaires de la ville.

Les deux groupes s'étaient unis dès 1828 dans un mouvement d'agitation en faveur du remplacement du système des juges de paix, nommés par le gouverneur, qui administraient alors les affaires de la ville.

Or ceux-ci ne détenaient pas suffisamment de pouvoirs pour mettre en œuvre un «plan général d'amélioration de la ville». On exigeait donc l'incorporation de la ville, ce qui impliquait l'élection par le peuple des conseillers. La loi d'incorporation de la cité de Montréal reçut la sanction royale le 5 juin 1832.

La première élection qui devait porter 16 conseillers au conseil municipal fut tenue dans les 8 quartiers le 3 juin 1833. Léon Trépanier note à ce sujet que cette élection n'avait guère détourné les électeurs de leur vie normale puisque, dans sept des huit quartiers, il n'y avait eu aucune opposition et que dans certains bureaux de vote, seulement deux ou trois électeurs s'étaient présentés pour exprimer leur choix.

L'apprentissage de la démocratie en était encore à ses débuts. Ainsi, le choix de Jacques Viger comme maire par les 13 conseillers présents à la première séance du conseil de ville ne fut connu que le lendemain, par un bref communiqué publié dans *La Minerve*.

Les élus avaient jugé que la présence des journalistes n'était pas nécessaire et ils décidèrent de siéger à huis clos. Les 27 000 citoyens recevraient donc de l'information au compte-gouttes.

Un climat agité

Au moment où Viger accède au conseil de ville, Montréal est encore sous le choc de l'affrontement à forte saveur nationaliste qui avait opposé, au printemps de 1832, Canadiens et Britanniques lors de l'élection partielle dans le quartier ouest de Montréal à la Législature du Bas-Canada. Ce scrutin s'était terminé tragiquement par la mort de trois Canadiens tombés sous les balles de soldats britanniques venus mettre un terme à une bagarre sur la place d'Armes.

Ce «massacre», pour reprendre l'expression du journal patriote *La Minerve*, s'inscrivait dans un contexte de véritable guérilla. Les patriotes comptaient faire élire dans Montréal-Ouest le docteur irlandais Daniel Tracey, propriétaire du *Vindicator*, seul journal anglophone de Montréal à épouser la cause des patriotes. Tracey fut finalement élu, mais le fait que le colonel responsable de la tuerie soit acquitté et même félicité par le gouverneur Aylmer souleva l'indignation.

Quelques mois plus tard, soit au début de juin 1832, une épidémie de choléra vient aggraver le climat de nervosité générale. L'épidémie fait près de 2000 victimes à Montréal, et touche principalement les quartiers francophones; Tracey, le député nouvellement élu, est au nombre des victimes.

À l'élection municipale de 1834, on retrouve massivement des membres du Parti canadien au conseil municipal, entre autres J. McDonnell, Robert Nelson et le jeune Louis-Hippolyte LaFontaine. Les conseillers élisent à nouveau Jacques Viger comme maire. Ces élections se déroulent dans un contexte politique très agité: les Britanniques n'acceptent pas facilement de voir siéger au conseil des partisans des «92 résolutions» de Papineau, manifeste nationaliste radical.

C'est dans ce climat que Ludger Duvernay organise le premier banquet pour célébrer la fête nationale des Canadiens français. Le maire Viger préside ce premier banquet, qui a lieu dans les jardins de la résidence de McConnell, à l'emplacement actuel de la gare Windsor, et qui prend l'allure d'une manifestation politique d'appui aux «92 résolutions». Devant plus d'une centaine de convives, le maire, alors âgé de quarante-sept ans, y chante un couplet dénonçant la tyrannie. C'est de ce jour qu'est née la tradition d'une célébration annuelle de la Saint-Jean-Baptiste.

Alors que la situation politique se radicalise, Jacques Viger sympathise avec les patriotes. Les réunions se multiplient à l'imprimerie de *La Minerve* de Duvernay et à la librairie d'Édouard Raymond Fabre, siège du comité central des patriotes. À l'automne 1836, Duvernay est condamné à trente jours de prison à la suite de propos incendiaires. L'affaire prend un caractère éminemment politique. Dans le cortège triomphal qui accompagne Duvernay à la prison, on retrouve Jacques Viger parmi les patriotes. On le retrouve encore sur la liste des souscripteurs du fonds de défense du directeur de *La Minerve*.

Viger perd son poste

La charte municipale n'avait été accordée que pour quatre ans. Devant la politisation du conseil de ville et à cause du climat politique explosif, le gouverneur décide de retirer cette tribune montréalaise aux révolutionnaires patriotes en ne renouvelant pas sa charte. À la dernière assemblée du conseil municipal d'avril 1836, le gouverneur demande au maire de faire nommer un magistrat par son conseil municipal pour administrer la ville.

Le conseil, soucieux de conserver ses prérogatives, refuse. Il préfère se passer de gouvernement municipal, plutôt que d'en avoir un qui ne serait pas élu par la population. À la suite de ce refus, le gouverneur délègue à la Cour des sessions spéciales, composée de juges de paix, le soin d'administrer la ville, comme on le faisait avant 1833.

Viger, qui avait conservé entre-temps le poste d'inspecteur des chemins, se verra retirer cette charge en 1840, bien qu'il se soit dissocié de la ligne politique suivie par Papineau au moment de l'insurrection de 1837. Il participera néanmoins à l'enquête sur les pertes entraînées par la répression militaire.

Les réalisations de Viger

Malgré le climat politique très tendu au moment de la formation du premier conseil municipal en 1833, le maire avait réussi à maintenir l'unité dans ses rangs. Dès le début, les conseillers furent invités à visiter leurs quartiers afin de suggérer des améliorations. Il en résulta un meilleur éclairage des rues et l'adoption de mesures de prévention contre le choléra.

Viger fera entreprendre d'importants travaux de drainage dans les faubourgs situés au pied de la rue Sherbrooke.

On lui doit l'adoption du sceau de la Corporation de la ville. Ce blason réunit les quatre éléments principaux de la population montréalaise de l'époque: la rose d'Angleterre, le chardon d'Écosse, le trèfle d'Irlande et le castor du Canada.

En plus de ses travaux d'érudition et de collectionneur, on doit à Viger d'avoir fondé, en 1858, l'année même de sa mort survenue le 12 décembre, la Société historique de Montréal, d'avoir noté des observations sur une multitude de sujets, comme l'esclavage, l'enseignement, les institutions religieuses, etc.

R. C.

SOURCES

DBC, t. VIII, p. 1010-1014.

GALARNEAU, France, «L'élection partielle du quartier ouest de Montréal en 1832», *Revue d'histoire de l'Amérique française (RHAF)*, vol. XXXII, n° 4, p. 565-584.

MORIN, Victor, «Esquisse biographique de Jacques Viger», *Mémoires de la S.R.C.*, 1938, p. 183-190.

RUMILLY, Robert, *Histoire de Montréal*, Montréal, Fides t. I, 1970, p. 191-216.

TRÉPANIER, Léon, «Le premier gouvernement de Concordia», *Cahiers des Dix*, vol. XXVIII, p. 209-218.

ANQ-M

2

Peter McGill, celui qui n'a jamais affronté des élections

Il y a une constante dans la carrière politique de Peter McGill, deuxième maire de Montréal au pouvoir de 1840 à 1842, c'est qu'il n'a jamais affronté une élection.

En effet, en même temps qu'il accordait à Montréal sa deuxième charte, le gouverneur Sydenham décrétait la composition du nouveau conseil, soit 18 conseillers municipaux dont 12 anglophones, et désignait Peter McGill au poste de maire.

Le deuxième maire était un membre éminent de l'élite anglophone, nommé dès janvier 1832 membre du Conseil législatif du Bas-Canada, puis, en novembre de la même année, membre du Conseil exécutif.

À ce titre, il était ce que l'on appelait à l'époque un digne représentant de la «clique du Château» tant décriée par le Parti canadien de Louis-Joseph Papineau et que lord Durham accusera d'avoir été en grande partie responsable de l'insurrection de 1837-1838. Cette clique pratiquait un favoritisme éhonté, notamment dans l'octroi de postes publics ou de terres de la Couronne à des proches ou à des partisans.

McGill s'engage dans l'administration municipale de Montréal dès 1836, alors qu'il est nommé membre de la Cour spéciale des sessions de la paix, laquelle est chargée d'administrer les affaires courantes de la cité, la première charte de Montréal, en vigueur de 1832 à 1836, n'ayant pas été renouvelée en raison de la paralysie des travaux législatifs à Québec.

Lors de l'agitation sociale du printemps 1837, McGill contribua à mettre sur pied une force de volontaires, qui avait des liens assez étroits avec le Doric Club, une organisation paramilitaire secrète, afin d'assurer la sécurité des loyalistes. Il coprésida avec George Moffat une assemblée publique le 6 juillet à la place d'Armes, au cours de laquelle des résolutions furent adoptées affirmant leur volonté de rester en rapports étroits avec la mère patrie. Le 23 octobre, une nouvelle manifestation de loyauté dirigée par McGill attira quelque 7000 personnes. Cela n'empêcha pas les désordres puisque, le 6 novembre, 300 patriotes, membres des Fils de la liberté, en vinrent aux coups avec les membres du Doric Club.

Les rébellions de 1837-1838 et, en particulier, les combats de rues qui eurent lieu le 7 novembre 1837 entre les Fils de la liberté et les loyalistes du Doric Club à Montréal permirent à Peter McGill de s'illustrer dans la défense des anglophones et de devenir le second maire de la ville.

(*Le Monde illustré*)

Les réalisations du conseil

À compter de 1840 et jusqu'en 1910, l'étude et l'expédition des affaires de la Ville se feront en comités. Les présidents de ces comités (on en comptera jusqu'à six selon les périodes), appelés échevins jusqu'en 1874 et élus par les conseillers, sont en fait les véritables détenteurs du pouvoir municipal.

On doit à McGill et à son premier conseil d'avoir élaboré les premiers règlements régissant la ville. C'est avec modestie que les conseillers présentèrent, en novembre 1842, un document de 136 pages, dont la préface renferme la remarque suivante: «Étant donné la récente existence de la corporation municipale, la multiplicité des sujets devant faire l'objet d'une réglementation ainsi que l'augmentation rapide de la population et des limites de la ville, il nous est impossible de juger de l'à-propos des nouveaux règlements jusqu'à ce que l'usage ne l'ait démontré.»

Les règlements relatifs aux marchés publics occupaient la plus grande place, suivis par ceux du Service des incendies, de la location des voitures et de la fixation des impôts fonciers.

On y abordait plus légèrement la question des égouts, des sports, du ramonage des cheminées, de l'entreposage de la poudre à canon, du poids et de la qualité du pain. Les carrosses ou calèches de location, lorsque conduits la nuit, devaient rouler bien en évidence dans les rues, à moins qu'il ne fasse clair de lune, et être équipés de deux lanternes. La propriété fut taxée à un shilling par livre d'évaluation annuelle.

Les règlements interdisaient de se baigner nu dans le fleuve, dans le canal ou tout cours d'eau à proximité des ponts ou avenues ou exposé à la vue des habitants. Ils prohibaient le football de même que le lancement de pierres ou de balles de neige.

Le Service des incendies était composé d'un inspecteur recevant le salaire annuel de 300 livres, d'un surintendant, d'un chef ingénieur, d'un ou plusieurs ramoneurs, d'un lieutenant et d'un capitaine pour chaque compagnie comptant de 20 à 25 hommes. Soulignons que ces derniers travaillaient sur une base volontaire et étaient payés cinq shillings par sinistre.

Quant au service de police, créé durant le règne du gouverneur Durham, il comptait 102 hommes, dont 4 cavaliers patrouilleurs, 6 sergents, 6 caporaux sous la direction de 4 officiers. Les frais de ce service, 6000 livres annuellement, étaient payés par le gouvernement provincial.

À titre de maire de Montréal, Peter McGill inaugurait l'ère de la puissance financière à la direction de la ville. En effet, jusqu'en 1870, neuf maires sur 11 appartiendront au groupe des grands administrateurs, industriels et marchands. Comme le signale Guy Bourassa dans *Personnel et partis politiques au Québec*, l'élection au conseil municipal au cours de cette période passait par le succès dans les affaires: «La richesse constitu[ait] la ressource politique fondamentale: elle conf[érait] un statut social élevé et le droit de diriger.»

Les origines du maire

Peter McGill serait sans doute un inconnu aujourd'hui si le destin ne l'avait conduit très jeune au Canada où il mena une vie de millionnaire pour l'époque et obtint les plus hautes charges publiques.

Né à Creebridge, en Écosse, en août 1789 dans une famille modeste du nom de McCutcheon, il fit ses études à la *grammar school*, une institution où était prodigué un enseignement élémentaire enrichi, après quoi il commença sans doute à rêver de gloire et de richesse. Dans cette Écosse du début XIXe siècle, c'était sans doute un mirage que de vouloir se hisser d'une condition modeste aux plus hauts échelons de la société, à moins évidemment de tenter sa chance dans les colonies. Sur ce point, le futur maire jouissait d'un avantage puisque son oncle maternel, John McGill, ex-officier des troupes loyalistes, vivait au Canada et s'était enrichi. De fait, celui-ci invita son neveu à venir s'installer à Montréal.

Peter McCutcheon arriva en juin 1809 et se trouva un poste de commis à la Parker, Gerrard, Ogilvy and Company grâce à l'influence de son oncle. Dix ans plus tard, on le retrouvera associé en second.

Par un singulier cheminement du destin, l'épouse de son oncle mourut en 1819 sans avoir eu d'enfant. Comme John McGill n'avait plus d'héritier direct à qui léguer ses biens, il décida de faire de son neveu Peter son légataire universel à condition qu'il adopte le nom de McGill. Le changement fut autorisé par permission royale le 29 mars 1821, mais il n'hérita qu'en 1834.

Entre-temps, et probablement avec l'aide de son oncle John, il se lance en affaires et, en 1820, devint associé principal de la société McCutcheon and Dowie, puis de la McGill and Dowie, une entreprise de courtage en bois qui était elle-même associée à Parker and Yeoward, de Londres, et à William Price, à Québec. En 1823, on procéda à une réorganisation majeure de la société, appelée désormais la Peter McGill and Company, qui s'occupe alors de commerce du bois et d'importation de marchandises manufacturées.

De 1825 à 1830, Peter McGill est actif dans la distribution commerciale de l'alcool, dans l'immobilier et dans le transport maritime. Il a également des intérêts dans la fonderie de Marmora, une des premières de la province du Haut-Canada.

Mais, mis à part sa propre société, c'est avec la Banque de Montréal qu'il eut la plus longue association. Dès 1819, il fait partie du conseil d'administration; en 1830, il est élu vice-président et président en 1834, poste qu'il conservera jusqu'à sa mort en 1860.

On dit de McGill qu'il atteignit le faîte de sa carrière au début des années 1830, sa société ayant réussi à survivre à la période de crise qui avait affecté la colonie durant les quatre années précédentes.

En 1830, lors d'un voyage en Grande-Bretagne, il épousa Sarah Elizabeth Shuter Wilkins qui apportait une dot de 10 000 livres en immeubles devant être placée dans un fonds de fiducie administré par son mari.

Au cours de ce voyage, McGill négocia un emprunt à long terme (il avait lui-même des intérêts dans cette affaire) pour permettre à Moses Judah Hayes d'acheter et de relancer l'aqueduc de Montréal connu sous le nom de Montreal Water Works, à cette époque propriété de Thomas Porteous.

Anecdote intéressante: ce qui précipita la décision de municipaliser l'aqueduc en 1843 prend son origine dans un litige avec les militaires qui avaient leur quartier sur la rue Notre-Dame à l'est de la rue Berri. En 1838, McGill et Hayes avaient réclamé en justice des dédommagements de 433 livres à la Couronne parce que le nivellement du terrain de la citadelle avait occasionné des fuites d'eau à un réservoir, obligeant ses propriétaires à le reconstruire. La cause fut entendue devant la Cour du banc de la reine où, à la surprise générale, les militaires contre-attaquèrent en engageant des poursuites légales contre la compagnie pour défaut de paiement des deux tiers du prix d'achat du terrain où était érigée la citerne. La cause s'enlisa dans les procédures judiciaires jusqu'en 1843. La ville décida alors de municipaliser l'aqueduc et conclut une entente avec les autorités militaires.

En 1830, Peter McGill acquit avec John Molson des intérêts dans le nouveau monopole des bateaux à vapeur de la rivière Outaouais, l'Ottawa and Rideau Forwarding Company. Cette association avec Molson se poursuivit l'année suivante lors du projet de construction de la première ligne de chemin à lisses du pays (l'ancêtre du chemin de fer, dont le rail était en bois) reliant Laprairie à Saint-Jean et dont l'inauguration eut lieu le 26 juillet 1836. McGill en devint le président.

En 1832, alors qu'il était membre du Conseil législatif, il participa à la plus grosse transaction foncière de la colonie en acquérant avec des associés londoniens, dont Russell Ellice et Nathaniel Gould, un million d'acres dans les Cantons de l'Est pour la somme de 110 321 livres*. La société, nommée la British American Land Company, s'assurait ainsi une mainmise sur une grande partie des terres cultivables encore inexploitées de la colonie.

Malgré toutes ses transactions d'affaires et les réseaux auxquels il était affilié, la carrière de commerçant capitaliste de McGill fut un échec. Il a en quelque sorte dilapidé la fortune que son oncle lui avait léguée dans des entreprises

---

* Soit 536 160 $. Le Canada uni adopta le dollar en 1852 mais il ne fut mis en circulation qu'en 1858. Une livre sterling équivalait à 4,86 $.

de spéculation coûteuses durant les années 1840, entreprises qui l'obligèrent à contracter de lourdes dettes. De plus, il s'était porté garant d'une dette de 70 000 livres (340 000 $) de la société Price de Québec, ce qui avait dangereusement hypothéqué son avenir.

C'est pourquoi à sa mort, en 1860, ses deux fils ne reçurent en héritage qu'une somme de 36 174 $ chacun, ce qui était peu comparativement au legs de John McGill, mais qui constituait tout de même une somme respectable pour l'époque.

C.-V. M.

SOURCES

Cahiers des Dix, «Les "Wasp" ou les "Wang" dans le Canada d'autrefois», vol. XXXIV, 1971, p. 139-162.
Cahiers des Dix, «1842», vol. VII, 1942, p. 215-254.
DBC, t. VIII, p. 598-603.
JENKINS, Kathleen, *Montreal, Island City of the St. Lawrence*, New York, Doubleday, 1966.
KYTE SENIOR, Elinor, *British Regulars in Montreal*, Montreal, McGill-Queen's University Press, 1981.
LEMIEUX, Vincent (dir.), *Personnel et partis politiques au Québec*, Montréal, Boréal Express, 1982, p. 255-276.
MINVILLE, Esdras, *Montréal économique*, Montréal, Fides, 1943, p. 350-351.
ROBERTS, Leslie, *Montreal*, Toronto, Macmillan, 1969.

3

Joseph Bourret: quand politique municipale et politique nationale vont de pair

La Presse

Comme pour la perte de sa première charte en 1836 et la nomination de Peter McGill à la tête du conseil municipal en 1840, Montréal doit l'accession de Joseph Bourret à la mairie en 1842 à l'influence de forces politiques supramunicipales.

Bien que l'arrivée de Bourret coïncide avec le véritable essor du système municipal canadien, les clivages politiques nationaux et montréalais demeurent alors très étroitement liés, presque jumeaux pour ainsi dire. En outre, le choix de Montréal comme nouvelle capitale de l'Union ne fait que renforcer cette tendance au chevauchement des enjeux et des options qui déchirent la classe politique. Bourret, d'ailleurs, évoluera sur les deux scènes — municipale et nationale —, comme il était d'usage à l'époque. Cependant, celui qu'on a désigné comme l'un des maires les plus actifs qui soient passés à l'hôtel de ville n'a pu, par concours de circonstances plus que par manque de zèle, associer son nom à de grandes réalisations.

Joseph Bourret semble être bien plus homme de loi et de gestion qu'homme politique. Admis au barreau en 1823, après trois ans d'apprentissage dans les bureaux de son oncle Alexis, il pratique à ses côtés pendant dix ans. Après la mort de ce dernier, il s'associe avec Toussaint Pelletier, un avocat réputé de la métropole.

En 1841, on le retrouve premier trésorier de l'Association du barreau de Montréal, tout juste fondée, et registraire en titre de la municipalité à compter de 1851. Il a assumé cette dernière charge de façon ininterrompue jusqu'à sa mort, en 1859. Il est indéniable que ce fils de cultivateur, né à Rivière-du-Loup en 1802 et frais émoulu du Collège de Nicolet au moment de sa venue à Montréal, avait bel et bien joint les rangs de l'élite. On le dit d'ailleurs assez fortuné et son association d'affaires avec Louis-Hippolyte LaFontaine en constitue sans doute un indice. Mais les deux hommes ont d'autres intérêts en commun.

Nationaliste...

Joseph Bourret est de ceux pour qui la préservation de l'identité canadienne-française (à l'époque, on disait canadienne tout court) est chose primordiale. Avec Ludger Duvernay, son ami, il relance en 1843 une association d'entraide qui deviendra rapidement l'organisme national canadien-français par excellence: la Société Saint-Jean-Baptiste de Montréal. En peu de temps, l'adhésion à la Société devient quasi obligatoire pour tout notable francophone de la cité. Quant à Bourret, il en sera président en 1848 et 1849.

Pourtant, on doit éviter d'en conclure qu'il accuse quelque tendance au radicalisme. Aux yeux des autorités politiques et ecclésiastiques, sa présence au sein de l'organisme constitue plutôt une garantie de modération et de fidélité à la vocation apolitique et charitable de l'association. Sa présence rassure, car les souvenirs de l'agitation de 1837-1838 et de sa répression sont encore bien douloureux, et certains redoutent les conséquences que pourrait avoir un tel regroupement d'anciens «rebelles» s'ils étaient mal dirigés.

La pondération et le réalisme de Bourret sont toutefois bien connus. Il a ses entrées à l'évêché, et Mgr Bourget apprécie sa collaboration. Il sera d'ailleurs, en 1846, l'un des directeurs fondateurs de la Banque d'épargne de la cité et du district de Montréal, aux côtés de William Workman et John

Easton Mills, deux futurs maires de la ville. Il en assumera la présidence de 1856 à 1858. L'institution, fortement encouragée par l'évêque, a du reste cette particularité qu'elle ne consent pas de prêts commerciaux et qu'elle verse une partie de ses profits aux œuvres charitables. Les affaires et la philanthropie se conjuguent ici comme le font, en un sens, la fierté nationale et l'entraide au sein de la Société Saint-Jean-Baptiste.

Les préoccupations humanitaires de Bourret et ses liens privilégiés avec l'évêché seront également confirmés lors de l'établissement pour Montréal d'une Conférence de Saint-Vincent-de-Paul (1848), autre initiative de Mgr Bourget à laquelle il prêtera son concours.

... et modéré

Joseph Bourret est un modéré, avons-nous dit. On en trouve une autre illustration dans le fait que, tout nationaliste qu'il soit, il refuse de réclamer purement et simplement le rappel de l'Acte d'Union des Canadas, promulgué par le gouvernement de Sa Majesté la reine d'Angleterre. En effet, depuis 1840, il défend le principe du gouvernement responsable (avec ou sans union), ce qui explique ses rapports étroits avec Louis-Hippolyte LaFontaine qui fait de ce principe son cheval de bataille. Ni l'un ni l'autre, évidemment, n'acceptent les visées assimilatrices du régime mis en place par la Couronne. Ils réclament plutôt l'application stricte des principes parlementaires britanniques, même à l'intérieur de cette structure politique pourtant conçue pour anéantir les Canadiens français ou, à tout le moins, pour les reléguer au rang de citoyens de deuxième classe.

Les élections municipales

Les élections municipales de 1842 sont l'occasion idéale de démontrer que l'exercice plein et entier de la responsabilité ministérielle est accueilli favorablement par une fraction significative de l'establishment anglophone, dût-il impliquer la nomination de Canadiens français, ex-leaders de la rébellion par surcroît, au Conseil exécutif. Comme la majeure partie du corps électoral montréalais est alors constituée de riches marchands anglo-saxons, fidèles à l'Empire par tradition et par intérêts, LaFontaine et ses partisans en profitent pour présenter des candidats qui leur sont acceptables.

Sans doute à cause de son image politique et sociale rassurante, Joseph Bourret est du nombre des candidats retenus. Or non seulement se fait-il élire au conseil, composé en majorité de pro-LaFontaine, mais il devient le deuxième maire élu de Montréal grâce à l'appui, justement, de quelques grands bourgeois (*tories*) modérés... qu'on avait contribué à faire élire! Les Montréalais manifestent ainsi clairement leur appui au parti de LaFontaine et profitent avec joie de l'autonomie municipale retrouvée en changeant le conseil nommé d'autorité deux ans plus tôt pour des représentants de leur choix. Dans leur esprit, les affaires du pays et celles de la cité ne devaient pas être menées trop différemment.

Pour Bourret, ce fut le début d'une carrière relativement courte. Il fut conseiller du quartier ouest de 1842 à 1850. Il occupa le poste de maire à deux reprises, la première fois de 1842 à 1844, dans les circonstances que l'on sait, et la deuxième de 1847 à 1849. Il eut également la possibilité de se joindre à l'équipe de LaFontaine, d'abord en entrant au Conseil législatif à la fin de 1848, puis en devenant président du Conseil exécutif et commissaire (ministre) des Travaux publics en 1850. Il se retira de la vie politique l'année suivante, en même temps que son ami et collègue, Louis-Hippolyte LaFontaine.

Durant son premier mandat à la mairie, l'un des gestes sans doute les plus prestigieux, et les plus lourds de conséquences à moyen terme, aura été de mettre le marché Sainte-Anne, acheté initialement par la ville, à la disposition du gouvernement du Canada-Uni, afin qu'il y installe le parlement.

C'est aussi sous ce gouvernement municipal que fut décidée et entreprise la construction d'un hôtel de ville — le futur marché Bonsecours — dont la magnificence architecturale fit jaser à l'époque. Les travaux débutèrent en 1844, mais il revient aux successeurs de Bourret de poser la pierre angulaire (1845) et d'inaugurer l'édifice (en 1847).

On doit aussi à cette administration d'avoir envisagé pour la première fois la municipalisation du réseau d'aqueduc. Mais, encore là, ce projet si important pour une population de 50 000 habitants, approvisionnés principalement par des porteurs d'eau, sera réalisé sous un autre gouvernement (1845).

Bourret reviendra à la mairie en 1847, porté par des circonstances tragiques. Une épidémie de typhus sévit parmi les citoyens, surtout d'origine irlandaise, faisant de nombreuses victimes dont le maire de la ville, John Easton Mills. Bourret reprend donc les rênes de la cité dans un contexte extrêmement difficile.

En plus de ce fléau, et malgré l'aménagement amélioré du canal Lachine, l'industrialisation de ses rives, de nouvelles facilités portuaires (la jetée Victoria, en 1846), l'inauguration de lignes de chemin de fer, l'ouverture de chantiers maritimes (Augustin Cantin, en 1846), Bourret se retrouve face à une économie municipale en piètre état, l'Angleterre

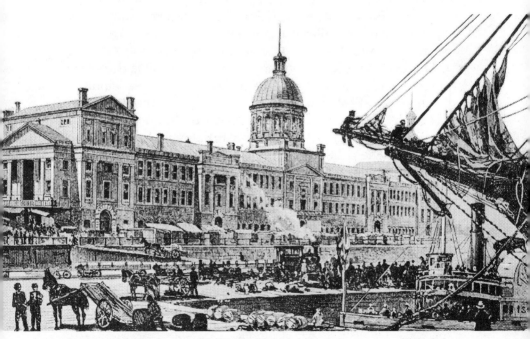

La construction du marché Bonsecours, qui servit longtemps d'hôtel de ville, fut entreprise sous l'administration du maire Bourret.

(*La Presse*)

ayant abandonné sa politique protectionniste. Les entrepreneurs du transport déclaraient faillite les uns après les autres, la valeur des immeubles avait chuté d'environ 50 p. 100 selon des contemporains et, de 1846 à 1849, une partie importante de la population (estimée à 8000) avait fui la ville.

Montréal s'apprêtait à un essor économique phénoménal mais, pour l'heure, la ville connaissait de sombres moments auxquels les bagarres politiques ajoutaient leurs violences (au sens propre et figuré du terme). Pour comble, l'année 1848 fut marquée par une des pires inondations à jamais survenir: les rues des Commissaires (de la Commune) et Wellington, la Pointe-Saint-Charles et la basse ville sont englouties par deux à trois mètres d'eau.

On peut imaginer des conditions plus propices à assurer la renommée d'un maire. Constamment appelé à parer au plus urgent, Joseph Bourret s'attira sans doute une large reconnaissance auprès de ses concitoyens, mais la postérité, elle, retiendra bien peu de sa personnalité et de son séjour à l'hôtel de ville.

L. D.

SOURCES

ATHERTON, William Henry, *Montreal, 1535-1914*, Montréal, S. J. Clark Publishing Co., 1914, p. 196-408.
DBC, t. VIII, p. 770; t. XI, p. 63.
MONET, Jacques, *La première révolution tranquille, 1838-1850*, Montréal, Fides, 1981, p. 81-439.
NANTEL, M., «Les avocats de Montréal», *Cahiers des Dix*, vol. VII, 1942, p. 185-213.
La Patrie, 1er janvier 1950.
PERREAULT, Claude, «Les marchés Ste-Anne — Le parlement et la place d'Youville — 1833-1901», *RHAF*, t. XXIII, n° 3, 1969, p. 393-403.
PINARD, Guy, *Montréal, son histoire, son architecture*, Montréal, Éditions La Presse, t. II, 1988, p. 61-66.
RUMILLY, Robert, *Histoire de Montréal*, Montréal, Fides, 1970, t. II, p. 277-317.

4

James Ferrier: esprit capitaliste et éthique protestante

Lorsqu'on s'appelle James Ferrier, qu'on figure parmi le groupe très sélect des hommes les plus riches du Canada, qu'on est d'ores et déjà assis à la direction d'une grande institution bancaire, qu'on est sur le point d'entrer (par la grande porte) dans l'industrie des chemins de fer, lorsqu'on incarne presque parfaitement l'idéal éthique du protestantisme et les réussites du capitalisme triomphant, que peut bien nous offrir la politique municipale?

Si ce n'était des rébellions de 1837-1838 encore récentes et de la rivalité encore très vive entre Canadiens et Britanniques, il serait difficile d'expliquer qu'un personnage de l'envergure de Ferrier ait été attiré par la direction d'une municipalité, toute capitale et métropole qu'elle fût. La fonction de premier magistrat de la ville comportait sa part de prestige, évidemment. Mais qu'étaient l'aménagement d'un tronçon de rue ou d'un square, la réglementation des étals de boucher, la prolongation d'un réseau d'aqueduc ou même les impératifs d'un urbanisme avant la lettre comparés aux défis représentés par la construction d'un pays comme le Canada. Car James Ferrier est de ces hommes qui voient et qui font grand, promptement et… avec profit.

Le capitaliste

Écossais d'origine modeste, arrivé au pays en 1821, Ferrrier ouvrit le premier magasin de la rue Notre-Dame et se retira du commerce en 1836, fortune faite grâce à ses succès commerciaux et à ses investissements immobiliers. Presque immédiatement, il accède à la direction de la Banque de l'Amérique septentrionale britannique, ce qui lui permettra de fonder plus tard avec d'autres la Banque Molson (1855) et d'étendre ses activités à diverses institutions du genre.

Ferrier, en capitaliste clairvoyant, est de toutes les entreprises qui comptent vraiment. De ce point de vue, les années 1845-1847 marquent pour lui une étape. À compter de ce moment, il participe à la mise sur pied de la Nouvelle Compagnie du gaz de la cité de Montréal, de la Compagnie d'assurance de Montréal contre les accidents du feu (qu'il préside pendant six ans); il est promoteur et président de la Compagnie de Montréal pour l'exploitation des mines et, plus important encore, principal artisan du Chemin à rails (de bois puis de fer) de Montréal et Lachine, le premier du genre dans l'île, conçu dès l'origine pour s'intégrer dans un réseau beaucoup plus ambitieux devant relier Montréal à Portland, la St. Lawrence and Atlantic Railroad Co. Le

Capitaliste clairvoyant, James Ferrier fit construire le premier chemin à rails de l'île de Montréal, reliant Montréal et Lachine.

chemin de fer de Lachine sera loué (1854), puis vendu (1872) à la compagnie de chemin de fer du Grand Tronc, dont Ferrier sera longtemps président et seul administrateur canadien.

Plus tard, Ferrier s'associera à un titre ou un autre à la Compagnie de crédit de Montréal (1871), à la Compagnie de garanties de l'Amérique du Nord, à la Compagnie d'assurance de l'Amérique du Nord contre les accidents. Il possédera des actions, entre autres dans la Montreal Horse Shoe Nail Works, dans la Horse Nail Works d'Ausable Chasm, dans la Sherbrooke Water Power Co., la Canada Guarantee Co. et la Dominion Steamship Co. Ses biens immobiliers seront nombreux, à Montréal même. Ses héritiers recevront en effet pas moins d'une quinzaine de résidences, d'édifices à bureaux ou commerciaux parmi les mieux construits et situés pour la plupart en plein centre-ville. On estimait la valeur de ce legs à environ 800 000 $ en 1888.

Le protestant

Mais la période de 1845-1847 ne le favorisa pas qu'en affaires. En tant que membre éminent et respecté de la bourgeoisie anglo-protestante, Ferrier accéda en 1845 à la direction du McGill College et à la présidence, sept ans d'affilée, de l'Institution royale pour l'avancement des sciences. Étant donné ses vastes compétences et son sens des affaires, on lui confie le redressement de la situation financière de l'université. Il en devint d'ailleurs chancelier en 1884.

Aux yeux de ses contemporains, Ferrier était un modèle de bonnes mœurs, d'esprit familial et de ferveur. Ses préoccupations éducatives, sociales et religieuses l'amenèrent à participer très activement aux œuvres de la Maison protestante d'industrie et refuge, de la Quebec Temperance and Prohibitory League et de la Sabbath School Association of Canada. Ses profondes convictions feront de lui l'un des plus fervents fidèles de l'Église méthodiste. Ses contributions très généreuses, en temps et en argent, notamment à l'occasion de la construction de nombreuses églises destinées aux Irlandais de Griffintown, de l'érection de la St. James Street Methodist Church en 1840 et de la United Church en 1887 (la cathédrale du méthodisme canadien), lui valurent d'être qualifié de plus grand défenseur du méthodisme au Canada.

Son zèle religieux s'exprima à travers quelques sociétés évangéliques dont les buts initiaux avaient une teinte forte- ment politique et assimilatrice. Ce fut notamment le cas de la Montreal Auxiliary Bible Society et de la French Canadian Missionary Society fondée en 1839. Au dire de ces orga- nismes, la «consolidation du pouvoir britannique et la pro- testantisation des Canadiens français ne pouvaient être dissociées». Et, disait-on, ce n'est qu'en misant sur la valeur intrinsèque des vertus civiles protestantes qu'on parviendrait à garantir la place privilégiée revenant de droit aux véné- rables adeptes de la religion réformée…, au profit même des pauvres papistes canadiens-français, s'empressait-on d'ajou- ter! Ainsi seulement serait-on en mesure d'écarter toute réapparition de l'agitation politique comme en 1837-1838.

James Ferrier partagea-t-il jamais ces vues extrêmes, lui qui fut président de la Bible Society et officier de la Mis- sionary Society (aux prétentions *French Canadian*, rappelons-le!), mais que les journaux anglophones dépeignaient comme un conservateur aux opinions généralement modérées. L'adhé- sion à ces organismes laisse perplexe, quoi qu'en dise la presse de l'époque. D'autant plus que son parti pris «an- glais» est notoire, que sa brève présence dans l'arène munici- pale coïncide exactement avec la période agitée du début de l'Union et que sa sortie, elle, surviendra lors de la stabilisa- tion gouvernementale.

Un intérêt circonstanciel

Ferrier, on s'en doute, devait avoir d'autres raisons que des raisons financières ou commerciales de s'intéresser aux affaires municipales. À cet égard, sa trajectoire politique est significative.

Les événements sanglants de la rébellion étaient chose du passé, mais l'atmosphère politique et sociale n'était pas sereine pour autant. Bien au contraire, les oppositions d'antan s'exprimaient dorénavant sur la scène électorale, sans avoir perdu de leur acuité. Dans ce contexte, la nomination de Ferrier par le gouverneur au conseil de ville en 1841, son élection au poste de conseiller de 1844 à 1847, de même que son accession à la mairie en 1845 et 1846, toutes redevables à une opposition déclarée aux positions canadiennes-françaises, faisaient de lui l'un des représentants les plus prestigieux et puissants, l'un des plus redoutables aussi, de l'élite anglophone montréalaise. Les Canadiens français s'en rendirent bien compte lorsque vint le moment de la réélection de Ferrier, maire sortant, en 1846.

Tout bon protestant qu'il était, Ferrier usait si nécessaire de moyens peu orthodoxes pour s'assurer de la victoire. À l'époque, il faut dire, les mœurs électorales avaient ceci de particulier que l'intimidation et la violence physique caractérisaient les pratiques courantes. Pour être élu, il s'agissait bien plus de rassembler suffisamment de fiers-à-bras et d'empêcher les partisans de l'adversaire de se rendre aux urnes que de se gagner la faveur de la majorité du corps électoral.

Et James Ferrier, comme ses opposants, eut recours à cette stratégie lorsque vint le temps de briguer les suffrages en vue d'un second mandat à la mairie. À cette différence que, Ferrier étant à la fois maire et chef de la police municipale, ses fiers-à-bras à lui étaient nuls autres que les forces de l'ordre elles-mêmes. Dans les affrontements qui eurent lieu, les protagonistes, outre les rixes traditionnelles à coups de manche de hache, se permirent une touche d'originalité, «forcèrent l'entrée de l'École de médecine et se lancèrent des instruments de chirurgie par la tête»! Ferrier demeura en poste, mais son maintien à la mairie, comme nous le verrons plus loin, souleva bien des contestations, pour d'autres motifs que le recours à la violence toutefois. Autres temps, autres mœurs!

Finalement, Ferrier se retira de la politique municipale en 1847, probablement accaparé et attiré par ses multiples affaires et sa récente nomination au Conseil législatif du Canada-Uni. La communauté britannique montréalaise, elle, lui réitérera sa confiance en le nommant pour la première fois (mais non la dernière) président de la St. Andrew Society, l'équivalent en quelque sorte de la Société Saint-Jean-Baptiste des francophones.

L'intérêt de Ferrier pour la chose municipale n'aura duré que quelques années, le temps de constater l'irréductible résistance des Canadiens français, le temps aussi qu'on leur concède un gouvernement responsable. Une fois sorti des cadres municipaux sans doute trop étroits pour un personnage de son envergure, Ferrier poursuivit sur sa lancée et fut admis au Sénat canadien et au Conseil législatif du Québec en 1867. Il y demeura jusqu'à sa mort en 1888.

L. D.

SOURCES

DBC, t. XI, p. 346-348.

HARDY, René, «La rébellion de 1837-1838 et l'essor du protestantisme canadien-français», *RHAF*, vol. XXIX, n° 2, 1975, p. 163-189.

MONET, Jacques, *La première révolution tranquille*, Montréal, Fides, 1981, p. 281-282.

Montreal Herald, 31 mai et 5 juin 1888.

RUMILLY, Robert, *Histoire de Montréal*, Montréal, Fides, 1970, t. II, p. 278-309; 1972, t. III, p. 134.

The Gazette, 11 décembre 1971.

5

John Easton Mills,
le maire martyr

ANQ-M.

On trouve de tout dans une ville: des promoteurs, des travailleurs, des riches, des pauvres, des canailles, etc. Parfois, une personnalité s'élève au-dessus de la mêlée et devient par son travail et son dévouement de tous les instants la consolation et la fierté de ses concitoyens. Ce fut le cas du maire Mills lors de l'épidémie de typhus ayant sévi dans toutes les villes portuaires du Saint-Laurent en 1847. L'épidémie lui donna l'occasion de porter assistance aux immigrants irlandais malades qui arrivaient à Montréal par bateaux entiers de la Grande-Bretagne. Ce dévouement devait lui être fatal puisqu'il contracta lui-même la maladie et en mourut huit mois après avoir été élu maire.

John Easton Mills était né dans l'État du Massachusetts en 1796, mais vint très jeune s'installer avec son frère à Montréal afin d'ouvrir un commerce de fourrures. Peu après, son frère Cephas, convaincu que Montréal était un marché trop restreint pour ce type de commerce, décida de partir pour New York où il établit un plus grand commerce, et où il fera faillite plus tard.

Pendant ce temps, John Easton prospérait à Montréal. Il abandonna bientôt la fourrure pour la finance et fonda la

Banque Mills, rue Saint-François-Xavier. Son entreprise permit de financer plusieurs projets de l'époque, comme le premier chemin de fer du Canada, le Champlain and St. Lawrence Railway, entre Laprairie et Saint-Jean-sur-Richelieu. En 1846, il devint même directeur de la Banque d'épargne du district de Montréal qui venait d'être fondée à l'instigation de Mgr Bourget et dont l'objectif était de répandre le goût de l'épargne parmi les démunis. Mills sut toujours s'adapter aux conditions locales. C'est ainsi qu'il devint parfait bilingue, parlant aussi bien le français que l'anglais.

Il fut élu conseiller le 11 mars 1846, mais ce n'est pas sans mal qu'il fut choisi maire. À l'époque, c'étaient les conseillers qui élisaient le maire à la majorité simple. Deux factions s'affrontaient: les tories et les réformistes. Mills, qui était dans le camp des réformistes, obtint 10 voix contre 9 devant son adversaire tory James Ferrier, le maire sortant. Celui-ci, afin de briser la majorité, décida de voter pour lui-même, au grand scandale des réformistes qui protestèrent contre cet abus, car normalement, le maire n'exerçait son vote prépondérant qu'en cas d'égalité des voix.

Ferrier refusa de battre en retraite, ce qui sema la pagaille au conseil. Les partisans de Mills quittèrent la salle, et Ferrier s'empara du fauteuil du maire. Montréal se retrouvait avec deux maires. La Cour supérieure fut aussitôt saisie du cas. Les travaux de la Corporation furent arrêtés et la police ne savait plus à qui obéir. Cette situation dura deux semaines jusqu'au jour où Ferrier, malade, s'embarqua pour un voyage en Europe, laissant ainsi le champ libre à son adversaire. Finalement, les juges de la Cour supérieure recommandèrent une nouvelle élection à la mairie, qui se tint le 14 décembre 1846. Cette fois, Mills, qui avait eu le temps de se faire apprécier, l'emporta facilement par 11 voix contre 5.

En devenant maire, Mills ignorait sans doute qu'il affronterait les pires difficultés de sa vie, alors que des milliers d'immigrants (100 000 personnes quittèrent les îles britanniques en 1847) envahissaient le nouveau continent, fuyant la misère et la famine, mais emportant avec eux un terrible mal, le typhus, baptisé la «fièvre des bateaux», maladie transmise par la puce des rats, qui allait faire des milliers de victimes.

ANQ-M

C'est par milliers que les immigrants, irlandais en majorité, arrivaient à Montréal en 1847.

Le nouveau maire était bien sensibilisé au phénomène de l'immigration puisqu'il présidait le Comité de l'immigration qui avait pour fonction de voir à l'accueil et à l'installation, du moins temporaire, des nouveaux venus. Mais l'organisme n'exerçait aucun contrôle sur leur afflux, qui dépendait totalement des autorités coloniales en Grande-Bretagne. Dès avril 1847, on savait déjà au Canada que 28 000 Irlandais s'étaient embarqués de Liverpool ou des ports de l'Irlande en direction de Québec. Or, en ces années, la misère et la disette régnaient plus que jamais dans les îles britanniques, et particulièrement en Irlande où sévissait la famine, en raison de la maladie de la pomme de terre. Les propriétaires terriens trouvaient plus avantageux de payer à leurs employés un aller simple en bateau vers l'Amérique que d'être obligés de les entretenir.

Épaves sur le fleuve

Au début de mai 1847, les premiers bateaux, dont un très grand nombre ressemblait plus à des épaves pas du tout équipées pour affronter l'océan, apparurent sur le fleuve. Il ne fait guère de doute que les conditions sanitaires à bord de ces navires, où s'entassaient des centaines de personnes, étaient propices au développement du typhus.

Grosse-Île, l'île de la quarantaine au large de Montmagny où tout bateau devait faire une halte obligatoire, pouvait, en 1847, recevoir 200 malades dans ses installations hospitalières et 800 personnes en santé dans d'autres bâtiments. Habituellement, tous les passagers devaient descendre dans l'île où ils étaient examinés par une équipe médicale. Les malades étaient immédiatement hospitalisés et isolés des bien portants. Tout laisse croire que les gens en santé ne restaient pas très longtemps dans l'île puisqu'ils étaient si nombreux (12 000 immigrants arrivèrent le 1er juin et 14 000 le 8 juin). Les bien portants étaient acheminés vers Québec ou Montréal par bateau à vapeur.

Or, très souvent, pendant le court trajet de Grosse-Île à Québec ou à Montréal, d'autres cas de typhus apparaissaient parmi les passagers. (D'après la littérature médicale, cette maladie se caractérise par une incubation silencieuse de 15 jours.)

Un jour de mai, le docteur Michael McCulloch de la faculté de médecine de McGill, qui déambulait le long des quais, aperçut à l'extrémité du port de Montréal plusieurs malades laissés là depuis plusieurs jours. Parmi eux se trouvait un cas très dangereux de typhus. Le même jour, le vapeur *Queen*, en provenance de Grosse-Île, débarqua des dizaines d'immigrants affamés et sans ressources dont plusieurs étaient malades. Chaque jour qui passait voyait arriver des centaines d'autres immigrants présentant les mêmes symptômes et ne sachant où aller pour obtenir de l'aide.

La situation devenait urgente. Il fallait prévoir des abris pour les nouveaux arrivants, et cela le plus loin possible de la ville afin d'éviter la propagation de la maladie. Les membres de la Commission de la santé étaient divisés sur le lieu d'aménagement des abris, certains suggérant de les construire à Boucherville. Finalement, on en vint à un compromis. Ils seraient construits au-delà des limites ouest de la ville, à la Pointe-Saint-Charles. À ceux qui craignaient la contamination de la prise d'eau municipale qui se trouvait à un demi-kilomètre en aval, les autorités municipales répondirent que, puisque les égouts se déversaient dans le même secteur, les 50 000 citoyens de la ville buvaient par le fait même une eau suspecte. En conséquence, on estimait que les nécessaires ablutions de quelques milliers d'immigrants de plus ne pourraient empirer la situation.

Le maire Mills donna l'ordre de construire des entrepôts *(sheds)* temporaires en bois à la Pointe-Saint-Charles. Au début, on en construisit 3, mais, à la fin de l'été, on en comptait 22 qui abritaient des milliers d'immigrants.

La situation dans ces abris de fortune devint rapidement horrible. Des malades, des mourants et même des morts gisaient côte à côte dans une odeur pestilentielle. Dans les cours adjacentes aux baraquements étaient empilés des cercueils de différentes grandeurs qui attendaient les prochains cadavres.

Au milieu du mois de juin, la communauté des sœurs grises apprit que des centaines d'immigrants étaient morts sans soins dans les baraquements de la Pointe-Saint-Charles. La supérieure, mère McMullen, convainquit les membres de sa communauté d'aller porter secours aux malades. À la fin du mois, 30 des 40 religieuses de la communauté étaient atteintes par le typhus et 7 en moururent. Elles furent remplacées par les sœurs de la Providence et par les sœurs cloîtrées de l'Hôtel-Dieu. De nombreux prêtres catholiques, des pasteurs anglicans et d'autres croyances se portèrent bénévoles. Plusieurs succombèrent à la maladie.

L'épidémie, loin d'être contenue dans les baraquements, se répandit dans la ville, ce qui souleva l'indignation des habitants. Des assemblées de protestation se tinrent au Champ-de-Mars et des citoyens menacèrent d'aller jeter à l'eau les baraquements de la Pointe-Saint-Charles, surtout lorsqu'ils apprirent que le secrétaire britannique aux Affaires extérieures, lord Palmerston, qui possédait des propriétés en Irlande, avait déporté lui-même de nombreux hommes de ferme vers les colonies.

Afin d'apaiser le courroux de leurs concitoyens, le maire Mills et le greffier de la ville, J. P. Sexton, envoyèrent le 23 juin à la reine une pétition qui blâmait certains propriétaires terriens irlandais, dont lord Palmerston, et qui demandait une aide financière pour les indigents de Montréal.

De plus, au lieu de se contenter de faire de simples visites d'inspection aux baraquements de la Pointe-Saint-Charles, le maire Mills poussa l'abnégation jusqu'à se convertir en infirmier. On le voyait la plupart du temps s'y rendre vers le milieu de la nuit alors que les médecins et les infirmières épuisés se reposaient. Il prenait la relève, passant de lit en lit, aidant les malades à boire, les consolant, recueillant souvent leurs dernières volontés, s'occupant des petits enfants.

Ce grand dévouement, il devait le payer de sa vie. En effet, au début de novembre, alors que l'épidémie avait été circonscrite, il fut atteint par les fièvres. Alité à sa résidence de la côte du Beaver Hall, il devait rendre l'âme en l'espace de quelques jours. Le 12 novembre, la nouvelle se répandit dans la ville qu'il était décédé. Le 15 novembre fut déclaré jour de deuil à Montréal, et aucun commerçant n'ouvrit boutique afin de rendre un dernier hommage au maire martyr.

C.-V. M.

SOURCES

AVM, «John E. Mills», p. 10.20-10.42.
COLLARD, Edgar A., *Montreal. The days that are no more*, Toronto, Doubleday, 1976, p. 185-196
JENKINS, Kathleen, *Montreal*, New York, Doubleday, 1966, p. 321-334.
O'GALLAGHER, Marianna, *Grosse Île, porte d'entrée du Canada (1832-1937)*, Québec, Carraig Books, 1987, p. 47-60.
RUMILLY, Robert, *Histoire de Montréal*, Montréal, Fides, 1970, t. II, p. 301-311.

BNQ

6

Édouard-Raymond Fabre: patriote et maire

Né dans une famille modeste de Montréal en 1799, Édouard-Raymond Fabre s'initie très tôt aux rudiments de l'administration commerciale et à la profession de libraire. Grâce à son futur beau-frère Hector Bossange, fils d'un libraire parisien de renom, qui l'engage et avec qui il s'associera par la suite, Fabre séjournera en France en 1822 afin d'y parfaire ses compétences dans ce domaine. De retour l'année suivante, il achète le commerce montréalais de son parent, le réorganise et ne tarde pas à en faire la première véritable librairie du Bas-Canada.

En 1826, il épouse Luce Perreault, alors à peine âgée de quinze ans, issue d'une grande famille canadienne-française. Deux ans plus tard, il s'associe avec l'un de ses frères, Louis, dont l'entreprise d'imprimerie devient un heureux complément aux activités de librairie. Cette association dure jusqu'en 1835; elle est remplacée par une autre, de 1844 à 1854, avec cette fois Jean-Adolphe Gravel, un neveu de Fabre.

Entre-temps, les affaires florissantes de la librairie, résultat d'un travail assidu et d'un contrôle méticuleux des comptes, avaient permis l'installation du commerce rue Saint-Vincent et son aménagement selon le «plus pur style français», conformément aux vœux du proprétaire. Fabre lui-même emménage dans une résidence vaste et luxueuse, rue Craig et Saint-Laurent, passant «du faubourg malsain et surpeuplé, agité et inquiétant, [...] à la ville éclairée, policée», pour reprendre les termes de son biographe Jean-Louis Roy. Signe indéniable de réussite, tous peuvent ainsi constater l'intégration d'Édouard-Raymond Fabre à la haute et bonne société montréalaise.

Grand argentier des patriotes

Ses talents d'administrateur, Fabre les met aussi au service d'une cause, celle du mouvement réformiste et patriote canadien-français. À compter de 1827, mais surtout au cours des décennies suivantes, il consacre une large partie de son temps, de ses énergies et de son argent au soutien des activités politiques des Ludger Duvernay et O'Callaghan, rédacteurs respectifs de *La Minerve* et du *Vindicator* (incidemment propriété de Fabre), des Charles-Ovide Perreault (frère de sa femme et victime des événements de 1837-1838) et Denis-Benjamin Viger. À ces collaborateurs et intimes, il faut ajouter Louis-Joseph Papineau, auquel Fabre voue une amitié et une fidélité sans bornes, qui sera son maître à penser pendant vingt-cinq ans.

Fabre, cependant, n'est pas homme de tribune et de pouvoir. Homme de chiffres et d'efficacité plutôt que d'idées et de discours, il laisse volontiers à Papineau, Duvernay et consorts les questions de doctrine et l'harangue des foules. Au prestige et aux aléas des charges officielles, il préfère l'atmosphère des conseils d'administration et la notoriété d'un gestionnaire hors pair.

Patriote moins flamboyant qu'un Papineau, Fabre, par ses activités d'avant et d'après 1837, témoigne néanmoins d'un engagement constant et sincère à la cause qu'il sert. Il est en effet de toutes les entreprises réformistes de cette période. Sa librairie, du reste, est le point de ralliement, le quartier général et le «centre de communication» des patriotes depuis 1834, alors que de toute la province on y acheminait les pétitions en faveur des célèbres «92 résolutions». En 1835, il participe personnellement à la fondation de la Maison canadienne de commerce et de la Banque du peuple, destinées à briser le monopole anglophone sur l'import-export, à contrecarrer l'influence politique des milieux financiers et à offrir à la jeune génération canadienne-française occasion et moyens de se hisser au même niveau socio-économique que ses adversaires anglo-saxons. Fabre est aussi copropriétaire du bateau à vapeur *Le patriote*, symbole d'entrepreneurship et de modernisme; il est trésorier du groupe qui l'exploite et de l'Union patriotique, ancêtre de la Société Saint-Jean-Baptiste de Montréal. Sur un plan plus anecdotique, on raconte qu'il fit parvenir à Mme Bossange, sa sœur résidant à Paris, un chien répondant au nom de Québec, pour qu'elle n'oublie pas ses origines.

Au moment des troubles, Fabre est délégué de l'Assemblée du comté de Saint-Laurent au comité permanent des patriotes. Il préside même la grande assemblée de Montréal qui donne le signal de la rébellion. Mais jamais ne participa à la prise d'armes, pas plus qu'il n'encouragea ses concitoyens à le faire. Son tempérament ne l'y incitait sans doute pas. Peut-être aussi que son rôle dans le soulèvement était tout autre: assurer le financement des opérations, par exemple, bien que sur ce point les preuves fassent défaut, ou s'occuper des biens, des affaires et de la personne même des insurgés que le hasard des batailles et la répression mettraient en péril. C'est, en tout cas, ce à quoi Fabre s'est consacré lorsque son ami Duvernay dut s'exiler, comme bien d'autres. Fabre fonda l'Association de la délivrance en 1843 et, pendant cinq ans, multiplia les demandes de souscriptions auprès de presque 100 paroisses. Il put ainsi rapatrier 58 exilés.

Maire malgré lui

Un personnage de l'envergure et de la compétence d'Édouard-Raymond Fabre ne pouvait évidemment pas rester en dehors des affaires municipales. Il fit donc partie, dès 1833, du Comité sanitaire de la ville, proposa conjointement avec d'autres notables la formation d'une commission des petites causes, à laquelle il fut nommé en 1836, et fut président du grand jury de Montréal à partir de 1844. Sa réputation d'homme d'affaires intelligent et intègre lui valut de figurer parmi les administrateurs de la corporation montréalaise à compter de 1843 et d'être élu conseiller du quartier est en 1848. Toujours porté par sa réputation, il hérita la même année de la présidence du Comité des finances de la ville, où sa réussite fut telle que la mairie lui revient en 1849, malgré son obstination de longue date à ne pas vouloir assumer cette charge. La même confiance lui sera d'ailleurs renouvelée *in absentia* l'année suivante.

Capitale du Canada-Uni en 1849, Montréal connut une agitation sans précédent qui se terminera par l'incendie du parlement, anciennement le marché Sainte-Anne. Ces événements amenèrent la relocalisation de la capitale vers Québec et Toronto.

(*La Presse*)

Comme pour tout ce qu'il entreprend, Fabre prend sa position de premier magistrat très à cœur et met un point d'honneur à remplir fidèlement et le plus efficacement possible les devoirs de sa charge. La tâche est ardue. La ville croule sous le poids des dettes, l'agitation politique atteint des sommets, deux incendies majeurs ravagent des centaines de résidences en 1850. Pour parer au plus pressé, Fabre décide d'établir deux hôpitaux temporaires, effectue lui-même des tournées d'inspection malgré les risques de contagion, instaure un service permanent contre les incendies et fait prolonger le réseau d'aqueduc le long des artères principales de la ville. Il fait preuve de beaucoup de dévouement, payant même de ses propres deniers les médecins appelés à lutter contre l'épidémie, et avance personnellement à la Commission des écoles catholiques les subventions que la ville ne peut verser, des mesures prises par décisions spéciales, étant donné l'état lamentable des finances municipales.

Sur ce dernier point, le maire donne le meilleur de lui-même. Par une perception stricte des taxes et des impôts, par un contrôle serré des dépenses courantes et des travaux de voirie, il met fin au laxisme et au favoritisme qui caractérisaient l'administration de ses prédécesseurs. Il parvient ainsi à une réduction considérable du fardeau de la dette, une première depuis que la ville a recouvré sa charte en 1840. Selon Jean-Louis Roy, son travail et ses succès sur ce plan reposent sur un seul et unique principe: «Équilibrer le budget et assurer à la municipalité une réputation sur les marchés financiers.»

Malheureusement, la logique comptable de l'entrepreneur ne peut tenir lieu de politique. Les électeurs, petits propriétaires surtout, grondent. Les cordonniers, boulangers, charretiers manifestent bruyamment, parfois violemment, contre les taxes. Et leur mécontentement ajoute à l'instabilité sociale pourtant déjà inquiétante. C'est que, en 1849, Montréal avait été la scène d'émeutes répétées, l'incendie du parlement du Canada-Uni en constituant le point culminant. Montréal, en effet, était la capitale de l'Union depuis 1844 et, à la suite de l'adoption d'une loi sur l'indemnisation des victimes francophones de 1837-1838, l'élément anglophone de la population s'était indigné de ce qu'on compense les pertes subies par les rebelles d'hier. Vandalisme, agitation et violences s'ensuivirent, que Fabre refusa de stopper par la manière forte en recourant à la troupe. C'était donc maintenant au tour des Canadiens français de s'indigner devant la «douceur» de la réaction des autorités, car la vigueur de la répression de 1837-1838 était encore bien présente dans les mémoires.

Le maire Fabre y perdit beaucoup de sa crédibilité auprès de la population et de ses amis même. Il ne se présenta pas à la mairie en 1851 et dut subir l'opposition de ses alliés d'antan, les George-Étienne Cartier, Wolfred Nelson, les fils de Duvernay (à travers *La Minerve*) lors de l'élection de 1854. Atteint du choléra la même année, il devait succomber à la maladie en juillet. Malgré les récents changements d'alliance et les revirements politiques, toute la communauté nationaliste et canadienne-française s'accorda à reconnaître la valeur exceptionnelle de la contribution d'Édouard-Raymond Fabre.

L. D.

SOURCES

DBC, t. VIII, p. 313-317.
FABRE-SURVEYER, Eugène, «Édouard-Raymond Fabre, d'après sa correspondance et ses contemporains», *Mémoires de la S.R.C.*, 3e série, n° 31, 1937, section I, p. 151-164 et n° 38, 1944, section I, p. 89-112.
GROULX, Lionel, «Le choix de la capitale du Canada», *RHAF*, vol. V, n° 4, mars 1952, p. 521-530.
La Patrie, 29 janvier 1950.
ROY, Jean-Louis, *Édouard-Raymond Fabre, libraire et patriote canadien (1799-1854)*, Montréal, HMH, 1974.
RUMILLY, Robert, *Histoire de Montréal*, Montréal, Fides, t. II, 1970.
TRÉPANIER, Léon, «Figures de maires», *Cahiers des Dix*, vol. XXIV, 1959, p. 189-208.

7

Charles Wilson, le premier maire élu par la population, est confronté à l'affaire Gavazzi

Élu en 1851 maire de Montréal par les conseillers municipaux, Charles Wilson est reporté à la mairie l'année suivante, cette fois par le vote des citoyens, devenant ainsi le premier maire de la ville choisi par le peuple. Son mandat sera renouvelé en 1853, toujours par le vote des citoyens. Le passage de Wilson à la mairie a été marqué par sa popularité personnelle aussi bien que par l'impopularité que lui valut l'affaire Gavazzi qui fit de nombreux morts et blessés lors d'une émeute le soir du 9 juin 1853.

Né en 1808 à Coteau-du-Lac, Wilson constituait à lui seul un microcosme de la société montréalaise. Par son père, il joignait la grande famille écossaise; par sa mère, une d'Ailleboust, il pouvait revendiquer des origines canadiennes-françaises et, enfin, par sa femme, Ann Tracey, qu'il avait épousé en 1835, il s'associait en quelque sorte à la communauté irlandaise.

Wilson s'initia très vite aux affaires. Homme de petite taille, mais très actif, il était doté d'une vive intelligence et ne ménageait pas ses efforts, ce qui lui permit de connaître un très grand succès dans le commerce de la quincaillerie, entreprise qu'il avait lancée en 1834. Il devint par la suite l'un des directeurs de la Scottish Provincial Assurance Company.

La vie publique de Wilson a constamment oscillé entre la popularité et l'impopularité. Réformiste et ami de Louis-Hippolyte LaFontaine, il avait essuyé, lors de la sanction en 1849 du projet de loi sur l'indemnisation des victimes de l'insurrection de 1837-1838, l'assaut de la populace qui avait fracassé portes et fenêtres de sa propriété. Trois ans plus tard, il était élu maire par la même population.

À titre de premier magistrat de la ville, Wilson poursuivit la politique de son prédécesseur, Édouard-Raymond Fabre, dans l'assainissement des finances de la ville. Il exigera par exemple le paiement des arriérés de taxes auprès des citoyens les plus riches, ce qui augmentera les revenus de la ville et permettra notamment de parachever le nouvel hôtel de ville, l'actuel marché Bonsecours.

Le maire Wilson fit aussi achever le déblaiement des décombres de l'ancien Parlement, rue McGill, et y fit reconstruire, à la demande des citoyens, le marché Sainte-Anne.

Diverses épreuves marquèrent le séjour de Wilson à la mairie. Ainsi, le 9 juillet 1852, alors que le maire et plusieurs conseillers sont absents de la ville, un incendie se déclare dans une maison de la rue Saint-Laurent. Or le réservoir de l'aqueduc de la Côte-à-Barron est à sec en raison de travaux de réparation et de nettoyage. Des bourrasques de vent viennent amplifier les flammes et le sinistre prend bientôt des proportions catastrophiques, tout le quadrilatère formé par les rues Saint-Denis, Craig (Saint-Antoine), Saint-Laurent et Dorchester (René-Lévesque) n'est plus qu'un immense brasier. Le palais épiscopal de Mgr Bourget et la cathédrale Saint-Jacques sont anéantis. Seul l'Hôpital général protestant, construit en pierre, rue Dorchester, résistera au sinistre.

Le même soir, un autre incendie éclate dans une écurie derrière le beau théâtre que Hayes a fait construire en 1848 près de la porte de Québec (angle Dalhousie et Notre-Dame). Le théâtre, un hôtel avoisinant et plusieurs habitations seront réduits en cendres. Bilan total des deux sinistres: 1200 maisons détruites et 10 000 personnes sans abri.

Cette catastrophe obligea la réouverture des anciens entrepôts de l'immigration de la Pointe-Saint-Charles qui avaient servi d'hôpitaux pendant l'épidémie de typhus de 1847. On dut même en construire de nouveaux sur les terrains de la ferme Logan (le parc Lafontaine), dans l'est. Pour subvenir aux besoins des sans-abri jusqu'au printemps suivant, une levée de fonds fut organisée et permit de recueillir 36 000 livres sterling.

Ce sinistre incitera le conseil municipal à voter la construction d'un nouvel aqueduc qui prendrait sa source aux rapides de Lachine.

Malgré ces épreuves, Montréal qui comptait alors 57 000 habitants en majorité d'expression anglaise (31 000 anglophones et 26 000 francophones) commençait à s'ouvrir vers l'extérieur grâce notamment à l'amélioration des moyens de transport. Ainsi, le premier chemin de fer canadien, construit en 1836 entre La Prairie et Saint-Jean, inaugura en 1852 sa nouvelle ligne vers Saint-Lambert et de Saint-Jean jusqu'à la frontière américaine, à Rouses Point. L'année suivante, le réseau de la St. Lawrence and Atlantic fut également complété entre Longueuil et Portland.

En mai 1853, Montréal vit arriver le premier vapeur transatlantique, le *Genova*, d'une capacité de 700 tonnes qui transportait le courrier entre les deux continents et qui devait assurer ce service jusqu'en 1855. Ce nouveau service n'aurait pas été possible si un citoyen visionnaire, John Young, n'avait convaincu les autorités de la province de confier à la Commission du port de Montréal le creusage à 5 mètres de profondeur et à 50 mètres de largeur du chenal reliant le lac Saint-Pierre à Montréal.

L'affaire Gavazzi

Malgré sa prospérité, Montréal connaissait une certaine forme d'intolérance religieuse. Les tensions étaient vives entre les protestants anglophones et les catholiques irlandais, et un rien pouvait mettre le feu aux poudres. C'est dans ce climat que se produisirent les événements qu'on appela par la suite l'affaire Gavazzi.

Alexandre Gavazzi était un moine barnabite italien qui avait renié la foi catholique et qui s'était exilé en Angleterre où il donnait des conférences antipapistes. Sa haute stature et son éloquence le firent vite remarquer, et ses sermons attiraient les adeptes du protestantisme.

Au cours du printemps 1853, il entreprit une tournée en Amérique du Nord. Mais son passage dans le Bas-Canada et ses attaques contre les papistes provoquèrent la colère des catholiques, et la situation dégénéra rapidement en scènes de violence.

Ainsi, le 6 juin, alors que Gavazzi donnait une conférence dans une église presbytérienne de la rue Sainte-Ursule, à Québec, des fiers-à-bras l'assaillirent en pleine chaire. Il se défendit vaillamment contre les assauts de 16 gaillards au moyen d'un tabouret, mais, à la fin, il fut jeté en bas de la chaire. Des militaires intervinrent et le calme se rétablit.

Des soldats du 26ᵉ Cameronians tirent sur la foule à l'extérieur du temple Zion alors que des policiers tentent de calmer l'ardeur de certains émeutiers à coups de bâton.

(*The Illustrated London News*)

Le maire Charles Wilson, qui avait accepté de louer la salle municipale pour une conférence de Gavazzi à Montréal le 9 juin, retira son autorisation en apprenant les incidents de Québec. Des orangistes trouvèrent une autre salle pour le prédicateur, le temple Zion, angle Vitré et Beaver Hall, à proximité du marché aux foins, maintenant le square Victoria. Des policiers y furent postés pour prévenir tout trouble et un peloton de 100 soldats du 26e Cameronian, fraîchement débarqué de Gilbraltar, se tenait prêt à intervenir non loin.

Une foule d'admirateurs armés allèrent accueillir Gavazzi à sa descente de bateau et l'escortèrent plus tard de son hôtel jusqu'au temple. Gavazzi aborda le thème de l'absurdité et de l'aveuglement du système papiste. Il ridiculisa, comme c'était son habitude, les Irlandais catholiques et les traita d'ignorants, de grossiers et de brutes. Ses partisans dans la salle l'acclamèrent. Mais au dehors, un attroupement d'Irlandais venus de Griffintown commencèrent à crier «Chassez-le! Chassez-le!» Le chef de police, Charles Ermatinger, en voulant prendre un agitateur au collet fut criblé de pierres. Un auditeur, un dénommé Broomer qui avait agi comme garde du corps de Gavazzi entre Québec et Montréal, fut assailli et blessé en sortant du temple pour aller prendre le bateau pour Québec.

Alors que les 80 policiers, armés seulement de bâtons, peinaient pour contenir la foule déchaînée qui s'enflammait chaque fois qu'elle entendait des applaudissements dans l'église, une centaine d'hommes armés en sortirent soudainement et firent feu sur la foule, tuant un des leaders des émeutiers, James Walsh, et en blessant deux autres.

Ayant entendu les coups de feu, le maire Wilson se précipita vers le régiment qui s'était dissimulé dans une caserne de pompiers. Il ordonna aux soldats de se rendre sur les lieux afin d'aider les policiers débordés. L'arrivée de la troupe calma pendant un moment la foule.

Mais, à la fin de la conférence de Gavazzi, les choses se gâtèrent de nouveau. Lorsque les protestants commencèrent à sortir du temple Zion, ils furent accueillis par des pierres et des coups de feu. C'est à ce moment que le maire Wilson lut l'Acte d'émeute demandant aux gens de se disperser. Il avait à peine terminé qu'on entendit «Feu», «Feu». Aussitôt, les soldats en contrebas de la rue tirèrent au grand étonnement du maire.

Celui-ci soutiendra plus tard n'avoir jamais donné l'ordre de faire feu, et des témoins viendront dire, lors de l'enquête qui suivit, que c'était un des émeutiers qui avait crié les mots fatidiques.

La mêlée qui s'ensuivit prit l'allure d'un véritable carnage: de part et d'autre, les émeutiers tombaient, morts. Des femmes furent piétinées à mort, notamment dans la côte du Beaver Hall, alors qu'elles étaient poursuivies par les soldats. Une fois le calme revenu, on compta 15 morts et une quarantaine de blessés graves.

Le moine Gavazzi fut de son côté ramené par la troupe à l'hôtel St. Lawrence Hall, situé au coin nord-ouest des rues Saint-Jacques et Saint-Pierre, et conduit le lendemain au quai Duke où il prit le traversier vers Laprairie et, de là, le train vers la frontière.

Après ces événements tragiques, la popularité du maire Wilson descendit à son plus bas. Il eut à subir la rancœur du conseiller Charles Adams dont le fils avait trouvé la mort dans l'échauffourée du 9 juin.

Le journal protestant *Montreal Witness* persista à tenir le maire responsable de ce «Saint-Barthélemy montréalais». En guise de représailles, des hommes entrèrent une nuit à l'hôtel de ville et ils coupèrent la tête et les épaules d'une peinture le représentant et que lui avait offerte en janvier 1852 l'ex-maire Peter McGill.

C.-V. M.

SOURCES

ATHERTON, William Henry, *Montreal 1535-1914*, Montréal, S. J. Clark Publishing Co., 1914, p. 170-171.

AVM, Wilson.

DBC, t. X, p. 782-783.

JENKINS, Kathleen, *Montreal*, New York, Doubleday, 1966, p. 349-350.

KYTE SENIOR, Elinor, *British Regulars in Montreal*, Montréal, McGill-Queen's University Press, 1981, p. 109-133.

ROBERTS, Leslie, *Montreal. From Mission Colony to World City*, Toronto, Macmillan, 1969, p. 203-204.

RUMILLY, Robert, *Histoire de Montréal*, Montréal, Fides, 1970, t. II, p. 334-341.

SYLVAIN, Robert, «Le 9 juin 1853 à Montréal», *RHAF*, vol. XIV, n° 2, septembre 1960, p. 173-216.

8

Wolfred Nelson: le rebelle de 1837 devient maire

APC

Quel étrange destin que celui de Wolfred Nelson, le commandant victorieux des patriotes à la bataille de Saint-Denis de 1837 contre une compagnie de soldats du colonel Gore — un vétéran décoré de Waterloo — qui, après avoir été arrêté et déporté aux Bermudes en 1838, réussit à son retour d'exil à se distinguer de nouveau dans la vie publique en tant que député au parlement du Canada-Uni et à la mairie de Montréal, poste qu'il occupa en 1854 et 1856!

Au début de l'année 1854, des amis, dont George-Étienne Cartier, le pressèrent de se présenter à la mairie contre Édouard-Raymond Fabre qui tentait un retour. Plus que deux personnalités, c'étaient deux courants politiques qui s'affrontaient: les conservateurs misaient sur Nelson et les libéraux, dont Papineau, appuyaient Fabre. Nelson devait l'emporter assez facilement sur Fabre à qui on reprochait sa mollesse lors des émeutes de 1849, dont le point culminant fut l'incendie du Parlement.

Lors de son premier mandat, le maire Nelson fit adopter une mesure qui eut pour effet de soulager la très grande misère des pauvres. Ainsi, durant l'hiver 1854-1855, alors que l'économie de la ville traversait une période d'inflation due à la guerre de Crimée, le conseil municipal mit fin au monopole des vendeurs de bois de chauffage, qui accaparaient les livraisons par bateau pour les revendre à un prix faramineux. La ville acheta des centaines de cordes de bois qu'elle revendit au prix de revient aux familles pauvres. En une semaine, la valeur de la corde de bois chuta de 12 $ à 6 $.

La ville devait aussi emprunter 100 000 livres sterling pour la construction d'un nouvel aqueduc et l'on engagea un homme compétent pour surveiller l'état des rues, première étape en vue de la mise sur pied de la voirie municipale.

La plus grande contribution de Nelson fut sans doute de s'intéresser à l'hygiène et à la salubrité publique. Il créa un bureau de santé et recommanda toute une série de mesures touchant la construction des logements. Il conseilla notamment que les nouvelles maisons fussent construites à plusieurs mètres au-dessus du sol, afin que ni l'humidité ni les vapeurs ne puissent pénétrer le plancher, et que les couvertures de maison dépassent les murs d'un mètre afin d'empêcher l'humidité d'imprégner les murs.

Wolfred Nelson fut le premier maire à s'inquiéter d'un fléau qui n'a pas encore perdu de son actualité: les incendies criminels. «Au sujet du département du feu, je me permettrai de suggérer que l'on nomme un inspecteur, non seulement pour voir la construction de nouvelles bâtisses, mais pour assister à chaque feu et s'assurer s'il y a lieu de croire que le feu ne soit l'acte d'incendiaires, car il faut admettre que dans beaucoup de cas, il y a de légitimes raisons d'avoir des doutes fondés sur la cause de l'incendie, et outre la sûreté qui en résulterait pour les voisins, ceci tendrait à faire baisser le taux des assurances contre le feu», déclarait-il lors de son assermentation en mars 1855.

Enfin, il recommanda au conseil municipal d'étudier la suggestion de sir James Alexander de faire construire un boulevard autour de la montagne et un parc à son sommet, car il pensait que la ville en retirerait un grand avantage dans le futur.

Un loyaliste devenu patriote

Né à Montréal, le 10 juillet 1791, d'un père loyaliste qui avait quitté les États-Unis à la faveur de la révolution américaine, Wolfred Nelson vécut toute son enfance à William-Henry (aujourd'hui Sorel) où son père ouvrit une école après un court séjour à Montréal. C'est au fort de Sorel qu'il étudia la médecine sous la direction du docteur C. Carter de l'armée britannique. Lors de l'invasion américaine de 1812, il servit sous les drapeaux anglais à titre de chirurgien-major. Une fois la paix rétablie, il s'installa d'abord à Sorel, puis à Saint-Denis où il se fit une réputation d'habile médecin, compatissant et charitable. En 1819, il épousa une Canadienne, Josephe-Charlotte-Noÿll de Fleurimont avec qui il eut sept enfants. Même s'il était de foi protestante, ses enfants furent élevés dans la religion catholique et la plupart adoptèrent la langue française.

En 1827, il fit une entrée remarquée dans la politique active en battant, dans la circonscription de William-Henry, le procureur général du Bas-Canada, James Stuart, qui avait

L'Assemblée des six comtés, tenue à Saint-Charles-sur-Richelieu le 23 octobre 1837, était présidée par le Dr Wolfred Nelson.

(*La Presse*)

l'appui du gouverneur Dalhousie. Imaginez ce colosse à la figure vive et aux traits énergiques qui a tout du tribun: la prestance, l'autorité, une voix puissante, un débit passionné, une éloquence convaincante et une possession parfaite de la langue française dont il connaît les nuances et les subtilités. Il avait tout pour charmer les Canadiens français de l'époque, d'autant plus qu'il combattait pour la justice et la liberté. Il devait d'ailleurs adopter une position de plus en plus radicale, à mesure que les abus de l'oligarchie au pouvoir à Québec se firent plus apparents.

En mai 1837, il organisa la première des nombreuses assemblées contre les mesures coercitives du gouverneur Russell. Il y fit adopter une première résolution condamnant les mesures antidémocratiques qui avaient pour effet de priver l'Assemblée de tout contrôle sur les revenus de la colonie.

En octobre, il présida l'assemblée des six comtés où il déclara que «quand une forme de gouvernement, quelle qu'elle soit, devient destructrice [...] c'est le droit du peuple de la modifier ou de l'abolir». Mais le 16 novembre, le gouvernement émettait un mandat d'arrêt contre lui, Papineau et d'autres patriotes.

C'est le 23 novembre qu'il résista victorieusement aux troupes du colonel Gore parties la veille de Sorel. Au cours de la bataille qui dura six heures, les patriotes eurent 12 tués et 5 blessés, mais ils forcèrent les troupes de Gore à déguerpir emportant avec eux 6 morts et 11 blessés. Mais, après la défaite de Saint-Charles, le 25 novembre, le moral des patriotes tomba rapidement si bien que, le 1er décembre, le docteur Nelson ne put trouver assez de volontaires pour défendre Saint-Denis. Il décida de s'enfuir par les bois. Il devait être arrêté dans les environs de Stanstead le 11 décembre, avant même d'avoir pu franchir la frontière.

Ruiné (l'armée avait détruit sa maison et la distillerie qu'il possédait à Saint-Denis, biens évalués à 23 000 livres sterling), le docteur Nelson devait passer six mois en prison puis il fut exilé aux Bermudes après s'être reconnu coupable de «rébellion contre la mauvaise administration coloniale». Mais en octobre 1838, la proclamation de Durham fut désavouée, de sorte qu'il put quitter les Bermudes pour les États-

Unis dès la fin de novembre. Il se rendit à Plattsburg (il ne pouvait rentrer au Canada) où il ouvrit un cabinet de médecin. Puis, grâce à une procédure de *nolle prosequi* que son ami Louis-Hippolyte LaFontaine devenu procureur général du Bas-Canada, fit adopter en 1842, il put regagner Montréal pour s'y installer définitivement le 2 août sur le terrain occupé aujourd'hui par le journal *La Presse*, à l'angle des rues Saint-Jacques et Saint-Laurent (autrefois la côte Saint-Lambert).

Lui qui voulait finir ses jours en toute tranquillité en pratiquant la médecine, il succomba rapidement à l'attrait de la vie publique. À la demande de nombreux électeurs du comté de Richelieu, il se présenta aux élections du 12 novembre 1844 où, candidat réformiste, il battit Denis-Benjamin Viger, un ex-patriote passé chez les conservateurs. Il devait représenter le comté jusqu'en 1850.

C'est au cours de cette période qu'il eut une violente polémique avec Louis-Joseph Papineau (revenu d'exil en 1845) sur leur rôle respectif dans la rébellion de 1837. Papineau avait insinué publiquement que la violence était attribuable à Nelson. De tempérament parfois irritable, celui-ci riposta en déclarant que le grand homme y était lui-même favorable et qu'il avait même signé une déclaration d'indépendance dans sa propre maison. Il ajouta que la fuite de Papineau en pleine bataille lors de la victoire des patriotes à Saint-Denis avait eu pour conséquences la défaite finale du mouvement patriote et toute la misère qui s'ensuivit. Cette diatribe entre les deux hommes jeta une ombre sur leur réputation.

La renommée de médecin de Nelson fut à la hauteur de sa réputation de politicien puisqu'il a été l'un des premiers médecins à pratiquer la chirurgie en utilisant un anesthésique en 1847, grâce aux expériences avec de l'éther faites sur des chiens par son fils Horace. Il se servit de cette méthode pour extraire une grosse tumeur dont souffrait une de ses patientes.

Lorsqu'il quitta la politique, le gouvernement de LaFontaine et Baldwin lui offrit le poste d'inspecteur des prisons et des asiles de la province, un emploi pour lequel il se disait bien préparé puisqu'il avait passé sept mois à la prison de Montréal, au Pied du Courant.

La France se rappelle

L'année 1855 fut l'occasion de grandes réjouissances lors de la visite du navire de guerre français *La capricieuse*, le premier navire de guerre de ce pays à apparaître dans les eaux du Saint-Laurent depuis 1760. Le commandant Paul-Henri de Belvèze et son équipage eurent droit à une réception civique grandiose le 27 juillet afin de marquer le rapprochement de la France et de l'Angleterre, deux alliés dans la guerre de Crimée. Au banquet, on servit 25 plats différents sans compter les desserts. Les sherry, sauternes, bordeaux, porto et champagne accompagnaient le tout. La réception fut suivie vers 21 heures d'un immense feu d'artifice au Champ-de-Mars, devant 10 000 personnes.

Pendant le banquet à l'hôtel St. Lawrence Hall, un petit incident désagréable se produisit: des voleurs profitant des agapes pénétrèrent dans la chambre du commandant Belvèze et firent main basse sur sa montre en or, quelques objets précieux et une importante somme d'argent.

Pour souligner l'apport du grand patriote que fut Wolfred Nelson, la Société Saint-Jean-Baptiste a suggéré en 1979, lors de la réfection de la colonne Nelson, place Jacques-Cartier, de lui dédier le monument à lui plutôt qu'à l'amiral, héros de Trafalgar. Mais l'administration Drapeau n'a pas voulu donner suite à cette requête.

C.-V. M.

SOURCES

ATHERTON, William Henry, *Montreal 1535-1914*, Montréal, S. J. Clark Publishing Co., 1914, p. 180.

CHAPAIS, Thomas, *Cours d'histoire du Canada*, Trois-Rivières, Boréal Express, 1972, p. 133-149.

DBC, t. IX, p. 655-659.

DESJARDINS, Édouard, «Médecins éminents, maires de Montréal», *L'Union médicale*, n° 94, juillet 1965, p. 915-921.

La Presse, 19 février 1979.

NELSON, Wolfred, *Wolfred Nelson et son temps*, Montréal, Éditions du Flambeau, 1947.

RUMILLY, Robert, *Histoire de Montréal*, Montréal, Fides, 1970, t. II, p. 348-352.

Ville de Montréal

9

Henry Starnes: ambition et élitisme

Des passages à la mairie d'Henry Starnes, en 1856-1858 et 1866-1868, on a peu retenu. Peut-être l'effervescence montréalaise dans les années 1850 et les grands enjeux de la Confédération ont-ils simplement diminué l'éclat, plutôt terne il faut dire, d'un maire pourtant soucieux d'affirmer le prestige de sa position et de réserver à l'élite ce lieu de pouvoir qu'est l'hôtel de ville. On doit reconnaître par ailleurs que son implication dans l'un des plus grands scandales politiques du temps a quelque peu entaché sa carrière.

En 1856, la ville de Montréal est, plus que jamais, en voie de se constituer en métropole canadienne. Elle est le pivot du réseau de transport et de communication du pays et son point de rattachement à l'Europe. Pour la première fois depuis sa fondation, elle bénéficie d'une liaison directe avec Toronto par chemin de fer, une étape importante dans l'implantation d'un réseau ferroviaire pancanadien.

Depuis un an aussi, la ville jouit d'un service postal régulier (par mer) avec le vieux continent; grâce au nouveau quai de son port, les vapeurs océaniques l'atteignent enfin directement, et leur nombre croît sans cesse.

Montréal suit les innovations de son temps, on y célèbre même l'installation du premier câble télégraphique transatlantique. Sur son territoire, ou sur son pourtour, les usines se multiplient. La gigantesque et ultramoderne raffinerie de sucre Redpath vient d'entrer en activité. Depuis 1850, les usines de textile et de vêtements, les fonderies, les fabriques de portes et fenêtres, la minoterie Ogilvie, des moulins à scie (plus rares), des fabricants de voitures, de batteuses (à grains) complètent en la diversifiant son armature économique.

À son arrivée à la mairie, Starnes se trouve donc à la tête d'une ville aux affaires maintenant florissantes. Sa réputation financière et politique encore intacte (ses débuts sur la scène politique sont encore récents), tous les espoirs sont permis. Et il manifeste très tôt, de façon anodine d'abord, puis plus ostensiblement, son goût pour les postes de responsabilité, un goût parfois teinté d'élitisme.

Vue de Montréal de l'île Sainte-Hélène vers 1856.

(*La Presse*)

Lors de son premier mandat, Starnes recommande, bien innocemment, au conseil municipal l'achat d'une toge garnie de fourrure que l'honorable maire devra ajouter au médaillon traditionnellement porté comme insigne de son rang. C'était une façon, sans doute indispensable à ses yeux, de montrer l'importance du statut de premier citoyen de la ville, de souligner la valeur du titulaire de ce poste et de donner aux cérémonies d'usage tout l'apparat nécessaire. Pourtant, le même conseil venait tout juste de mettre fin à la pratique qui voulait que le médaillon en question soit donné en propre à chaque maire sortant, une pratique jugée trop coûteuse! On ne pouvait prévoir, évidemment, qu'un Médéric Martin allait plus tard donner une approbation somptueuse et fort dispendieuse à ce genre d'initiative et de prétention. Pour l'instant, la chose ne semblait pas devoir porter à conséquence.

Starnes entamera toutefois son second mandat par des propos surprenants. En 1866, il recommandait un retour à la nomination du maire par et parmi le conseil municipal, comme cela se faisait avant 1851, en lieu et place de son élection par les contribuables. Comme motifs, il invoqua que le changement de 1851 avait été opéré sans demande expresse du conseil ni des citoyens et que, sous le système actuel, un «parfait étranger» au conseil pourrait «soudainement être élevé au poste de maire», ce qui nuirait à l'efficacité de l'administration. Selon lui, le choix du maire par les conseillers donnait non seulement l'assurance que l'heureux élu possédait déjà l'expérience et la connaissance des onéreuses et importantes fonctions du poste auquel il est appelé, mais aussi que les plus hautes intelligences et les plus dignes personnalités de la cité souhaiteraient en faire partie!

Dans l'esprit d'Henry Starnes, l'administration de la municipalité devait être du ressort de gens connus et reconnus pour leur réussite en affaires, leurs opinions toujours éclairées et leur appartenance à la bonne société. Il faut avouer qu'à l'époque, la direction de la ville ressemble bien plus au conseil d'administration d'une entreprise privée qu'à une instance gouvernementale. Mais cela n'empêcha pas les conceptions du maire d'aller à l'encontre des tendances à la démocratisation du régime municipal qui avaient cours depuis près de quinze ans.

Starnes figurait alors parmi les financiers et les politiciens d'envergure. Ex-député de l'Assemblée législative du Canada-Uni (1858-1863), administrateur de la Banque d'épargne de la cité et du district de Montréal depuis 1852, il ne vit naturellement aucune objection à délaisser la mairie, au moment de la Confédération, au profit d'un poste (nommé) au Conseil législatif de la province de Québec. Il devait peu de temps après fonder et présider la Banque métropolitaine et, surtout, devenir trésorier du Parti conservateur de George-Étienne Cartier.

Ces deux dernières fonctions lui vaudront toutefois de sérieux déboires lorsque, agissant comme intermédiaire entre Cartier et le magnat du chemin de fer Hugh Allan, il fit passer une forte somme par les coffres de sa banque. Grâce à cet argent (des dizaines de milliers de dollars), Cartier croyait garantir son élection et Allan obtenir le contrat de construction d'un lien ferroviaire transcanadien. L'affaire rendue publique, l'ex-maire Starnes se trouva en 1873 au cœur de ce que l'on appela le «scandale du Pacifique» qui entraîna la chute du gouvernement de John A. Macdonald. Pour Henry Starnes, ce fut l'occasion d'abandonner la politique partisane, offrant désormais son appui comme membre du Conseil législatif au gouvernement en place, sans égard à sa couleur. Auprès de ses contemporains, il acquerra de ce fait la réputation d'un opportuniste plus intéressé par ses propres pouvoirs que par le bien public.

Faut-il pour autant uniquement voir en Henry Starnes un carriériste? On ne peut sérieusement douter de ses talents d'administrateur: ses réussites dans le commerce de gros avant 1859 et financières avant 1872 en sont la confirmation. On ne peut non plus mettre en cause l'intérêt qu'il a manifesté pour la chose municipale. La fonction de maire, rappelons-le, ne s'accompagnait d'aucune rémunération, et Starnes, par ailleurs, y fut porté trois fois par acclamation; ce n'aurait sûrement pas été le cas s'il avait fait preuve d'un laxisme par trop exagéré.

En outre, la ville connaissait à cette époque de graves problèmes de croissance. Sa population, du premier au deuxième passage de Starnes à la mairie, soit en une décennie, avait presque doublé (de 55 000 à 100 000 environ). S'ensuivait des problèmes d'approvisionnement en eau potable, malgré des améliorations majeures au système d'aqueduc et la mise en service du canal de l'aqueduc et de pompes hydrauliques en 1856. Dix ans plus tard, le système ne suffisait plus qu'au tiers des besoins quotidiens. Pour comble, la moitié des revenus de la ville allait au service de la dette et 20 p. 100 des revenus provenant de la taxe d'eau ne pouvaient être touchés à cause d'un mode de perception inadéquat, de la trop grande mobilité de près d'un tiers des locataires ou de leur trop grande pauvreté.

Starnes, consciencieusement, y est allé de ses suggestions, proposant par exemple l'augmentation de la capacité de l'aqueduc, selon les recommandations des personnes compétentes; mais la première pompe à vapeur, le début de la solution efficace au problème d'approvisionnement en eau potable, ne sera installée qu'en 1868. Il proposera aussi une refonte complète du mode de taxation et de perception des revenus de la ville, un mode reposant sur la valeur réelle des immeubles et la responsabilité des propriétaires contribuables, une façon de faire innovatrice dans le Québec de l'époque. Ce sont là autant d'aspects montrant l'attention réelle d'un Starnes aux affaires de sa municipalité.

L. D.

SOURCES

Anonyme, *Montreal in 1856*, Montréal, John Lovell, 1856, p. 36-51.
ATHERTON, William Henry, *Montreal 1535-1914*, Montréal, S. J. Clark Publishing Co., 1914, t. II, p. 207-217, 409, 648.
AVM, B44-D026.9.
DBC, t. VIII, p. 1075-1077.
RUMILLY, Robert, *Histoire de Montréal*, Montréal, Fides, 1970, t. II, p. 349-354; 1972, t. III, p. 78 et 160.
TRÉPANIER, Léon, «Figures de maires», *Cahiers des Dix*, vol. XX, 1955, p. 149-173.
YOUNG, Brian, *Promoters and Politicians: The North-Shore Railways in the History of Quebec, 1854-1885*, Toronto, UTP, 1978, p. 48.

10

Charles-Séraphin Rodier: excentricité et politique de grandeur

Les politiques de grandeur qui ont marqué Montréal ne datent pas du règne du maire Drapeau. Le premier sans doute à paver la voie en ce sens fut Charles-Séraphin Rodier, maire de la ville de 1858 à 1862, reconnu pour son excentricité. Il avait le sens de l'événement. La fin des travaux de construction du pont Victoria en 1860 lui fournit une occasion inespérée de faire parler de Montréal dans le monde entier; il organisa des festivités gigantesques et invita un représentant de la Couronne, le prince de Galles Albert-Édouard.

Même si la ville venait de traverser des années difficiles sur le plan budgétaire, le maire Rodier convainquit le conseil de voter une somme de 48 031 $ pour les festivités, somme qui ne comprenait pas l'illumination de certains édifices publics qui entraîna des frais de 20 000 $. Le conseil avait aussi décidé de faire raser la vieille prison qui se trouvait en face de la colonne Nelson, place Jacques-Cartier, et d'y ériger une fontaine qui s'y trouve encore aujourd'hui.

Pour l'occasion, Rodier s'était fait tailler une toge écarlate ornée d'hermine sur laquelle pendait une énorme chaîne en or; il s'était aussi fait fabriquer une épée, réplique exacte

Le pavillon Ball, qui pouvait accueillir 3000 personnes, avait été spécialement construit pour la soirée de danse en l'honneur du Prince de Galles.

(BNQ-M)

de celle du lord-maire de Londres. Ses adversaires politiques s'empressèrent de le surnommer le «Paon». Sa fantaisie ne s'arrêta pas là: il renomma sa maison de la rue Saint-Antoine Ouest, à l'emplacement actuel de l'Armée du salut, le «château Prince de Galles», et il y fit ériger une statue du prince sur une tourelle.

Causeur volubile, il adorait les réceptions, car elles lui permettaient de discuter politique, finance et droit. Son dicton préféré était: «On devient riche, mais on naît élégant et poli.» Il faisait preuve d'une galanterie exagérée envers les dames, se précipitant vers leur calèche pour les aider à en descendre tout en faisant la révérence.

C'est le 25 août 1860 qu'Albert-Édouard, le «prince charmant» (les frasques qu'on lui attribuaient ne faisaient que rehausser son attrait auprès des femmes), âgé de dix-neuf ans, débarqua à Montréal. Il y fut reçu, dans un pavillon décoré, par les responsables de la ville ainsi que par le gratin politique et ecclésiastique. Cet accueil fut suivi d'une grande procession jusqu'au Crystal Palace, vaste hall d'exposition construit pour le Board of Arts and Manufactures, à l'angle de Cathcart et de McGill College, qui fut inauguré officiellement.

Au cours de l'après-midi, le prince monta à bord d'un wagon du Grand Tronc qui se dirigea au milieu du pont Victoria où fut fixé le dernier rivet, en argent. Érigé au coût de 7 millions de dollars, l'ouvrage, d'une longueur de quelque 3000 mètres, contenait 84 951 mètres cubes de maçonnerie; les tubes avaient nécessité 8250 tonnes de fer, et 2 millions et demi de rivets maintenaient les éléments ensemble. Le pont était considéré comme une merveille du siècle.

Après un déjeuner aux hangars de la compagnie du Grand Tronc à la Pointe-Saint-Charles, le prince put admirer en soirée les magnifiques décorations lumineuses qui paraient les édifices publics.

Le lendemain, après un service religieux à la cathédrale Christ Church, le prince assista à un concert de la Société lyrique de Montréal auquel participait un chœur de 400 chanteurs. Une cantate avait spécialement été écrite par M. Semper et composée par M. Sabatier. C'est à cette occasion qu'Emma Lajeunesse, qu'on connaîtra plus tard sous le nom de madame Albani, se fit connaître pour la première fois. Elle avait quatorze ans.

Mais c'est le lundi soir, le 27 août, qu'eut lieu l'événement le plus retentissant pour souligner la visite royale: un grand bal se tint au Ball Pavilion, immense bâtiment en bois orné de créneaux et de tourelles, érigé pour l'occasion rue Sainte-Catherine entre les rues Drummond et Peel. Deux mille lampes à gaz éclairaient la vaste enceinte rose pâle et son dôme supporté par trente-six colonnes décorées de riches draperies bourgogne et or. Le prince ouvrit la danse sur un plancher d'une superficie plus que respectable en présence de 3000 personnes, des personnalités de tout le Canada, et dansa le quadrille, la polka et la valse jusqu'à quatre heures et demie du matin avec un très grand nombre de dames. À différents endroits, on avait aménagé des fontaines d'où jaillissaient de l'eau de rose, de l'eau de cologne et de la lavande. Le champagne et le bordeaux coulaient à flots.

L'événement fut couvert par des reporters du monde entier, ce qui permit à Montréal d'étaler sa gloire après une décennie de construction de chemins de fer. Mais la cité ressemblait à une ville bombardée, les larges cicatrices causées par les incendies des années 1850 n'ayant pas toutes été effacées. Il restait encore beaucoup de ruines entre les rues Saint-Denis et Saint-Laurent, les nouveaux habitants s'installant surtout à la Pointe-Saint-Charles ou à Griffintown, près des ateliers de réparation des locomotives du Grand Tronc.

Fils de forgeron

Né à Montréal le 4 octobre 1797, Charles-Séraphin Rodier était le fils de Jean-Baptiste Rodier, forgeron à la Petite-Bourgogne. On ignore à peu près tout de son enfance, mais on sait qu'il fréquenta le Collège de Montréal en 1809 et 1810. Petit de taille, mais grand en ambition, il abandonna très vite les études pour s'attaquer aux affaires.

En 1816, il ouvrit une boutique de nouveautés rue Saint-Paul. Il fut le premier marchand de la ville à importer sa marchandise directement de Grande-Bretagne et de France par l'intermédiaire d'agents qu'il avait nommés à Londres et à Liverpool. Ses affaires prospérèrent si bien qu'il s'en retira en 1836 après avoir amassé une fortune considérable. Pendant cette période, on le retrouve aussi dans la milice, ce qui était bien vu à l'époque, où il obtint différents grades jusqu'à celui de lieutenant-colonel.

Rodier se tourna alors vers une nouvelle carrière. Il étudia le droit sous la direction d'Alexander Buchanan et fut admis au barreau en 1841. Mais il pratiqua peu, sauf pour défendre des amis ou des gens incapables de payer les frais de cour. Il se livra plutôt à diverses spéculations, généralement heureuses. Il fut notamment propriétaire de l'hôtel Rasco et un des directeurs de la Banque Jacques-Cartier.

Charles-Séraphin Rodier n'était pas un inconnu de l'hôtel de ville puisqu'il avait été conseiller municipal de 1833 à 1836. Nommé juge de paix, il fut chargé avec d'autres d'administrer la ville pendant la période de la rébellion des patriotes, de 1837 à 1840. Désigné conseiller municipal par le gouverneur Poulett Thomson, il assuma de nouveau cette fonction de 1840 à 1842.

Au cours des années suivantes, il sera commissaire du port et l'un des responsables des enfants trouvés et des indigents malades de la région de Montréal. Philanthrope, il hébergea les jésuites à leur retour au Canada en 1843 et offrit plus tard, en 1868, une partie de ses immeubles aux sœurs grises pour l'installation de leur orphelinat, l'asile Bethléem.

Ces nominations à des charges publiques pendant la rébellion montrent que Rodier était loin d'être un radical. Il avait d'ailleurs laissé entendre à son cousin Édouard-Étienne que «la poire n'était pas mûre» pour la rébellion. Conservateur il sera et c'est à ce titre qu'il fut nommé conseiller législatif à Québec en 1867.

C'est en 1858 qu'il décida de se porter candidat à la mairie contre John James Day, un conseiller qui s'était aliéné le vote d'un certain nombre d'électeurs en appuyant D'Arcy McGee aux élections provinciales de 1857. Il l'emporta assez facilement par 3132 voix contre 2329; il fut réélu en 1859, 1860 et 1861.

À titre de premier magistrat, Rodier s'enorgueillit d'avoir amélioré la situation financière de la ville et d'avoir contribué à la construction de nouveaux quais.

Redresser les finances ne se fit pas sans mal et il se mit à dos des conseillers lorsqu'il les accusa de dilapider les fonds publics. En 1859, le Comité des finances autorisa un surplus de dépenses de 60 000 livres sterling sans qu'il y ait eu approbation du conseil. Endettée de 800 000 livres, l'administration n'était plus en mesure de rembourser ses dettes. Il offrit de prêter 10 000 livres à la ville à la condition que les 27 membres du conseil s'en portent garants. Ceux-ci refusèrent. Pour s'en sortir la ville dut vendre certains bâtiments et obtenir un nouveau prêt des sulpiciens.

Le premier tramway

En 1861, d'éminents hommes d'affaires tels William Molson, John Ostell, William Dow et Johnston Thompson décidèrent que le temps était venu d'équiper Montréal d'un système de transport en commun.

Ils firent d'abord incorporer par la législature provinciale le nom de la société, la Montreal City Passenger Railway Co., et, après deux réunions tenues en août, ils décidèrent de construire une première ligne de près de 10 kilomètres, de la rue Sainte-Marie à la place d'Armes, rue Craig.

Le service était plutôt lent et irrégulier puisque les wagons étaient tirés par des chevaux. Cela n'empêcha pas la compagnie qui avait investi 125 000 $ dans l'achat de 8 tramways, de chevaux et d'une écurie, d'émettre un premier dividende au taux de 12 p. 100 dès la première année. L'année suivante, une seconde ligne devait être établie rue Notre-Dame, de la place d'Armes jusqu'à la rue Saint-Joseph à l'ouest.

C.-V. M.

SOURCES

ATHERTHON, William Henry, *Montreal 1535-1914*, Montréal, S. J. Clark Publishing Co., 1914, p. 210-214.

AVM, Charles-Séraphin Rodier.

BRH, vol. XLIV, 1938, p. 120-122.

GRAP, *Travaux et conférences 1975-1979*, Département d'histoire de l'art, UQAM, 1979, p. 258-280.

JENKINS, Kathleen, *Montreal, Island City of the St. Lawrence*, New York, Doubleday, 1966, p. 355-362.

LEBLOND DE BRUMATH, A., *Histoire populaire de Montréal depuis ses origines jusqu'à nos jours*, Montréal, Beauchemin, 1913, p. 311-315.

RHAF, vol. XII, p. 355-356.

RUMILLY, Robert, *Histoire de Montréal*, Montréal, Fides, 1972, t. III, p. 361-363.

11

Jean-Louis Beaudry: un premier mandat marqué par la guerre civile américaine

«De tous les livres du monde, celui qu'il affectionne le plus — et ce n'est ni moi ni ses enfants qui l'en blâmeront — c'est son livre de caisse», écrivait L'*Opinion publique* au sujet de Jean-Louis Beaudry, maire de Montréal de 1862 à 1864 et pendant de nombreuses années par la suite.

Ce commentaire en dit long sur les préoccupations de cet entrepreneur et homme politique. Mais la guerre civile américaine aurait pu faire échouer tous ses projets puisque, au cours de son mandat, des sudistes installés à Montréal complotaient contre les États du Nord et que certains d'entre eux entreprirent d'aller faire un raid à St. Albans, au Vermont.

Ce n'est pas sans appréhension que les politiciens du Canada-Uni assistèrent à la guerre civile américaine. Ils craignaient d'être emportés par le mouvement. L'affaire du vapeur anglais *Trent*, qui fut arraisonné par le navire de guerre américain *San Jacinto* le 8 novembre 1861 et qui permit la capture de deux commissaires confédérés en route vers Londres, augmenta la tension. Le gouvernement anglais dépêcha rapidement 14 000 soldats pour défendre ses colonies d'Amérique du Nord.

Au début de la guerre, la grande majorité des Canadiens favorisaient le Nord et l'abolition de l'esclavage. D'ailleurs, plusieurs francophones allèrent offrir leurs services aux troupes nordistes, dont Calixa Lavallée à titre de musicien pour le régiment du Rhode Island. Mais avec le temps, les opinions changèrent, aidées en cela par les nombreux sudistes présents dans la ville qui avaient fait de l'hôtel St. Lawrence Hall leur quartier général. Ils étaient pour la plupart de riches planteurs et leurs manières raffinées plaisaient à la haute société montréalaise.

Mais ces sudistes profitèrent de la sympathie des Montréalais pour préparer en secret des missions de sabotage dans le nord des États-Unis. L'une d'elles embarrassa grandement le gouvernement canadien, puisqu'elle aurait pu dégénérer en guerre canado-américaine. En effet, un groupe de 23 jeunes sudistes, dirigé par le lieutenant Bennett Young de l'armée confédérée, décida d'aller faire un raid à St. Albans, au Vermont, le 19 octobre 1864. Dans ce village, ils dévalisèrent les banques pour une somme de 200 000 $, brûlèrent des maisons, firent un mort et de nombreux blessés et vinrent se réfugier à bride abattue au Canada.

Les journaux du nord des États-Unis réagirent violemment à l'annonce de ce coup et exigèrent que les *desperados* soient arrêtés et jugés. Le gouverneur du Canada, lord Monck, agit rapidemment en ordonnant l'arrestation des pillards. Quelques jours plus tard, on en arrêta 14 dans les environs de Saint-Jean, avec une partie du butin (90 000 $) et on les amena à Montréal pour qu'ils y soient jugés. Après un procès de quelques semaines, le juge Charles-Joseph Coursol déclara qu'il n'était pas habilité à juger cette cause et relâcha les prisonniers. Cela mit tellement en fureur le procureur général du Canada-Est, George-Étienne Cartier, qu'il suspendit le juge. Le Parlement vota également une somme de 50 000 $ pour compenser une partie des pertes subies par les banques de St. Albans.

À compter de cet incident, la sympathie des Montréalais envers les sudistes s'effondra, d'autant plus qu'ils devaient apprendre un peu plus tard que l'auteur de l'assassinat du président Lincoln le 14 avril 1865, l'acteur John Wilkes Booth, avait séjourné à l'hôtel St. Lawrence Hall plusieurs semaines auparavant. Comme un malheur ne vient jamais seul, le gouvernement américain fit savoir au printemps de cette même année qu'il mettait fin au traité de libre-échange à compter de mars 1866. La libre circulation des marchandises entre les frontières n'aurait finalement duré que douze ans.

Un grand propriétaire foncier

Jean-Louis Beaudry avait fait fortune dans le commerce de détail et dans l'immobilier. Il réussit si bien qu'il devint l'un des plus gros propriétaires fonciers de la ville. Parallèlement, il investit des sommes importantes dans des entreprises à capital social, comme les services publics, les compagnies d'assurances, les chemins de fer et les banques. Il se signala particulièrement dans le projet de construction du chemin de fer de Montréal à Bytown (aujourd'hui Ottawa) et il fonda la Banque Jacques-Cartier en 1861.

Ses succès en affaires lui avaient gagné le respect de tous et avaient accru son leadership dans la population canadienne-française. Mais ses tentatives pour se faire élire député en 1854 et 1857 comme candidat libéral-conservateur se soldèrent par un échec.

Il décida alors d'orienter sa vie publique vers la scène municipale. En juin 1860, il fut élu conseiller du quartier Saint-Jacques dans une élection partielle et fut réélu en février 1861. C'est en 1862 qu'il décida de poser sa candidature à la mairie. Il battit Rodier malgré l'opposition véhémente des journaux anglophones qui abhorraient son caractère têtu, colérique et grossier. Mais les électeurs britanniques ne votaient guère, ce qui lui permit de faire le plein du vote chez les Canadiens français et les Irlandais.

Jean-Louis Beaudry sera réélu maire jusqu'en 1865 et l'année suivante, sentant une opposition grandissante, il se désistera. Il tentera de nouveau sa chance en 1868 contre William Workman, un homme d'affaires libéral jouissant d'une haute estime. Lors de cette élection, il essaya de jouer la corde sensible des antipathies religieuses et nationales et des querelles entre les quartiers de l'est et de l'ouest. Mais ces tactiques démolirent sa réputation et on le perçut comme un homme dévoré d'une ambition politique démesurée. Il mordit la poussière par 1900 votes contre 3100. Cette défaite devait l'éloigner pour dix ans de la scène municipale.

Les réalisations du maire Beaudry au cours de son premier mandat ne furent pas très nombreuses, l'attention publique étant davantage attirée par la guerre civile américaine et la querelle avec l'Université Laval de Québec pour l'établissement d'une première université française à Montréal.

Il reste que le conseil de ville décida le 22 avril 1863 d'établir en permanence un service de protection des incendies. Huit pompiers furent embauchés à temps plein et on constitua une force de réserve de 36 hommes. Dans les trois stations, on installa le télégraphe afin d'accélérer les communications.

Le conseil réorganisa aussi le Service de police et haussa le salaire des constables à un dollar par jour dans l'espoir d'attirer des recrues. La direction de la police échut à Guillaume Lamothe, un casse-cou qui avait participé à la révolution de 1848 à Paris et qui ne se déplaçait pas sans son épée.

C'est au cours du premier mandat du maire Beaudry que l'on entreprit la construction du réservoir McTavish, à flanc de montagne, afin de répondre à la demande en eau potable de Montréal.

(*La Presse*)

Des améliorations furent apportées à l'aqueduc par la construction de nouveaux réservoirs sur la rue McTavish, au flanc de la montagne, et on procéda à l'élargissement des rues Notre-Dame, Saint-Jacques et Sainte-Catherine.

Les origines du maire

Fils de Prudent Beaudry, agriculteur de Sainte-Anne-des-Plaines, Jean-Louis quitta très tôt la ferme familiale et vint s'installer dans le milieu commercial de Montréal. C'était en 1823 et il n'avait que quatorze ans, mais il se trouva rapidement un travail de commis dans un magasin de marchandises sèches de la rue Saint-Paul.

En 1826, il déménagea à Newboro dans le Haut-Canada où il occupa le poste de magasinier pour la compagnie Baraille, propriété d'un entrepreneur de Montréal, qui approvisionnait les travailleurs engagés dans la construction du canal Rideau. En 1830, il revint à Montréal où il décrocha un poste dans une maison de commerce anglaise. Mais il fut démis de son poste en 1832 pour avoir, lors d'une élection partielle dans le quartier ouest de Montréal, appuyé activement, aux côtés du Parti patriote, le candidat Daniel Tracey qui fut élu à l'Assemblée législative.

Grâce à sa grande expérience dans le commerce, il se retrouva facilement du travail, encore une fois chez un marchand anglais, William Douglass, de la rue Saint-Paul.

Deux ans plus tard, ayant amassé assez d'argent, il ouvrit avec son jeune frère Jean-Baptiste un magasin de marchandises sèches, rue Notre-Dame, en face du vieux palais de justice, spécialisé dans la vente à rabais de marchandises avariées et d'articles provenant de faillites. Il fut l'un des premiers marchands à percevoir la valeur de la publicité et fit peindre les contrevents de l'édifice de couleurs voyantes — bleu, blanc et rouge —, ce qui valut à son commerce le surnom de «magasin aux contrevents barrés».

Au moment des troubles de 1837-1838, il était devenu assez populaire dans les rangs des patriotes pour être choisi l'un des vice-présidents de l'aile politique des Fils de la liberté, réplique de l'organisation révolutionnaire américaine de 1774. Mais après l'échauffourée entre cette organisation et le Doric Club, organisation paramilitaire loyaliste, le 6 novembre 1837, au cours de laquelle il fut arrêté et dut payer une caution, il quitta la ville pour Montpelier, dans le Vermont. Comme agent des patriotes, il tenta de recueillir, dans les milieux américains sympathiques à la cause patriote, de l'argent et des munitions pour Robert Nelson qui planifiait une invasion du Bas-Canada. Mais l'adoption d'une loi sur la neutralité par les autorités américaines l'empêcha de réussir dans son entreprise. Après la proclamation d'amnistie par lord Durham en juin 1838, il rentra à Montréal où il reprit paisiblement sa carrière d'homme d'affaires.

Bien que nationaliste, il était plutôt modéré. Il joua un rôle de premier plan dans la fondation de la Société Saint-Jean-Baptiste de Montréal en juin 1843. Près des milieux ultramontains de l'Église catholique, il participa à de nombreuses activités de bienfaisance.

C.-V. M.

SOURCES

AVM, Jean-Louis Beaudry.
COOPER, John Irwin, *Montreal, the Story of Three Hundred Years*, Montréal, Lamirande, 1942, p. 80-82.
DBC, t. XI, p. 65-68.
JENKINS, Kathleen, *Montreal, Island City of the St. Lawrence*, New York, Doubleday, 1966, p. 370-380.
RUMILLY, Robert, *Histoire de Montréal*, Montréal, Fides, 1970, t. II, p. 365-380.
The Gazette, 23 août 1869.
TRÉPANIER, Léon, «Figures de maires», *Cahiers des Dix*, vol. XX, 1955, p. 149-173.
TULCHINSKY, Gerald, *The River Barons*, Toronto, University of Toronto Press, 1977, p. 179-183.

12
William Workman:
urbanisme et
considérations sociales

William Workman est le premier des maires de Montréal à aborder les diverses facettes du développement économique municipal et de la vie urbaine comme autant de
parties indissociables d'un même ensemble. Workman,
comme tous ses collègues et ses contemporains membres de
la bourgeoisie montréalaise, a des préoccupations — et des
intérêts — économiques propres; mais il affiche en plus une
vision sociale de la chose urbaine encore assez rare à
l'époque. C'est par surcroît un homme qu'on dit sympathique aux Canadiens français.

Qu'il s'agisse de réseau d'aqueduc, de récréation, de
production manufacturière, de transport, d'embellissement
et d'espaces verts, de santé publique ou de services
policiers, toutes ces questions sont, aux yeux de Workman,
interreliées. Il faut prendre connaissance de ses allocutions
d'installation à la mairie, en 1868, ou d'adieu, en 1871, pour
constater à quel point sa conception d'une ville moderne
supposait des fonctions urbaines parfaitement et étroitement intégrées.

Une belle ville, salubre et productive

L'amélioration des rues, par exemple, leur élargissement, leur pavage, etc., n'est pas qu'un impératif économique. Faciliter la circulation des personnes et des marchandises à travers la ville est évidemment essentiel au commerce. Cependant, des artères bien construites et fonctionnelles, comme on en trouve dans les municipalités limitrophes, sont autant une question de fierté pour la grande cité montréalaise qu'une exigence tout à fait légitime de la part des contribuables. C'est, au dire de Workman, le plus grand confort qu'une ville puisse offrir à ses citoyens.

Quant à l'aménagement d'un parc sur le mont Royal, projet dont il se fait le défenseur, Workman souligne que la ville de New York elle-même aurait été enchantée de disposer d'un tel site pour y loger son Central Park; pourquoi Montréal négligerait-elle d'exploiter cette ressource exceptionnelle?

Lorsqu'il aborde le thème de l'approvisionnement en eau — alors un problème aigu —, le maire Workman y voit à la fois un facteur fondamental de santé publique et un élément vital pour l'activité économique. À cette époque, Montréal est en effet aux prises avec des taux de mortalité dramatiques.

Ainsi, pour l'année 1867, on dénombre à Montréal en moyenne un décès pour 25 habitants, alors que le reste de l'île en enregistre un pour 66. La mortalité hebdomadaire moyenne en été chez les jeunes enfants peut parfois atteindre 146 pour 1000. Au cours de son dernier mandat, le maire lui-même rapportera, malgré le caractère déplaisant de cette réalité aux yeux de certains, que la part des décès infantiles équivaut à 40 p. 100 de la mortalité totale parmi les Montréalais, une véritable calamité.

Workman tient beaucoup à ce qu'on apporte remède à ce fléau. En 1867, il participe à la fondation de la Montreal Sanitary Association et en devient le président. L'objectif de cet organisme est d'étudier le phénomène et de publier les informations sur le sujet. Le maire incite aussi les conseillers municipaux à resserrer les normes municipales concernant la

Soucieux de la santé publique, le maire Workman voulait éviter que les citoyens les plus démunis soient obligés de creuser l'hiver un trou à travers la glace pour se procurer l'eau indispensable à leurs besoins.

(*La Presse*)

construction des résidences et des établissements manufacturiers et publics, à obliger l'assèchement des terres basses, à changer les canaux d'égout en bois par des tuyaux d'argile vitrifié, à faire construire des bains publics mis gratuitement à la disposition des résidants, à instaurer un service d'enlèvement quotidien des ordures ménagères, à construire des abattoirs municipaux, etc.

Avant de quitter son poste de premier magistrat, il plaidera en faveur de la transformation de l'île Sainte-Hélène en parc accessible aux citoyens des bas quartiers du sud et de l'est de la ville. Permettre l'accès à cet oasis de fraîcheur et de nature durant les mois d'été pourrait, dit-il, sauver des milliers de vie parmi cette classe qui, pour divers motifs, ne peut quitter son lieu de résidence durant cette saison. Les considérations sanitaires, sociales et environnementales se conjugueraient ainsi très profitablement.

Toutefois, toutes ces mesures doivent s'accompagner d'un réseau d'aqueduc fiable et efficace en toutes saisons, d'où l'urgente nécessité de sa modernisation. La santé de la population en dépend, bien sûr, mais aussi le bon fonctionnement de la majeure partie de l'appareil économique local.

Dans une ville comme Montréal, où la fièvre du machinisme, propagée principalement par la machine à vapeur, est si forte et fait bien des merveilles pour la production, il semble inconcevable, de l'avis du maire, qu'on n'ait pas encore systématiquement appliqué les innovations du temps à ce qui est la source même de l'énergie motrice et thermique tant admirée par les adeptes du modernisme: l'approvisionnement en eau. Il est injustifiable, dit-il, «que la disponibilité de cet élément indispensable à la vie, à la capacité de fonctionnement d'une large portion des entreprises manufacturières ou à l'occupation de bon nombre des plus luxueuses résidences, chauffées à la vapeur ou à l'eau chaude, dépende uniquement de la résistance d'un écrou ou d'une goupille, de la force d'une dent de roue ou du désajustement du mouvement excentrique ou concentrique d'une seule machine».

Car l'aqueduc de l'époque repose tout entier sur une seule et unique machine à vapeur, ce que Workman dénonce et entend bien faire modifier au cours de son mandat.

Une société responsable

À bien des égards, William Workman possède le caractère des capitalistes de son temps. Il est actif dans les grandes institutions financières comme la Banque de la cité; il investit beaucoup dans les chemins de fer, notamment le St. Lawrence and Atlantic, et dans la propriété foncière, réalisant de substantiels profits en jouant sur ces deux tableaux à la fois; il est associé à la Canada Ocean Steam Navigation Company à partir de 1854. Mais ce qui, indubitablement, le distingue des autres, c'est cette façon d'envisager la société, ses responsabilités, ses défauts et ses remèdes.

Contrairement à ses pairs, il se ralliera volontiers à un groupe majoritaire de Canadiens français, dans le projet de chemin de fer du Montreal and Bytown. Workman, selon ses biographes, était sensible à l'ouverture d'esprit des catholiques. Comme il est Irlandais d'origine et unitarien de religion, il ne faut peut-être pas s'en surprendre outre mesure. Lors de son accession à la mairie, il tiendra à remercier la population de l'avoir élu «sans discrimination de nationalité, de naissance ou d'appartenance religieuse».

À propos des services de police de la municipalité et de la répression du crime, il estimera juste de faire preuve de patience et de compréhension à l'endroit des malheureux contrevenants, car un appui parental déficient, l'absence de bon exemple, l'indifférence de la société sont, affirme-t-il, les grandes causes de la criminalité.

Dans toute la ville, William Workman est d'ailleurs bien connu pour ses œuvres philanthropiques. Et c'est sans doute aussi en tant qu'homme tolérant et épris de justice qu'il a tant marqué l'esprit de ses contemporains.

L. D.

SOURCES

AVM, B.44-D026.

DBC, t. X, p. 784-786.

JARELL HULL, Georges, *Science, Technologies and Medicine in Canada Past*, Thornhill, Scotia Press, 1991, p. 269-308.

LAMOTHE, Cléophas J., *Histoire de la Corporation de la cité de Montréal*, Montréal, Montreal Printing and Publishing Co., 1903, p. 289-290.

La Patrie, 19 mars 1950.

La Ruche, organe de la Banque d'Épargne.

RUMILLY, Robert, *Histoire de Montréal*, Montréal, Fides, 1970, t. II, 303; t. III, 1972, p. 15-24.

TRÉPANIER, Léon, «Figures de maires», *Cahiers des Dix*, vol. XX, 1955, p. 149-173.

TULCHINSKY, Gerald, *The River Barons*, Toronto, UTP, 1977, p. 101-181.

XXX, *Petite Bourgogne*, Montréal, Éditions du Québec, coll. «Les gens du Pays», n° 2, 1973, p. 16-20.

13

Charles-Joseph Coursol: un homme d'action

La Presse

«On aimait Coursol à cause de sa franchise, de son courage et de son patriotisme. M. Coursol n'était pas un grand orateur. Si j'avais eu à décider de sa vocation [...] je l'aurais destiné au métier des armes.» Voilà comment un collègue député dépeignait celui qui fut maire de Montréal de 1871 à 1873. Il aurait pu ajouter que Charles-Joseph Coursol fut pendant longtemps un membre éminent de l'appareil judiciaire et qu'il avait présidé au plus grand rassemblement canadien-français de son époque.

La Saint-Jean-Baptiste de 1874

En effet, le geste le plus éclatant de Coursol aux yeux du simple citoyen aura sans doute été le rassemblement monstre des francophones d'Amérique, organisé sous le patronage de la Société Saint-Jean-Baptiste en 1874, alors qu'il en est président. L'idée de cette manifestation remonte à deux ans auparavant. Des dirigeants de la Société, entre autres Laurent-Olivier David, Joseph-Xavier Perreault, Louis-

Le maire Coursol fut l'un des principaux instigateurs des célébrations de la Saint-Jean-Baptiste en 1874 qui rassemblait des représentants de communautés francophones partout en Amérique du Nord.

(*La Presse*)

Onésime Loranger et Coursol lui-même, avaient décidé de mettre sur pied une vaste campagne de rapatriement des Canadiens français, de plus en plus nombreux à s'exiler aux États-Unis ou dans les autres provinces canadiennes. Le moment fort de la campagne devait être la tenue d'une convention coïncidant avec le défilé traditionnel de la Saint-Jean-Baptiste.

Qu'on imagine l'effet et le climat que produisit l'arrivée massive de 20 000 personnes — Franco-Américains, Acadiens, Franco-Manitobains et Ontariens —, à bord de pas moins de 250 wagons, dans ce Montréal comptant un peu plus de 100 000 habitants. Qu'on songe à l'éblouissement de la foule au passage d'un défilé de quatre kilomètres de long, avec bannières et fanfares, où tous les corps professionnels et de métiers rivalisent d'importance. Représentants du barreau, médecins, notaires, Mgr Fabre et son clergé, le premier ministre et les ministres de la province, de nombreux députés fédéraux dont Wilfrid Laurier, puis les tailleurs de pierre, les typographes, les bouchers, tous tenaient à montrer leur adhésion à la cause nationale.

Qu'on reconnaisse aussi la signification de cette manifestation de solidarité et d'identification à la culture française dans une période marquée par l'émigration annuelle de 10 p. 100 de la population québécoise vers les États-Unis, sans oublier sa valeur politique dans le contexte, tout aussi lourd de conséquences, de l'affaire Louis Riel et du soulèvement des Métis.

Les 400 délégués à la convention générale des Canadiens français éviteront, dans l'ensemble, les questions d'ordre politique. Mais un tel rassemblement, dans ce contexte d'agitation nationale et politique, ne pouvait les ignorer complètement. Ainsi, certains proposèrent Louis Riel comme représentant des Métis et des Franco-Manitobains dans une éventuelle fédération des sociétés Saint-Jean-Baptiste d'Amérique. Il n'en fallait pas plus pour que les divergences d'opinion dégénèrent en affrontements et pour que les clivages partisans paralysent les délibérations. Coursol lui-même s'opposa farouchement à l'adoption de la proposition. Même une simple motion de sympathie pour Riel, qui ne pouvait alors siéger aux Communes parce qu'il était recherché par les autorités judiciaires, fut rejetée.

L'événement, par son défilé tout au moins, aura marqué les esprits, à défaut de provoquer un mouvement notable de retour au pays.

Une prédilection pour l'action

De Coursol, on aurait pu s'attendre à plus de fougue dans la défense de Riel, du moins si l'on considère ses actes antérieurs. Coursol, de fait, avait vécu les moments les plus violents de l'histoire de Montréal. Il avait le tempérament d'un homme d'action et, au fil des événements politiques de la période 1840-1870, il trouva maintes occasions d'en faire la preuve.

Intrépide et volontiers bagarreur, Coursol dirigea en 1841 un groupe imposant de 600 fiers-à-bras afin de faire élire James Leslie, candidat des réformistes du Bas-Canada, au parlement du Canada-Uni. En 1849, tout juge qu'il était, Coursol organisa la défense armée de la résidence de Louis-Hippolyte LaFontaine menacée par des tories farouchement opposés à l'indemnisation des rebelles de 1837-1838. À chaque occasion, il y avait affrontement violent, sang versé et même mort d'homme. Coursol, quant à lui, tira grand prestige du rôle qu'il jouait à la tête de ce groupe. Certains de ses exploits deviendront légendaires, comme lorsqu'il fonça à cheval dans une foule en colère, saisit au collet deux des meneurs et les traîna, seul, hors de la zone d'agitation.

Sa hardiesse ne s'exerça pas seulement contre une partie de ses concitoyens. Il combattit tout aussi vigoureusement les Féniens, ces Irlandais antibritanniques qui tentèrent d'envahir le Canada depuis les États-Unis en 1866. Cinq ans plus tôt, il avait fondé de sa propre initiative un régiment de milice, les Chasseurs canadiens, en vue de protéger le pays en cas d'aggravation des tensions entre l'Angleterre et les États-Unis. Malencontreusement, Coursol fut lui-même la cause d'un incident diplomatique en 1864: à titre de juge, présumant l'incompétence de son tribunal en la matière, il libéra, au lieu de les extrader, 14 soldats sudistes qui avaient organisé une opération militaire en sol américain à partir du Canada.

Temporairement démis de ses fonctions pour avoir commis cette grossière erreur, Coursol, assez ironiquement, sera plus tard (1868) nommé par le gouvernement fédéral au poste de commissaire de police pour le Dominion et de commissaire... chargé de l'application des clauses d'extradition! Il faut dire que Coursol avait une longue expérience du monde judiciaire: coroner du district de Montréal à partir de 1848 (jusqu'en 1875), inspecteur et surintendant de la police municipale depuis 1856, il siégea également à la Cour des sessions de la paix jusqu'à son entrée en politique active.

La mairie: une parenthèse

Les faits d'armes de Coursol ont amené ses biographes à dire que sa carrière municipale fut une période d'accalmie, «un incident dans la vie de cet impétueux politique». Initialement conseiller du quartier Saint-Antoine de 1853 à 1855, son accession à la mairie aurait été appuyée par une pétition de 15 mètres de long! C'était l'indice d'une popularité par ailleurs confirmée par son élection à trois reprises (1878-1888) comme représentant de Montréal-Est aux Communes, le district le plus ouvrier et le plus populeux de la province.

Lors de son passage à la mairie, Coursol défendit la nécessité de hausser le degré de salubrité du milieu urbain. Il insista particulièrement sur la création de parcs publics, «où l'ouvrier et le travailleur pourront envoyer leurs enfants se débarrasser de la poussière des manufactures et des rues, purifier leurs poumons; un lieu où toute la famille pourra se reposer de sa journée de travail [qui était généralement de douze heures] et refaire ses forces pour la lutte du lendemain». De fait, les débuts du parc Mont-Royal, du parc Lafontaine, de l'île Sainte-Hélène et du carré Dominion datent de son époque.

Mais il fut une maladie, de société celle-là, qui entravait les progrès sur le plan sanitaire: la fièvre des chemins de fer et de la spéculation foncière. Coursol en fut atteint, comme bien d'autres. Sur ses instances, entre autres, la ville consentira une subvention de un million de dollars à la Montreal Colonization Railway, le chemin de fer du Nord auquel le curé Labelle tenait tant. Évidemment, le budget alloué à la santé demeurera par comparaison bien faible.

Coursol hérita par ailleurs de la fortune de son oncle et père adoptif, F.-A. Quesnel. Le legs comprenait notamment un fabuleux domaine et de vastes terrains situés à l'ouest de la cité. Du domaine, on dit qu'il était le lieu des réceptions mondaines les plus raffinées et qu'il comprenait le plus grand étang naturel des flancs de la montagne (120 sur 34 mètres). Des terrains de ce domaine Coursol fera, à l'instar d'Alexandre Delisle et de William Workman qui en acquirent une partie, une source intéressante de profit en les lotissant à des fins résidentielles et commerciales, créant la municipalité de Sainte-Cunégonde en 1875, qu'il représenta à titre de conseiller un court moment. Par la suite, il ne cessera d'intervenir dans la gestion municipale, au gré de ses propres intérêts ou de ceux de ses nombreux amis.

C'est que Coursol évoluait dans les milieux financiers (Banque du peuple, Crédit foncier du Bas-Canada) et de l'assurance (il est le seul Canadien français à la direction de la Sun Life). Sa mère ayant épousé C.-S. Cherrier en secondes noces, il est apparenté à la noble famille des Viger-Papineau, en plus d'être le gendre de sir Étienne-Pascal Taché. Voilà qui suffit amplement à attester de son honorabilité.

L. D.

SOURCES

AVM, B44-D.026.13.
DBC, t. X, p. 225-227.
MONET, Jacques, La première révolution tranquille, Montréal, Fides, 1981, p. 166, 413.
RUMILLY, Robert, Histoire de la Société Saint-Jean-Baptiste de Montréal, Montréal, L'Aurore, 1975, p. 86-108.
RUMILLY, Robert, Histoire de Montréal, Montréal, Fides, 1972, t. III, p. 25-51.
TRÉPANIER, Léon, «Figures de maires», Cahier des Dix, vol. XX, 1955, p. 165; vol. XXII, 1957, p. 163-192.
YOUNG, Brian, Promoters and Politicians, Toronto, UTP, 1978, p. 30-81.
XXX, Petite Bourgogne, Montréal, Éditions du Québec, coll. «Les gens du Pays», no 2, 1973, p. 16-21.

14

Francis Cassidy, un bourreau de travail qui arrivait trop tard

Francis Cassidy, le 14ᵉ maire de Montréal, arrivait trop tard pour présider aux destinées de la ville. Il n'était plus que l'ombre de lui-même. Il s'était tant épuisé à la tâche dans son étude de droit et, vers la fin de sa vie, comme député à l'Assemblée législative que la maladie eut raison de sa santé. Il ne devait demeurer en fonction à la mairie que quelques mois, du début de mars au 14 juin 1873.

Bien que ses amis intimes lui eussent conseillé de prendre du repos, il se laissa convaincre de présenter sa candidature à la mairie de Montréal en février 1873. Il l'emporta sans opposition. Malgré son court règne, Francis Cassidy eut droit à des funérailles grandioses à l'église Notre-Dame, deux jours seulement après celles de sir George-Étienne Cartier.

C'est surtout l'affaire Guibord qui marqua la vie publique de Cassidy.

Hommes d'idées libérales, Cassidy avait été membre de l'Institut canadien de 1858 à 1867, période au cours de laquelle Mᵍʳ Bourget tenta de censurer les ouvrages de Voltaire, Pascal, Lamartine ou Montaigne que l'on pouvait lire à la bibliothèque de l'organisme. Il réussit même à provoquer en 1858 une scission au sein de l'Institut, de sorte que Louis Labrèche-Viger et Hector Fabre décidèrent avec d'autres membres de fonder l'Institut canadien-français.

En 1863, l'évêque poursuivant ses attaques contre la bibliothèque «corrosive» de l'Institut, Joseph Doutre et Wilfrid Laurier, alors étudiant à McGill, dans un geste de conciliation, lui remirent le catalogue des livres de l'Institut et le prièrent de leur indiquer ceux qui étaient mis à l'Index. Six mois plus tard, Mgr Bourget leur retourna le catalogue et se contenta d'émettre une lettre pastorale prévenant les fidèles contre les livres immoraux. Excédés par cette attitude, les dirigeants décidèrent d'en appeler à Rome, mais le Saint-Office condamna, en juillet 1869, l'annuaire de l'Institut. Le mois suivant, Mgr Bourget défendit à ses fidèles de faire partie de cette société sous peine d'excommunication.

Pour éviter les troubles, l'armée accompagna le cortège funéraire de Joseph Guibord jusqu'au cimetière de la Côte-des-Neiges.
(*Bibliothèque du Collège de L'Assomption, Louis Vallée*)

Or, le 18 novembre 1869, Joseph Guibord, un membre de l'Institut, mourait. Le défunt possédait un caveau dans le cimetière catholique de Côte-des-Neiges, mais le grand vicaire Truteau de Notre-Dame s'opposa à ce qu'il y soit inhumé. Il décida que Guibord devait être enterré dans le cimetière des enfants morts sans baptême. Sa veuve se rendit tout de même avec le cortège jusqu'au cimetière catholique, mais le gardien refusa d'ouvrir les grilles. Devant ce refus, le convoi funéraire s'achemina vers le cimetière protestant où le corps fut déposé dans une voûte en attendant qu'on éclaircisse la situation. Trois jours plus tard, la veuve intentait un procès au curé de Notre-Dame et à la fabrique pour les forcer à permettre l'enterrement dans le cimetière catholique.

Ce qui est étonnant, c'est que Francis Cassidy accepta de représenter la défense, c'est-à-dire le curé et la fabrique, lui qui avait été membre de l'Institut et même son président. Il s'en expliquait en disant qu'au-delà des parties en présence, c'était l'Église du Canada, elle-même menacée dans ses immunités les plus essentielles, qui l'incitait à remplir le devoir sacré que lui imposait sa double qualité de sujet anglais et de catholique.

Le premier épisode se termina le 6 mai 1870, alors que le juge Charles Mondelet ordonnait au curé de Notre-Dame de procéder à l'inhumation de Guibord dans les six jours et de payer les frais du procès.

Mais les messieurs de Saint-Sulpice n'entendaient pas être traités ainsi par un tribunal civil qui, d'après eux, n'avait pas qualité pour juger une affaire religieuse. Ils décidèrent d'aller en appel et, le 30 septembre, le tribunal leur donna raison en renversant le jugement de la Cour supérieure. L'Institut canadien, refusant de s'en laisser imposer, décida à son tour d'en appeler du jugement et de porter la cause devant la Cour du banc de la reine.

Le plus haut tribunal du pays devait clore cette affaire qui avait pris une dimension hors de proportion et qui avait attiré l'attention de tous les journaux du monde. Le 21 novembre 1874, il infirma le jugement de la Cour d'appel en se basant sur le droit français et en alléguant que l'Index de Rome, source de toutes ces discussions, n'avait jamais été reconnu au Canada ni en France. Le Conseil privé de Londres ordonna à Notre-Dame d'inhumer Guibord et de payer les frais qui s'élevaient à 6000 $.

Une enfance pauvre

Né le 17 janvier 1823 de parents irlandais venus s'installer sur une terre à Saint-Jacques-de-l'Achigan, Francis Cassidy révéla très vite des qualités qui lui permirent de se tailler une place enviable dans la société.

Petit de taille, rouquin, l'œil gaillard et l'air espiègle, sa vivacité d'esprit le fit vite remarquer du curé de la paroisse qui lui trouvait un esprit précoce. «Paddy», comme on le surnommait, était destiné à poursuivre des études supérieures. En 1838, il entra au Collège de L'Assomption et, en dépit de la pauvreté de sa famille, il put terminer ses études classiques grâce à l'appui moral et financier de l'abbé Étienne Normandin, directeur du collège et professeur de philosophie de 1839 à 1846.

Quand il eut terminé ses études classiques, sa mère, qui pourvoyait seule aux besoins de la famille en raison de la mort du père, le pressa de se faire commis de bureau. Mais, têtu, le jeune Francis avait décidé de devenir avocat. Muni d'une lettre d'introduction de son professeur de rhétorique, il se rendit à Montréal en 1844 où il entra à l'étude de Pierre Moreau et Charles-André Leblanc, au salaire de misère de 60 $ par année. Afin de joindre les deux bouts, il se mit à donner des leçons de français, ce qui lui permettait de payer sa pension de 15 $ par mois. Il racontait que les dimanches froids de l'hiver, il restait au lit pour s'épargner de chauffer sa chambre.

Devenu avocat en 1848, il prenait plaisir à décrire son premier voyage en charrette de fermier, de Saint-Jacques à Montréal. Coiffé d'un chapeau de peluche et vêtu d'une culotte de velours côtelé à mi-jambes et d'une redingote à large collet, dont l'extrémité lui battait les talons, il attira l'attention lors de son passage, surtout celle des gamins qui l'accablèrent de quolibets et qui parvinrent à faire tomber son chapeau à deux ou trois reprises. Toute sa vie, il conservera une tenue négligée, signe de simplicité et d'indépendance.

Reconnu bientôt comme un expert en droit criminel et civil, il entra en société avec ses patrons qui l'avaient incité à refuser une offre de Louis-Hippolyte LaFontaine à titre d'adjoint du Receveur général dans le gouvernement d'union. Il n'eut pas à le regretter, puisqu'il partagea avec ses associés des recettes de 15 000 à 20 000 $ par année. Parlant de sa réputation, *L'Opinion publique* disait qu'il ne voulait devoir ses succès qu'au travail et au talent et par le recours à des moyens honorables. Laurent-Olivier David attribuait ses succès à ses plaidoiries concises, nerveuses et substantielles: «Il ne parlait pas pour parler, pour produire de l'effet sur l'auditoire, mais seulement pour gagner sa cause et convaincre le juge.»

Avec une telle réputation, il ne faut pas s'étonner de le voir plaider la plupart des causes célèbres de son époque: celles de Dorion et Dorion, de Lemoine et Lionais, de Guibord et des marguillers de la paroisse de Montréal et d'autres encore. À maintes reprises, il fit partie du Conseil du barreau de Montréal et fut élu bâtonnier en 1871, devenant le premier Irlandais catholique à obtenir cette distinction. Il joua un rôle important également au sein de la Société Saint-Patrice, à titre de président en 1863, et de l'Institut canadien, comme secrétaire-archiviste en mai 1849 et président de novembre 1849 à novembre 1850 et de mai 1857 à mai 1858.

Plutôt libéral en politique, Cassidy refusa dans les années 1860 de se porter candidat, malgré les demandes répétées de ses amis, les Dorion, Papin, Doutre et Laberge. Il ne voulait entrer en politique qu'une fois sa fortune faite et pour y jouer un rôle digne de sa réputation et y être indépendant, juste et honnête comme il l'avait été au barreau. Aux élections provinciales de 1871, il céda aux sollicitations de ses amis politiques et accepta d'être candidat conservateur dans Montréal-Ouest où il fut élu par acclamation.

Malgré de bons discours, sa carrière au Parlement ne fut pas celle qu'on espérait. On le disait trop «avocat», trop porté aux discussions légales, notamment lorsqu'il assuma la présidence du Comité des bills privés. On le disait aussi trop conciliant, ce qui déplaisait à son propre parti à une époque où l'esprit partisan était encore plus pointu que de nos jours. Mais Cassidy avait une bonne raison de se démarquer des partis traditionnels: il avait été à l'origine, avec d'autres députés, de la mise sur pied du Parti national qui était une tentative pour briser les cadres des deux principaux partis traditionnels et élaborer un programme de réformes assez complet comportant l'abolition du double mandat, la suppression du Conseil législatif, le scrutin secret, des règles plus strictes dans la confection des listes électorales et dans la tenue des élections.

C.-V. M.

SOURCES

AVM, Francis Cassidy.
BEULLAC, Pierre et Édouard FABRE-SURVEYER, *Le centenaire du Barreau de Montréal, 1849-1949*, Montréal, Librairie Ducharme, 1949, p. 85-90.
DBC, t. X, p. 167-169.
L'Opinion publique, 26 juin 1873.
RUMILLY, Robert, *Histoire de Montréal*, Montréal, Fides, 1970, t. III, p. 18-73.
RUMILLY, Robert, *Histoire de la province de Québec*, Montréal, Éditions Bernard Valiquette, 1940, t. I, 169-178.
VAC, Bertrand, *Le carrefour des géants*, Montréal, Le Cercle du Livre de France, 1974, p. 216-221.

15

Aldis Bernard:
le maire des parcs et
de la nouvelle charte

Aldis Bernard, le 15ᵉ maire de Montréal de 1873 à 1875, pourrait être surnommé le «maire des parcs» puisque, sous son mandat, la ville fit l'acquisition de terrains et de vastes étendues de terre en vue de créer des jardins publics et des parcs: le parc Lafontaine, le parc Mont-Royal, l'île Sainte-Hélène et le carré Dominion.

Le plus imposant de ces parcs est sans contredit le parc Mont-Royal. Le Dʳ Wolfred Nelson, en 1856, fut le premier à vouloir créer un parc sur ce site. Mais l'idée était alors prématurée. Elle fut reprise plusieurs années plus tard lorsque le major A. A. Stevenson réussit à faire monter, le 10 novembre 1862, une batterie de campagne au sommet du mont Royal et y fit tonner les canons. Il n'existait alors aucune route d'accès. Il devait répéter cet exploit le 10 mars 1863.

À compter de cette période, les journaux se firent les propagandistes du parc, mais les propriétaires des terrains à l'ouest de Ravenscrag (château du millionnaire Hugh Allan), avenue des Pins Ouest, craignant une expropriation imminente, décidèrent de faire un profit rapide en coupant les arbres. Cela produisit le plus choquant des effets puisque, du bas de la ville, on pouvait voir une large cicatrice dans la montagne. L'indignation populaire fut telle que la ville dut demander une injonction afin d'interdire la coupe des arbres.

Pressé par la population, le conseil municipal passa aussitôt à l'action. En 1869, Montréal fit amender sa charte par la Législature afin de lui permettre d'emprunter 350 000 $ pour l'acquisition des terrains nécessaires à l'établissement du parc. Mais les procédures d'expropriation devaient se buter à l'entêtement de certains propriétaires, dont H. B. Smith qui possédait 186 arpents dans la vallée au-dessus de la montagne, à l'endroit où est érigée la vieille maison de pierre (le musée). L'opération fut complétée en 1875 et coûta un million de dollars. On devait confier le soin de dessiner le plan général du nouveau parc au célèbre architecte-paysagiste américain, F. Law Olmsted.

L'île Sainte-Hélène

Le 18 juillet 1873, la ville obtint du gouvernement fédéral l'autorisation de faire de l'île Sainte-Hélène un parc public, à condition qu'elle y établisse un service de surveillance, qu'elle n'y permette la vente d'aucune boisson enivrante et qu'elle n'y érige aucune bâtisse permanente sans la permission du gouvernement. Ce parc devait faire la joie de nombreuses générations d'enfants et de citadins qui venaient s'y baigner l'été en empruntant le *steamboat*.

Le gouvernement fédéral céda aussi à la municipalité une partie de la ferme Logan, qui deviendra le parc Lafontaire, afin d'y ériger l'École normale qui était à l'étroit au château Ramezay. Une dizaine d'années plus tard, Ottawa cédera tout le terrain à la ville par bail emphytéotique de quatre-vingt-dix-neuf ans.

La même année, Montréal faisait l'acquisition du vieux cimetière catholique, auquel elle ajouta quelques terrains, et le transforma en jardin public, le carré Dominion, et où furent érigés plus tard le monument Macdonald et celui de la guerre du Transvaal.

Éliminer les cochons

Aux élections municipales de 1873, Aldis Bernard avait fortement contribué à faire élire Cassidy qui se voulait réformiste. Le principal point de son programme n'était-il pas d'éliminer les cochons des rues de Montréal, bêtes qui avaient la fâcheuse habitude de déambuler librement en grognant?

Devenu maire, Bernard s'attela à la tâche de rajeunir la charte de Montréal afin, notamment, de donner plus de pouvoir au conseil municipal en matière d'hygiène publique. La nouvelle charte de 1874 permettait de voter des règlements en matière de santé, d'établir un bureau de santé destiné à prévenir les «maladies contagieuses et pestilentielles», et pouvant se voir conférer tous les pouvoirs en ce domaine.

La charte autorisait la ville à intervenir pour prohiber la construction, l'usage ou l'exploitation d'ateliers ou d'établissements insalubres, malsains, dangereux et nuisibles, notamment les savonneries, chandelleries et manufactures du même genre où l'on faisait fondre de la graisse et des suifs. Elle pouvait aussi forcer les occupants de tout terrain à le maintenir propre, sans eaux stagnantes ni matières putrides, empêcher que l'on y dépose des animaux morts, et interdire que l'on garde des cochons dans les limites de la ville. Enfin, la charte accordait aux inspecteurs l'autorité pour entrer dans toute maison, bâtiment, cour ou autre lieu pour procéder à son inspection. Bref, ces mesures annonçaient un changement radical par rapport au laisser-aller général qui prévalait en matière sanitaire.

La création de parcs qui permettaient aux habitants des quartiers populeux, et souvent malsains, d'aller se désintoxiquer et se divertir ainsi que l'adoption de mesures d'hygiène sont un indicateur de la volonté du maire Bernard d'humaniser la ville.

Parmi les nouvelles clauses de la charte, signalons en outre l'abolition des distinctions entre échevins et conseillers*,

---

* Dans les biographies des maires, nous utilisons l'expression «conseillers» jusqu'à l'élection du maire Guerin en 1910 car à partir de cette date et jusqu'en 1940, on utilisa l'expression «échevin». Par la suite, la désignation «conseiller» fut réhabilitée. (NDA)

la constitution de neuf quartiers élisant chacun trois représentants, la perte de pouvoir du maire sur l'administration au
profit des comités du conseil et les exemptions d'impôt foncier
pour les églises et établissements de charité.

Un dentiste à la mairie

De parents loyalistes, Aldis Bernard est né dans la
région du lac Memphrémagog en 1810. Il n'était encore
qu'un enfant lorsque sa famille émigra aux États-Unis,
probablement en Pennsylvanie puisqu'il aurait fait des
études de chirurgie à Philadelphie aux débuts des années
1830. Il aurait ensuite exercé sa profession dans le sud des
États-Unis jusqu'en 1840, puis remonté vers le Nord, à
Niagara, pour des raisons de santé.

Les funérailles d'Aldis Bernard.
(*Bibliothèque du Collège de L'Assomption, Louis Vallée*)

L'année suivante, il vint s'installer à Montréal où il partagea sa nouvelle clientèle avec trois autres dentistes.

Dès son installation dans la ville, Aldis Bernard tenta de faire reconnaître la profession de dentiste. Un projet de loi venait d'être déposé pour incorporer le Collège des médecins et chirurgiens du Bas-Canada, mais les médecins s'opposèrent à y inclure la profession de dentiste. Il renouvela par la suite sa demande au législateur qui l'avait accepté. Or au moment où le projet de loi devait être adopté, soit en 1849, des incendiaires mirent le feu au parlement de Montréal. Tous les documents pertinents à la reconnaissance de la profession de dentiste furent détruits. Il faudra attendre 1869 avant qu'une loi ne reconnaisse le Collège des chirurgiens dentistes. Bernard en devint d'ailleurs le premier président.

Entre-temps, il avait commencé à s'intéresser à la chose municipale puisqu'il fut élu pour la première fois conseiller du quartier Centre en 1858, poste qu'il occupa plusieurs années. Jusqu'au 23 juin 1873, moment où il devint maire en remplacement de Francis Cassidy, il occupa successivement la présidence du comité des finances, du comité de la police et du comité chargé de la construction d'un nouvel hôtel de ville.

Franc-maçon et méthodiste, Bernard n'avait qu'un défaut aux yeux des francophones: celui de ne pas parler leur langue. Il la comprenait à peine et ne la parlait pas. Il n'en demeure pas moins que son libéralisme éclairé, son impartialité et son sens de la justice lui valurent leur sympathie, qui se concrétisa par une forte majorité aux élections municipales de 1874.

Il devait mourir à San José, en Californie, le 3 juillet 1876 à l'âge de soixante-six ans.

C.-V. M.

SOURCES

AVM, Aldis Bernard.

BERTRAND, Camille, *Histoire de Montréal*, Montréal, Beauchemin, 1942, p. 156-161.

COLLARD, Edgar A., *Montreal. The days that are no more*, Toronto, Doubleday, 1976, p. 263-276

DESJARDINS, Édouard, «Médecins éminents, maires de Montréal», *L'Union médicale*, n° 94, juillet 1965, p. 915-921.

Journal de l'Association dentaire canadienne, vol. XXXIII, n° 11, novembre 1967, p. 603-612.

MINVILLE, Esdras, (dir.), *Montréal économique*, Montréal, Fides, 1943, p. 354-359.

L'Opinion publique, 31 juillet 1873, 3 août 1876.

RUMILLY, Robert, *Histoire de Montréal*, Montréal, Fides, 1972, t. III, 33-56.

The Gazette, 6 août 1876.

16

Le Dr William Hales Hingston: la lutte pour la promotion de la santé publique

William Hales Hingston est un chirurgien célèbre lorsqu'il accède au poste de maire en 1875. Il défendra avec la dernière énergie une nouvelle politique d'hygiène en vue de corriger les lacunes importantes en matière de salubrité publique. À cette fin, il réformera en profondeur le bureau de santé de la ville et mènera une vigoureuse campagne en faveur de la vaccination antivariolique.

Il interviendra à plusieurs niveaux: il obtint des pouvoirs juridiques et législatifs plus étendus que ne le prévoyait la charte de 1874 afin que le bureau de santé puisse jouer efficacement son rôle; il réorganisa l'administration de la santé publique; il appuya les groupes de médecins hygiénistes qui menèrent campagne pour la vaccination.

Alors que le maire Workman (1868-1871) s'était appuyé pour ses réformes sur la Montreal Sanitary Association, Hingston put compter sur une nouvelle association hygiéniste fondée en juin 1875, la Citizens' Public Health qui soutint ses visées politiques. Cela n'empêcha toutefois pas la naissance de la Ligue contre la vaccination obligatoire, à la fin de 1875.

En raison de l'épidémie de variole qui s'était déclarée à Montréal durant l'été 1875, les autorités avaient rendu obligatoire la vaccination. De graves émeutes contre cette mesure prophylactique éclatèrent; le 4 août, l'un des officiers de santé de la ville vit sa maison saccagée par la foule. En septembre, plus de 3000 personnes se rendirent à l'hôtel de ville pour protester contre l'obligation de se faire vacciner.

En décembre 1876, le maire Hingston ira encore plus loin en faisant adopter par la législature du Québec le projet de loi 105, intitulé «Règlement concernant la santé» qui réorganisait le bureau de santé et en faisait un organisme permanent. Cet organisme municipal, fondé en 1870, siègera désormais chaque semaine et la présence des médecins était renforcée.

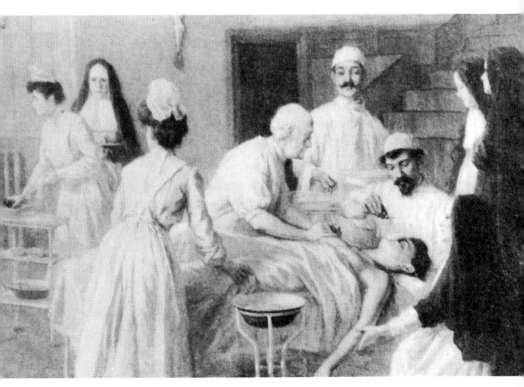

Professeur et chirurgien, le Dr Hingston pratiquait son art à l'Hôtel-Dieu de Montréal.
(*Photo tirée de* La chirurgie, Hôtel-Dieu de Montréal au XIXe siècle, *PUM*)

Cette loi habilitait les officiers du Service de santé à vérifier les conditions sanitaires des maisons privées et des édifices publics. Le personnel de ce service n'était plus logé au poste central de police; il avait ses propres bureaux et le service était considéré comme l'une des sections de l'administration municipale.

Pour convaincre la population du bien-fondé de la loi, le maire publia simultanément en anglais et en français ses *Remarques sur la vaccination*. Il faudra beaucoup de temps pour venir à bout du mouvement antivaccination, dirigé par des médecins tant francophones qu'anglophones; le mouvement était tel qu'il obligeait à faire appel à la troupe lors des fréquentes émeutes. La mesure préventive ne sera complètement efficace que dans les années 1900. En 1879, l'administration suivante abolira le bureau de santé et chargera la Commission de police de le remplacer!

Égout collecteur

Le maire-médecin fit également adopter des mesures générales de salubrité; il mit en chantier la construction d'un vaste égout collecteur, rue Craig. Il transféra la responsabilité de l'enlèvement des ordures ménagères, effectué avec un succès inégal, du comité des chemins à celui de la santé.

Devant le retard du Collège des médecins et chirurgiens à appuyer la loi, Hingston fit pression sur le gouvernement du Québec pour faire amender les lois régissant la pratique de la médecine. La nouvelle loi provinciale de 1876 définira en détail les statuts des médecins et chirurgiens, en particulier ceux qui se rapportent aux pouvoirs du bureau provincial de médecine, afin d'engager davantage les médecins dans la réforme.

Il poursuivit une vigoureuse campagne pour la vaccination antivariolique. Bien qu'en principe la vaccination était obligatoire pour les enfants depuis 1861, beaucoup de parents ne faisaient pas vacciner leurs enfants, par négligence ou carrément par hostilité. Sous Hingston, les officiers de santé et les inspecteurs municipaux pouvaient procéder de façon coercitive sans recourir à la Cour du *recorder**. Le maire dut faire face à l'opposition de la Ligue contre la vaccination compulsoire qui non seulement demandait le rappel de la loi sur la vaccination, mais offrait une protection légale aux membres qui résistaient aux vaccinateurs de la ville.

La lutte des médecins hygiénistes s'était intensifiée depuis le début des années 1870, et particulièrement lors de l'épidémie de variole qui frappa Montréal en 1872 et qui demeura à l'état endémique jusqu'en 1875.

Pendant vingt ans, ces médecins progressistes tentèrent de convaincre les autres que l'essor de la profession médicale devait se conjuguer avec la promotion de l'hygiène. Dans leur projet de réorganisation scientifique de la société, ils s'appliquèrent à convaincre les autorités qu'il fallait réformer la société en fonction de la théorie sanitaire suivante: en luttant contre les maladies contagieuses et en réduisant la mortalité infantile, la société serait plus productive.

Pour appliquer des mesures comme la vaccination, ils avaient besoin de l'appui des autorités municipales; ils s'organisèrent donc en un puissant groupe de pression. Avant l'élection de Hingston, ils avaient dénoncé l'incurie du bureau de santé, sa mauvaise organisation, son sous-financement et l'absence de personnel compétent.

C'est seulement avec l'arrivée du nouveau maire Hingston que les rapports annuels sur l'état sanitaire de la cité seront publiés régulièrement. Dès 1872, *L'union médicale du Canada* avait critiqué le fonctionnement du bureau de santé et préconisé des réformes visant surtout les infra-structures physiques de la ville, comme le système d'égout, l'aqueduc et la voirie. Depuis 1874, Montréal avait une charte qui lui donnait le pouvoir de voter des règlements en matière de santé. C'est par un amendement à cette charte, en 1875, que le conseil municipal obtint un renforcement du pouvoir de ses officiers de santé.

---

* Le *recorder* était un avocat nommé par la Couronne pour remplir certaines fonctions de juge.

Ses origines

William H. Hingston, né en 1829 dans le comté d'Huntingdon, fit ses études classiques chez les sulpiciens du Collège de Montréal. Il travailla quelques années dans un laboratoire de pharmacie avant de poursuivre ses études en médecine à l'Université McGill où il fut diplômé en 1851. Il séjourna en Europe et obtint son diplôme de chirurgien à l'Université d'Édimbourg. De retour au Québec, il pratiqua à l'Hôtel-Dieu de Montréal et enseigna la pratique chirurgicale. En 1871, il participa à la fondation de l'École de médecine de l'Université Bishop où il fut nommé doyen. Il dut cependant démissionner pour ne pas perdre son poste à l'Hôtel-Dieu de Montréal. En 1875, il enseigna à l'École de médecine et de chirurgie de Montréal, école qui fusionnera après une longue résistance, avec la succursale de l'Université Laval à Montréal en 1891.

Élu maire en 1875 et réélu par acclamation l'année suivante, Hingston dut tenir tête à la foule à quelques reprises. Son premier contact avec la foule eut lieu quand de nombreux chômeurs envahirent le Champ-de-Mars et menacèrent l'hôtel de ville. Au moment où l'on s'apprêtait à lire l'acte d'émeute, il leur dit: «Messieurs, vous n'êtes pas des criminels. Vous réclamez la subsistance, le boire, le manger, un logis convenable. Vous réclamez du travail. Éloignez-vous sans crainte, ayez espoir. Dès aujourd'hui des mesures d'urgence vont être prises pour vous aider.» Et la foule l'applaudit. Peu de temps après, des travaux d'embellissement au parc de la montagne étaient lancés.

Au moment de l'épisode final de l'affaire Guibord, alors que des journalistes de toute l'Amérique et de la Grande-Bretagne se pressaient au cimetière de la Côte-des-Neiges le 16 novembre 1875 dans l'attente de sanglants combats entre les extrémistes catholiques qui refusaient l'inhumation d'un excommunié et les libéraux et protestants, c'est encore le maire Hingston qui, monté à cheval, sut préserver la paix. Il faut dire que l'armée accompagnait la dépouille de l'imprimeur Guibord, ce membre non repentant de l'Institut canadien.

Lors de l'épidémie de 1885, il tiendra tête encore une fois à une foule en colère. En fait, ce médecin jouissait d'une grande autorité; il était également respecté et hautement considéré en raison de son dévouement lors des épidémies.

R. C.

SOURCES

AVM, W. H. Hingston.

DESJARDINS, Édouard, «Médecins éminents, maires de Montréal», *L'Union médicale*, n° 94, juillet 1965, p. 915-921.

FARLEY, M., P. KEATING et O. KEEL, «La vaccination à Montréal dans la seconde moitié du XIXe siècle» dans FOURNIER, M., Y. GINGRAS et O. KEEL (dir.), *Science et médecine au Québec. Perspectives socio-historiques*, Québec, IQRC, 1987, p. 87-127.

FARLEY, M., O. KEEL et C. LIMOGES, «Les commencements de l'administration montréalaise de la santé publique (1865-1885)», *Revue d'histoire des sciences, des techniques et de la médecine au Canada*, vol. VI, n°s 1-2, 1982.

GOULET, Denis et Othmar KEEL, «W. H. Hingston», *DBC* (à paraître, tome XIII).

GOULET, Denis et André PARADIS, *Trois siècles d'histoire médicale au Québec*, Montréal, VLB, 1992.

PIERRE-DESCHÊNES, Claudine, «Santé publique et organisation de la profession médicale au Québec: 1870-1918», *RHAF*, vol. XXXV, n° 3, décembre 1958.

RUMILLY, Robert, *Histoire de Montréal*, Montréal, Fides, t. III, 1972.

17

Jean-Louis Beaudry: ce diable d'homme fait table rase du passé

Comme nous l'avons vu précédemment, Jean-Louis Beaudry, après sa tentative malheureuse de reprendre la mairie en 1868 en jouant sur les antipathies religieuses et nationales, s'effaça volontairement pendant dix ans. Le temps, dit le proverbe, arrange bien les choses, et le nouveau Beaudry se fit élire de 1877 à 1879, puis de 1881 à 1885. C'est au cours de ce deuxième mandat qu'il assura davantage sa notoriété, notamment en matant les orangistes de la ville, ce qui lui valut le sobriquet de «diable» dans les milieux populaires.

Beaudry avait, sur le plan physique, une carrure qui en imposait. Portant une barbe longue, il avait le front élevé, le nez aquilin, la bouche un peu serrée, l'œil vif et narquois d'un Normand. Autant par son physique que par son esprit, il était du genre déterminé.

C'est le 12 juillet 1878 qu'il se signala en réprimant définitivement les orangistes* qui organisaient depuis quelques

---

* La grande Loge d'Orange de l'Amérique du Nord britannique avait été fondée le 1er janvier 1830 à Brockville, Ontario, par Ogle R. Gowan qui s'en servait comme tremplin à sa carrière politique. Les objectifs de l'organisme étaient de s'attaquer aux catholiques et à l'extention de leurs droits.

années, pour concurrencer le défilé de la Saint-Jean-Baptiste, une parade en l'honneur de Guillaume d'Orange, roi protestant qui avait, au XVIIe siècle, expulsé hors de la Hollande les catholiques espagnols. Leur manifestation dégénérait la plupart du temps en émeute. Les orangistes avaient l'habitude de parader en armes dans la ville et d'exhiber une bannière représentant un cochon mitré et portant des inscriptions insultantes à l'endroit des catholiques en général et des Irlandais en particulier. En 1877, un orangiste avait été tué lors d'une bagarre, et les autorités municipales avaient décidé de supprimer ce type de manifestation.

L'année suivante, le maire Beaudry annonça qu'il ne tolérerait plus de telles manifestations. Or les organisateurs

La procession annuelle des Orangistes à Montréal dégénéra en émeute en 1877.

(*ANQ-M*)

orangistes ne firent aucun cas de l'opposition du maire. Ce dernier, après avoir consulté les avocats de la ville, prohiba, le 11 juillet, la manifestation et annonça qu'il se rendrait lui-même l'en empêcher si l'on passait outre à ses ordres.

Le lendemain, les orangistes se réunirent avec fanfares et bannières à leur quartier général, côte du Beaver Hall. Apprenant la chose, le maire fit assermenter 500 agents de la paix et, dûment escorté, se dirigea vers la place forte des orangistes. Il fit arrêter sur-le-champ les chefs de la parade, se fit apporter une chaise, s'installa devant la porte et annonça péremptoirement que si un seul orangiste manifestait dans les rues, il ne reculerait pas devant l'effusion de sang pour faire respecter l'autorité. Tout le monde se tint coi, et cette manifestation finit par disparaître des us et coutumes des Montréalais, mais non sans avoir connu des rebondissements.

C'est ainsi que le jour suivant, un convoi du Grand Tronc, transportant des volontaires en route vers Sherbrooke, traversa Saint-Henri, près d'un champ où des enfants étaient en train de s'amuser. Des soldats les interpellèrent en agitant des mouchoirs de couleur orange, signe d'appartenance à cette clique d'extrémistes. «Maudits orangistes», s'écrièrent les enfants en lançant des pierres sur le wagon, dont quelques-unes brisèrent des vitres. Des soldats ripostèrent en ouvrant le feu, et firent cinq blessés graves parmi les jeunes. On ne sut jamais comment se termina l'enquête confiée au juge Charles-Joseph Coursol, car celui-ci démissionna peu après pour se porter candidat aux Communes.

Les incidents du 12 juillet ravivèrent la sympathie des francophones pour le maire Beaudry et ils votèrent massivement pour lui par la suite. Mais ce n'était pas le cas des anglophones qui le détestaient cordialement, en raison notamment de son obstruction à de nombreuses mesures prises par les conseillers en comité.

Il faut savoir qu'à cette époque, les comités qui arrêtaient les grandes orientations et les dépenses détenaient plus de véritable pouvoir que le maire. Celui-ci agissait plutôt comme président d'assemblée et ne pouvait contrecarrer les décisions de ces comités qu'en recourant à des tactiques dilatoires.

Par exemple, preuve de cette antipathie envers Beaudry, la Banque de Montréal, qui était dominée par des éléments anglophones, décida de ne pas reconnaître ses chèques personnels. Elle les retournait en inscrivant au dos la mention «pas connu». En représailles, le maire fit publier une annonce déclarant qu'il donnerait une prime pour chaque lot de tant de pièces d'un cent qu'on lui apporterait. Dès qu'il en avait amassé une douzaine de sacs, il envoyait ses subalternes à la Banque de Montréal avec instructions de dire que Jean-Louis Beaudry, maire de Montréal, voulait faire changer ses cents en or. Inutile de dire que les employés de la banque étaient furibonds puisque cela exigeait un temps fou. Après un moment, la Banque de Montréal céda et reconnut enfin la signature de Beaudry.

La fin de l'alternance

Jusque vers la fin des années 1870, le conseil municipal était dominé par une majorité de conseillers anglophones (Écossais, Anglais et Irlandais). Or, à compter des années 1880, en raison des changements démographiques de la ville en cours depuis dix ans (les francophones formaient déjà la majorité en 1871), la représentation devint plus équitable. L'annexion en 1882 de la municipalité d'Hochelaga, qui fut représentée au conseil par trois conseillers, confirma le nouvel ordre des choses. Quatre ans plus tard, une autre annexion, celle de Saint-Jean-Baptiste, assura la majorité des francophones au conseil.

Ce bouleversement démographique se manifesta publiquement dès 1881 par une controverse sur l'alternance tacite entre un maire francophone et un maire anglophone. Le dernier maire anglophone, W. H. Hingston, avait été élu en 1876. Il avait été suivi de Jean-Louis Beaudry et de Sévère Rivard, entre 1877 et 1880. La communauté anglophone estimait en 1881 qu'il était maintenant temps de donner un maire anglophone à Montréal.

Malheureusement, la communauté britannique de Montréal choisit de présenter à la mairie un candidat anglophone unilingue, Horatio Admiral Nelson. Le journal *La Minerve* s'opposa à ce choix en invoquant l'argument qu'il serait déplacé que le maire, ayant de par ses fonctions un rôle de représentation, laisse croire aux étrangers illustres venus dans la ville que la seule langue parlée était l'anglais alors que «dans toutes les sphères de la hiérarchie municipale, on exige la connaissance de la langue française». C'est en raison de ces circonstances que Jean-Louis Beaudry fut élu de nouveau et sans interruption de 1881 à 1885.

Les réalisations

En 1878, Jean-Louis Beaudry inaugura, avec le conseil municipal, le nouvel hôtel de ville, qui était une réplique assez fidèle de l'hôtel de ville de Paris, avec quatre tours d'angle et un campanile. L'édifice, qui sera incendié plusieurs années plus tard, avait coûté 419 000 $ et le terrain 33 000 $.

Au cours du mois de janvier 1883 fut inauguré le premier carnaval d'hiver de Montréal. L'idée avait été présentée au conseil par un des avocats de la ville, R. D. McGibbon; l'événement devait assurer aux hôteliers des rentrées d'argent inespérées pendant la morte saison. Le carnaval, qui voulait prouver à l'étranger que la vie au Canada n'est pas seulement supportable mais agréable pendant les mois d'hiver, devait en effet attirer de nombreux Américains.

On y avait prévu un défilé des équipages, des concours de glissade et de patinage, des courses en raquettes, des courses de traîneaux et de trotteurs sur la glace du fleuve et des processions aux flambeaux. L'attraction principale était sans contredit le palais de glace illuminé au square Dominion.

Enhardis par cette première célébration, les organisateurs préparèrent un carnaval encore plus grandiose en 1884. Le square Dominion devint un véritable parc d'amusements, avec une patinoire immense, des montagnes russes et un palais de glace muni de tourelles aux angles, de flèches et d'une tour de 24 mètres en son centre. Il avait coûté 2000 $, ce qui représentait une fortune à cette époque. Cette année-là, les bals succédèrent aux bals; entrepreneurs, étudiants, soldats et notables fêtèrent chacun à sa façon. Il y eut aussi des mascarades où l'on compta des milliers de travestis et de masques. Mais le clou de l'événement fut l'attaque et la défense du palais de glace de nuit par des clubs de «raquetteurs». Des bombes éclatèrent en gerbes de feu, les assiégés lancèrent des pétards et des fusées. Après la reddition, tout le monde se rendit sur le mont Royal où l'on couronna les fêtes par un grand feu d'artifice.

La querelle avec l'Université Laval

Depuis les années 1860, Mgr Bourget et les professeurs de l'École de médecine de Montréal se battaient en vain pour obtenir auprès du pape la constitution d'une université catholique française à Montréal. L'Université Laval, qui avait obtenu de Rome une charte canonique en 1876, s'opposait toujours au projet.

La querelle qui opposait le clergé ultramontain de Montréal à celui plus libéral de Québec reprit de plus belle vers la fin des années 1870, mais ne connut aucun dénouement définitif pendant le règne du maire Beaudry.

En 1877, le Saint-Siège envoya un délégué apostolique, Mgr Conroy, un prélat irlandais, enquêter sur cette affaire. Celui-ci tenta de faire accepter aux parties l'érection d'une succursale de l'Université Laval comprenant quatre facultés — théologie, sciences et art, droit et médecine —, en respectant les droits acquis. Pour la faculté de théologie, Laval se contenta de s'affilier au Séminaire de Saint-Sulpice. Quant à la faculté des sciences et arts confiée aux jésuites, elle ne verra pas le jour; Laval ne s'entendant pas non plus avec ceux-ci pour créer une faculté de droit, elle ira de l'avant seule; quant à l'École de médecine, elle fut instituée faculté et affiliée à Laval.

Mais la querelle reprit en 1878 entre les professeurs de l'École de médecine et le recteur de l'Université Laval qui voulait imposer les dates des cours et les modes d'examen. Les relations devinrent acrimonieuses puis furent rompues.

Laval décida en 1879 d'ouvrir une faculté de médecine distincte. Elle acheta un ancien hôtel de passe, l'hôtel Donegana, rue Notre-Dame, qu'elle transforma en hôpital universitaire administré par les sœurs grises. Pendant ce temps, l'École de médecine avait obtenu un avis du sollici-teur général d'Angleterre selon lequel la charte de l'Univer-sité Laval de 1852 ne lui permettait pas de s'établir hors de Québec.

En 1881, le maire Beaudry se rendit à Rome et adressa au Saint-Siège une protestation contre la guerre stérile poursuivie par l'Université Laval pendant que celle-ci tentait d'obtenir du Parlement provincial le droit d'établir des succursales hors de la ville de Québec. La loi fut adoptée en juin sur division. L'année suivante, Rome imposa le statu quo, laissant ainsi l'École de médecine de Montréal avec son ancien statut, c'est-à-dire affiliée à l'Université Cobourg, en Ontario. Il faudra attendre 1890 avant que ces querelles de clocher ne soient réglées définitivement avec la création de la succursale de l'Université Laval à Montréal et la nomination d'un vice-recteur montréalais.

C.-V. M.

SOURCES

AVM, Jean-Louis Beaudry.
DBC, t. XI, p. 65-69.
JENKINS, Kathleen, *Montreal, Island City of the St. Lawrence*, New York, Doubleday, 1967, p. 385-414.
Le Devoir, 10 mars 1928.
L'Opinion publique, 22 mars 1883.
RUMILLY, Robert, *Histoire de Montréal*, Montréal, Fides, 1972, t. III, p. 75-150.
THÉORET, Pierre-Eucher, «Figure de prêtre», *RHAF*, vol. XII, p. 387-406.
TRÉPANIER, Léon, «Figures de maires», *Les Cahiers des Dix*, vol. XXII, 1957, p. 181-182.

18

Sévère Rivard:
un ultramontain
libre-échangiste élu
par les protestants

Ville de Montréal

Curieuse élection municipale que celle de 1879: les Irlandais catholiques et les anglo-protestants de la ville s'opposent par candidats franco-catholiques et ultramontains interposés! Non seulement rompent-ils ainsi avec la tradition déjà bien installée de l'alternance des candidats à la mairie selon le principe de l'appartenance nationale, mais en votant, les uns pour Sévère Rivard, les autres pour Jean-Louis Beaudry, ils optent dans un cas comme dans l'autre pour un ultramontain! Rivard l'emportera en raison, semble-t-il, de ses positions libre-échangistes. Pourtant, au Canada, l'heure est au protectionnisme et à la *National Policy*. Si le mandat de Rivard est plutôt terne, il revêt, on le verra, bien des traits inusités et des paradoxes.

Le clivage religieux

La candidature de Sévère Rivard à la direction de la métropole survient dans un contexte très particulier. Sur le plan politique, les contrecoups de l'agitation orangiste des années 1877 et 1878 se font encore sentir. En interdisant les défilés orangistes, le maire sortant, Jean-Louis Beaudry, s'était gagné le vote inconditionnel des Irlandais catholiques, pour l'heure bien décidés à contrecarrer toute candidature protestante à la mairie.

Au contraire, les protestants entendaient défaire Beaudry coûte que coûte. À leurs yeux, n'importe quel candidat ferait l'affaire. Constatant la division inévitable du vote anglophone et son corollaire, la prédominance du vote catholique, ils n'avaient par ailleurs d'autre choix que d'appuyer une candidature acceptable pour une partie, au moins, de l'électorat canadien-français. L'essentiel, c'était d'empêcher le renouvellement du mandat de Beaudry. Mais voilà! Qui pourrait-on proposer à sa place?

Un nom attirait depuis peu l'attention de l'élite anglophone, celui de Sévère Rivard. On l'avait pourtant vu siéger au conseil municipal comme représentant du quartier Saint-Jacques depuis près de dix ans; personnage quelque peu effacé, il n'était ni grand orateur ni grand politicien de tempérament. Comment espérer qu'un tel candidat puisse renverser l'«invincible» Jean-Louis Beaudry?

Le libre-échangiste

Sa récente notoriété auprès des anglophones, Rivard la devait d'abord au fait que, depuis 1877 (et jusqu'en 1881), il participait, à l'instigation d'Andrew Allan, à diverses tentatives d'achat du chemin de fer Québec, Montréal, Ottawa et Occidental que le gouvernement provincial désirait vendre au secteur privé et intégrer ainsi à un réseau pancanadien.

Elle tenait ensuite, et surtout, à une série d'articles journalistiques parus à la fin de 1878. Rivard y traitait de la nécessaire liberté de commerce entre le Canada et l'Europe, notamment avec la France. Son argumentation et sa connaissance approfondie du sujet avaient impressionné, jusqu'à Toronto, et soulevé de multiples commentaires, généralement positifs, dans les milieux concernés.

C'est le port de Montréal qui bénéficia le premier de l'éclairage électrique
ce qui permettait le déchargement des bateaux durant la nuit.

(*ANQ-M*)

Rivard, en fait, attribuait à l'absence de libres débouchés
pour les produits canadiens la responsabilité de «la plus grande
crise commerciale et financière qu'il nous ait été donné de voir».
La crise elle-même était en voie de se résorber, après six longues
et difficiles années; les signes à Montréal même ne trompaient
pas. L'industrie textile entamait une nouvelle phase de croissance; le commerce de détail faisait de même, les grands
magasins s'implantant de plus en plus rue Sainte-Catherine.

La construction, et avec elle la spéculation foncière,
reprenait de plus belle. Le téléphone, comme le dit Robert
Rumilly, «n'est plus la fantaisie de quelques maisons d'affaires». L'ouverture de centrales, l'inauguration du service
interurbain et l'arrivée de la compagnie Bell Telephone Canada
l'illustrent parfaitement. L'éclairage électrique fait son
apparition dans le port. Malgré tout, les propos de Rivard ont
de quoi piquer l'intérêt des gens d'affaires et des investisseurs.

L'ultramontain

Avant 1877, Rivard était peu connu des grands milieux d'affaires canadiens. Son étude d'avocat située sur la rue Saint-Vincent, «la mecque des politiciens et journalistes» des années 1860-1870, avait plutôt facilité son intégration à la bourgeoisie canadienne-française.

On le savait fortement enrichi, en plus de sa pratique d'avocat, grâce aux profits d'une fabrique de laine à Yama-chiche et, surtout, d'une spéculation foncière de grande envergure (1872-1874) dans le village de Saint-Jean-Baptiste, aux limites nord-est de Montréal. Mais il n'y avait pas là de quoi impressionner outre mesure les riches et puissants Anglo-Montréalais.

Rivard s'était même illustré pour la première fois, du côté francophone tout au moins, par une entreprise bien éloignée de ses succès d'affaires. De 1867 à 1871, il avait contribué à l'organisation de détachements de zouaves pontificaux canadiens. L'idée d'envoyer des zouaves défendre le territoire et le pouvoir temporel du pape, menacé par les révolutionnaires italiens et leur libéralisme, avait été lancée par Mgr Bourget lui-même. Évidemment, pour les ultramon-tains convaincus, dont Rivard, la réalisation des vœux de l'évêque constituait une occasion d'afficher la fermeté de leurs convictions, sinon le devoir de les éprouver. Dans cette aventure, Rivard n'était d'ailleurs pas le seul. D'autres personnalités très en vue adhérèrent au mouvement; parmi elles, W. H. Hingston et... Jean-Louis Beaudry, sur le point de devenir l'adversaire à battre dans la course à la mairie.

L'ultramontanisme de Rivard, ses bonnes relations avec Mgr Bourget et ses succès de promoteur foncier se conju-guaient étroitement. Ici, tout s'influence et tout se tient. Rivard avait un territoire à développer le long de la rue Rachel; l'évêque avait des paroisses à fonder pour affirmer la prédominance de l'évêché sur la paroisse Notre-Dame et les sulpiciens. Rivard et ses associés donnèrent donc un terrain pour l'érection d'une église tandis que Mgr Bourget créait sa paroisse, Saint-Jean-Baptiste. Les deux attirèrent de nouveaux résidants et fidèles, et tout le monde y trouva son profit.

La scène politique municipale n'était pas moins touffue. Dans son enchevêtrement d'intérêts ethniques, d'adhésions politiques, de croyances religieuses et de conceptions économiques, il semble bien que ce soient ces dernières qui aient fait la différence entre un Jean-Louis Beaudry et un Sévère Rivard. Car, de deux choses l'une: ou bien le sujet lui tenait vraiment à cœur, ou bien ses exposés sur la question ont réellement favorisé son élection. De fait, lors de son discours d'installation à la mairie, Rivard, dérogeant à la tradition, aborde à nouveau cette question d'intérêt national qu'est le libre-échange, réaffirmant que la prospérité européenne résidait à son avis «dans les usines et les manufactures de tous genres [...], dans les vastes et nombreux débouchés offerts à l'industrie et dans les facilités données aux relations commerciales entre les différentes nations».

Reste que l'animosité religieuse entre Irlandais et Anglais devait être bien vive pour qu'ils consentent ainsi à offrir la mairie à deux Canadiens français, par surcroît à deux partisans de la suprématie de l'Église sur l'État.

L. D.

SOURCES

AVM, B44, D.026.23.

DBC, t. XI, p. 837-838.

HARDY, René, *Les zouaves*, Montréal, Boréal Express, 1980, p. 34, 63-64, 237.

LINTEAU, Paul-André, *Histoire de Montréal depuis la confédération*, Montréal, Boréal, 1992, p. 23-34.

RUMILLY, Robert, *Histoire de Montréal*, Montréal, Fides, t. III, 1972, p. 41-16.

TRÉPANIER, Léon, «Figures de maires», *Cahiers des Dix*, vol. XXI, 1956, p. 179-200.

YOUNG, Brian, *Promotors and Politicians*, Toronto, UTP, 1978, p. 122-131.

19

Honoré Beaugrand n'a pas craint d'être à contre-courant de l'opinion

Homme de lettres, franc-maçon, libéral et grand voyageur, Honoré Beaugrand n'a pas craint, lors de son mandat à la mairie de 1885 à 1887, de se placer à contre-courant de l'opinion francophone dans l'affaire Riel et lors de l'épidémie de variole qui toucha 20 000 personnes et qui causa 3100 décès.

Lors du deuxième soulèvement de Riel, en Saskatchewan, celui-ci n'a plus l'appui du clergé. En juin 1885, Mgr Taché, venu à Montréal pour les funérailles de Mgr Bourget, met les évêques du Québec au courant des actions anticléricales qui ont accompagné la révolte métisse.

Malgré son conseil de ne pas soutenir Riel, la population francophone considère déjà ce dernier comme un héros. Un comité de défense de Riel, sous la présidence de L.-O. David, appuie sa cause.

Pourtant, lorsque les troupes du 65e bataillon rentrent à Montréal après avoir vaincu les Cris, qui sont les alliés des Métis, le maire Beaugrand multiplie les hommages et préside un grand banquet en l'honneur des militaires. Les magasins anglais de la métropole exposent le portrait du général

Middleton qui vient d'assiéger Batoche pendant trente jours, le quartier général de Riel et de Dumont où une centaine de Métis insurgés ont été vaincus. Le conseil décrète le 25 juillet fête civique afin de commémorer cette «grande» victoire…

Un journal franco-américain s'étonne: «Les sympathies des Canadiens français sont acquises aux Métis, cependant on acclame en héros ceux qui viennent de leur faire la guerre.» L'annonce de la condamnation à mort de Riel vient jeter la consternation chez les francophones, alors que les anglophones tiennent le châtiment de Riel pour légitime. La tension monte entre les deux communautés nationales. Dès le début d'août, une première manifestation attire 20 000 Montréalais au Champ-de-Mars pour demander la libération de Riel. Mais quand le général Middleton visitera Montréal le 24 août, le maire Beaugrand, trop porté vers le faste et les occasions de parader avec son collier doré en présence d'invités prestigieux, commettra une bourde en auréolant le général, ce qui heurtera la sensibilité des francophones.

C'est de la gare Dalhousie à Montréal que partirent les premiers régiments qui allaient combattre la rébellion métisse en Saskatchewan.

(La Presse)

Plus les jours passent, plus la campagne pour empêcher la pendaison de Riel s'amplifie. Entre-temps, l'épidémie de variole est devenue une question fort préoccupante. Dans un climat survolté, la plupart des journaux anglophones réclament des mesures coercitives comme l'isolement des malades et la vaccination obligatoire et ils ne se gênent pas pour traiter les Canadiens français d'arriérés et de malpropres.

Une partie de la presse francophone dénonce ces mesures autoritaires perçues comme une agression à l'endroit des Canadiens français. La *Gazette*, le *Star* et le *Herald* multiplient les provocations à l'endroit des francophones. Des manifestants vont briser les vitres du *Herald* lorsque ce dernier attribue l'épidémie à la malpropreté de la population francophone.

En septembre, 30 personnes par jour succombent à la maladie; le conseil municipal décrète la vaccination obligatoire. Des médecins vont de porte en porte pour vacciner, mais le public refuse de les recevoir. Le conseil municipal hésite à prendre d'autres mesures. C'est alors que le propriétaire-éditeur de *The Gazette*, Richard White, et l'éditeur du *Star*, Hugh Graham, multiplient les provocations et attaquent les autorités municipales. Appuyés par les hommes d'affaires, White et Graham conduisent des délégations à l'hôtel de ville. Finalement, Graham est nommé à la tête d'un comité d'isolement des malades et White devient le responsable d'un comité de vaccination.

L'affrontement

Dans un tel contexte de guerre ethnique, et précisément au moment où l'agitation en faveur de Riel s'intensifie, ces nominations ne sont pas très heureuses. Quand Mgr Taché obtient un sursis d'un mois pour permettre aux avocats de Riel de porter sa cause en appel au Conseil privé, des émeutes contre la vaccination et la quarantaine éclatent. Les 28 et 29 septembre, la foule assiège le bureau de santé du faubourg de l'est et y met le feu. La foule va chahuter le

Herald. On y brise les vitres et on va menacer les maisons des médecins vaccinateurs dont celle de l'ex-maire Hingston. Le chef de police est blessé; c'est Richard White, le propriétaire du journal *The Gazette* qui demande l'intervention des troupes. Le maire Beaugrand, alité, souffrant d'asthme, se fait conduire à son bureau et consigne 600 militaires. Dans une déclaration, il invite les citoyens à ne pas sortir le soir et à ne pas gêner l'action de la police.

Des manifestations reprennent malgré la proclamation du maire. Les cavaliers sont accueillis par des jets de pierre dans l'est. Durant la semaine du 26 septembre au 2 octobre, la variole cause 400 décès. C'est la panique. Beaugrand, approuvé par la presse anglophone, accepte d'imposer l'isolement des malades et la vaccination. La police doit accompagner chaque médecin vaccinateur. Le maire franc-maçon et anticlérical est contraint de solliciter l'appui de l'évêché. Mgr Fabre accepte de faire lire au prône une note engageant les fidèles à se laisser vacciner et une circulaire du bureau de santé expliquant le caractère inoffensif de la piqûre. Pour donner l'exemple, il se fait vacciner deux fois. Montréal est mis en quarantaine: les commerces ferment, les théâtres sont vides, les rues désertes.

Le 22 octobre 1885, mauvaise nouvelle: le pourvoi de Riel est rejeté. Le Comité de défense de Riel réclame maintenant un examen mental par une commission de médecins. Il obtient un autre sursis jusqu'au 10 novembre. Les journaux anglais sont furibonds, alors que *L'Étendard* et *La Presse* intensifient leur campagne pour sauver Riel.

En novembre, un incident déclenche une émeute: un ouvrier francophone, père de famille, résiste, arme à la main, à un employé du bureau de santé venu chercher son enfant malade pour le conduire à l'hôpital. Devant cette situation, le maire Beaugrand lance une intervention policière massive et prend la tête des opérations, bravant la population hostile à cette violation de domicile. Le fils aîné à l'intérieur tire des coups de feu. Au moment où la maison est prise d'assaut, un des enfants malades meurt. Les journaux francophones s'emparent de cette affaire: Beaugrand est accusé d'avoir causé cette mort par ses brutalités et par cette violation de domicile. Le débat autour de la vaccination prend l'allure d'un conflit ethnique, même si le groupe de médecins anti-vaccinateurs comprend aussi bien des anglophones que des francophones.

Pendant ce temps, dans tous les foyers, on prie pour Riel! L'exécution est remise au 16 novembre. Même le *Herald* finit pas demander grâce pour Riel devant la pression populaire. Après une ultime démarche de Chapleau, Riel est pendu le 16 novembre sur décision du Conseil des ministres conservateurs d'Ottawa. L'indignation est générale au Québec. Le 22 novembre se tient au Champ-de-Mars la plus importante assemblée publique réunissant 50 000 personnes venues entendre Honoré Mercier et Wilfrid Laurier. Des portraits de Riel apparaissent aux vitrines des magasins de l'est. Mercier prend la tête du mouvement, annonce la formation d'un parti national réunissant libéraux et conservateurs pour venger Riel. Les ex-maires Beaudry et Coursol répudient le gouvernement conservateur et appuient Mercier. Par contre, le maire Beaugrand s'oppose à Mercier dont il dénonce la coalition avec les conservateurs ultramontains.

Même si le maire Beaugrand a perdu des partisans dans l'affaire de la vaccination, elle lui a valu le soutien des milieux d'affaires anglophones. Ces derniers, alliés aux libéraux, appuient sa réélection. Il l'emporte par 5055 voix contre 3100 en février 1886. L'année sera plutôt tranquille. L'heure est à la reprise économique. Une nouvelle génération d'hommes d'affaires canadiens-français s'affirme et ceux-ci songent à créer une chambre de commerce francophone, distincte du Board of Trade, ce qui se réalisera l'année suivante.

Une vie aventurière

Fils de navigateur, Honoré Beaugrand est né à Lanoraie en 1848. Après des études secondaires inachevées au Séminaire de Joliette, il part à dix-sept ans combattre au Mexique dans les armées de l'empereur Maximilien jusqu'à la fin de la guerre en 1867. Il suit les troupes en France, y résidant deux années. Après un séjour à la Nouvelle-Orléans et au Mexique où il travaille comme interprète, il s'installe à Fall River en 1871 où il se marie à l'église méthodiste.

C'est là qu'il amorce sa carrière de journaliste, en même temps qu'il devient franc-maçon en 1873. Il fonde trois journaux de tendance libérale dénoncés par le clergé. Il devient bientôt un personnage important dans le monde des immigrés originaires du Québec. Il fonde des sociétés patriotiques et culturelles. Ce républicain libéral publie un roman, *Jeanne la fileuse*, qui raconte l'exode des francophones du Québec aux États-Unis. Il y décrit des esprits indépendants et dynamiques qui, soucieux d'assumer leur destin personnel et celui de la nation, prennent leur avenir en main en s'exilant. En 1875, il lance à Boston le journal *La République* dont la publication se poursuit à Fall River. Il y précise ses opinions politiques et religieuses: il se dit «franc-maçon très avancé, libéral, admirateur enthousiaste des principes de la Révolution française et partisan de la déclaration des droits de l'homme». Ce déiste anticlérical affirme pratiquer «ce que bon lui semble, la constitution américaine ne reconnaissant pas de religion d'État».

En 1878, il s'installe temporairement à Ottawa et, l'année suivante, vient fonder *La Patrie* à Montréal, dont il demeurera le propriétaire jusqu'en 1897. Ce journal qui véhicule les thèmes du libéralisme sera une grande réussite commerciale et fera sa fortune. Après avoir abandonné la mairie en 1887, Honoré Beaugrand partagera son temps, jusqu'à sa mort en 1906, entre les voyages, l'écriture et l'animation de diverses sociétés culturelles.

Beaugrand apparaît, pour son biographe François Ricard, comme «l'une des figures les plus attachantes de la fin du XIXe siècle: exilé volontaire dans sa jeunesse, homme de culture dans son âge mûr, il incarne à sa manière, dans le paysage idéologique et culturel de son temps, une "modernité" que la critique et l'histoire ont jusqu'ici tendance à ignorer ou à mal évaluer». Se situant dans une optique plus avant-gardiste et «universelle», Beaugrand a sans doute été incompris de ses compatriotes qui le voyaient comme un bourreau (l'affaire de la vaccination), même s'il avait raison, et peut-être aussi, comme un renégat face à ses compatriotes nationalistes dans l'affaire Riel.

R. C.

SOURCES

AVM, Honoré Beaugrand.

CHARLEBOIS, Pierre-Alfred, *La vie de Louis Riel*, Montréal, VLB éditeur, 1991.

FARLEY, M., O. KEEL et C. LIMOGES, «Les commencements de l'administration montréalaise de la santé publique (1865-1885)», *Revue d'histoire des sciences, des techniques et de la médecine au Canada*, vol. VI, nos 1-2, 1982.

GOULET Denis et André PARADIS, *Trois siècles d'histoire médicale au Québec*, Montréal, VLB éditeur, 1992.

LEMOINE, Roger, *Deux loges montréalaises du Grand Orient de France*, Ottawa, Presses de l'Université d'Ottawa, 1991.

LINTEAU, Paul-André, *Histoire de Montréal depuis la Confédération*, Montréal, Boréal, 1992.

RICARD, François, «Honoré Beaugrand» *DBC*, (à paraître).

RUMILLY, Robert, *Histoire de Montréal*, Montréal, Fides, t. III, 1972.

20

John J. C. Abbott:
ce futur premier
ministre préside
à la construction de
l'Hôpital Royal Victoria

La Presse

La venue de John J. C. Abbott à la mairie de Montréal en 1887 est étroitement liée aux destinées du Pacifique-Canadien et à ses dirigeants, Donald Smith et George Stephen. C'est un peu grâce à eux qu'il se retrouva président de la corporation de l'Hôpital Royal Victoria et qu'il supervisa à ce titre la construction de l'institution hospitalière située dans un décor enchanteur au pied du mont Royal.

La carrière de John J. C. Abbott est peu banale. Avocat et député du comté d'Argenteuil dans le parlement du Canada-Uni de 1859 à 1867, il siégera ensuite aux Communes comme conservateur jusqu'en 1874. Il sera alors emporté par le scandale du Pacifique qui débuta dans sa propre étude; en effet, son commis à la correspondance déroba et livra aux libéraux des lettres compromettantes sur le financement, par les promoteurs du chemin de fer Pacifique, des campagnes électorales des candidats conservateurs. Il ne revint en politique active qu'en 1880 alors qu'il reprit son poste de député d'Argenteuil aux Communes jusqu'à sa démission le 15 janvier 1887.

Cette année-là, il se porta candidat à la mairie de Montréal et défit son adversaire Benjamin Rainville par quelque 2000 voix de majorité. Il fut réélu l'année suivante par acclamation.

À peine installé dans les bureaux de la mairie, il est nommé, par le premier ministre John A. Macdonald, sénateur, leader du gouvernement au Sénat et ministre sans portefeuille. C'est à ce titre qu'il fit octroyer une charte de fondation à l'Hôpital Royal Victoria. Un peu avant sa mort, Macdonald le nomma au Conseil privé et fit en sorte qu'il lui succède, malgré ses réticences. C'est ce qui arriva: le 15 juin 1891, Abbott fut assermenté comme premier ministre. En novembre 1892, il dut démissionner, en raison, selon ses médecins, d'un épuisement du cerveau et du système nerveux causé par une congestion cérébrale. Il devait en mourir le 30 octobre 1893.

L'origine de l'Hôpital Royal Victoria

En avril 1887, le conseil municipal reçut une offre surprenante des richissimes George Stephen et Donald Smith: ces derniers s'engageaient à débourser un million de dollars pour la construction et l'entretien d'un nouvel hôpital si la ville donnait un terrain convenable. Le maire Abbott, qui siégeait au conseil d'administration du Pacifique-Canadien, devait faciliter les choses et intercéder auprès des membres du conseil municipal.

Cet hôpital serait baptisé Royal Victoria afin de commémorer le jubilé d'or de la reine Victoria. Les deux millionnaires expliquaient que leur recherche en vue d'acquérir un terrain avait été un échec et qu'ils ne voyaient qu'une possibilité: acquérir une partie de la montagne au nord de l'avenue des Pins, immédiatement au-dessus du réservoir McTavish.

Montréal comptait à cette époque quatre hôpitaux généraux — l'Hôtel-Dieu, l'Hôpital Notre-Dame, le Montreal General Hospital et le Western Hospital, un mini-hôpital affilié à l'Université Bishop's — et deux maternités. Le

L'architecte anglais Saxon Snell a conçu les plans de l'Hôpital Royal Victoria selon le style seigneurial écossais.

(*La Presse*)

Montreal General Hospital avait été agrandi à plusieurs reprises mais, dans les années 1880, il faisait face à un tel problème de surpeuplement que des patients devaient dormir sur les planchers et que, quand survinrent des épidémies de thyphoïde, des tentes durent être érigées sur les terrains de l'hôpital afin d'isoler les malades.

Stephen et Smith indiquèrent qu'aussitôt que la ville approuverait l'offre, ils prendraient des dispositions pour obtenir une charte incorporant l'hôpital et que l'argent serait confié au gouverneur général qui agirait à titre de fiduciaire du projet.

Un comité spécial du conseil se pencha sur la question. Après avoir visité le site suggéré, les membres conclurent qu'il était convenable pour un hôpital, dans une partie du parc non essentielle, et qu'il permettait l'accès à une route sans obstruction jusqu'au cimetière... Finalement, on proposa de céder le terrain par bail à perpétuité moyennant une rente annuelle minimale. Cependant, le conseil signala que l'approbation du bail nécessitait la sanction de la législature provinciale.

Le maire de Montréal, John J. C. Abbott, qui avait été nommé leader au Sénat le 12 mai, s'empressa de faire adopter un projet de loi incorporant l'institution par le Sénat et la Chambre des communes. Cela fut fait le 23 juin 1887. Assez bizarrement, la loi prévoyait la possibilité d'établir des filiales à Caledonia Springs, en Ontario, et à Banff, dans les Territoires du Nord-Ouest (maintenant l'Alberta). Ces deux localités se trouvaient sur le parcours des lignes du chemin de fer du Pacifique-Canadien, et les dirigeants de la compagnie voyaient comme un avantage d'y établir éventuellement des stations thermales et des centres de santé.

Le 3 septembre 1887, le Conseil des gouverneurs se réunit et élit le maire Abbott comme président. À cette réunion, il fut question de retenir les services de l'architecte Saxon Snell de Londres afin de préparer les plans de l'hôpital.

Mais, d'une rencontre avec une délégation du Montreal General Hospital — qui désirait une fusion des deux corporations — et le conseil d'administration du Royal Victoria, une objection fut soulevée quant à la localisation de l'hôpital. On fit valoir que le site proposé, juste au-dessus du réservoir McTavish, à ciel ouvert à cette époque, multipliait les dangers de contamination de la réserve d'eau municipale par les égouts ou par les émanations aériennes lorsque les fenêtres du futur hôpital seraient ouvertes. Cet argument obligea les donneurs, soit la ville, à offrir un site plus à l'est, en haut de la rue University, à une altitude inférieure à la hauteur du réservoir.

Les administrateurs du Montreal General Hospital auraient préféré que le nouvel hôpital soit construit dans le bas de la ville, là où le nombre le justifiait. Plusieurs critiques furent émises par les défenseurs de la nature qui condamnaient la ville pour avoir cédé une partie de la montagne. Mais ce ne sera pas la dernière fois que la ville cédera à des intérêts privés et publics des parties du mont Royal.

Il fallut une bonne année avant que les titres de propriété fussent officiellement transférés, ce qui se fit le 12 juillet 1888. Et trois autres années avant le commencement des travaux de construction proprement dits, selon le style seigneurial écossais qui comportait de nombreuses tours, voulu par l'architecte Snell. Ces retards s'expliquent par les nombreuses modifications apportées — par exemple, l'architecte avait prévu un chauffage au bois par des foyers alors que le chauffage à l'eau chaude commençait à se généraliser — et par le désir de John J. C. Abbott de maintenir autant que possible à un niveau très bas les coûts de construction. Il semble qu'à ce chapitre les généreux donateurs, Stephen et Smith, aient ouvert davantage leur gousset puisque le coût total s'éleva à 650 000 $, comparativement au demi-million envisagé par Abbott. En outre, au lieu des 300 lits prévus, le nouvel hôpital fut limité à 265 lits. Il n'ouvrit ses portes que le 2 décembre 1893.

L'administration municipale

Le mandat du maire Abbott fut marqué par une nouvelle annexion, celle du village Saint-Gabriel, à l'ouest, qui prolongeait le quartier Sainte-Anne. Majoritairement anglophone, ce nouveau quartier, qui envoie trois conseillers à l'hôtel de ville, vient contrebalancer les annexions récentes d'Hochelaga et de Saint-Jean-Baptiste, à majorité francophone.

Toutefois, son administration fera face à de nombreuses accusations de corruption portées par des réformistes et, en particulier, par le quotidien *Montreal Star*.

Afin d'entendre les griefs des citoyens et de groupes, Abbott créa un comité spécial d'enquête chargé d'étudier les présomptions de corruption. Mais ce comité était présidé par nul autre que lui-même et par des conseillers, ce qui en dit long sur son impartialité. Comme il fallait s'y attendre, en mars 1888, il se déclarait heureux d'annoncer que le comité n'avait trouvé aucun cas évident susceptible d'incriminer un membre du conseil.

Il reste que le maire Abbott fut le premier à demander l'adoption du mode de votation au scrutin secret et l'abolition de la qualification foncière fondé sur la propriété foncière sur la scène municipale; la première mesure entrera en vigueur à l'élection de 1889. De même, il suggéra que la perception de la taxe d'eau soit répartie sur toute l'année plutôt qu'à l'automne, afin de ne pas pénaliser indûment les citoyens pauvres qui ont besoin de leurs épargnes pour acheter les provisions leur permettant d'affronter les hivers longs et rigoureux.

Enfin, durant son mandat, la ville de Montréal put obtenir un prêt de 600 000 $ à 3 p. 100 d'intérêt sur les marchés anglais et américains, ce qui en fera la première ville coloniale à être si bien cotée sur les marchés financiers internationaux. Il se targuait d'ailleurs de ce que, grâce à lui, Montréal était devenue la deuxième ville de l'empire britannique à obtenir le plus bas taux d'intérêt.

C.-V. M.

SOURCES

AVM, John J. C. Abbott.
DBC, t. XII, p. 4-10.
La Minerve, 31 octobre 1893.
LEWIS, Sclater David, Royal Victoria Hospital (1887-1947), Montréal, McGill University Press, 1969, p. 5-28.
RUMILLY, Robert, Histoire de Montréal, Montréal, Fides, 1972, t. III, p. 164-252.
The Gazette, 18 septembre 1936.
The Herald, 4 décembre 1888, 3 octobre 1893.

21

Jacques Grenier: une étape dans la rivalité entre Québec et Montréal

Jacques Grenier, un vétéran du conseil municipal où il siège depuis vingt-six ans, gagne en 1889 la première élection montréalaise tenue par scrutin secret. La nouvelle procédure, si elle n'entraîne aucun bouleversement dans la vie politique locale, a au moins cette qualité de marquer la fin des luttes électorales à grand renfort de fiers-à-bras. Dans un proche avenir, la bataille pour la direction de la ville se mènera à coups... de contrats et de pratiques de favoritisme; mais pour l'heure, Grenier hérite d'une administration municipale relativement saine, compte tenu de l'époque, et d'une ville en pleine effervescence.

Par surcroît, Montréal règle, enfin, un litige empoisonnant ses relations avec Québec depuis près de trente ans. Sur fond de démographie galopante et de santé publique préoccupante, de primauté ecclésiastique et d'intransigeance ultramontaine, Montréal réussit, une fois pour toutes, à unifier et à loger sous un même toit ses écoles de médecine franco-catholiques.

L'éternelle querelle universitaire

La métropole, convaincue de sa propre importance et de son bon droit comme centre urbain d'envergure, souhaite depuis longtemps posséder sa propre université catholique et francophone indépendante. Elle a bien, depuis 1878, une succursale de l'Université Laval, mais celle-ci demeure sous l'autorité exclusive des dirigeants de Québec. Et c'est là une source intarissable de tiraillements, semble-t-il, car les Montréalais tiennent obstinément à administrer seuls, en toute indépendance, une institution de ce genre. L'enjeu apparaît si important que chacun, autorités de Québec comme de Montréal, va même jusqu'à défendre la légitimité de ses prétentions à Rome, devant les représentants du Vatican et devant le pape lui-même!

L'opposition des deux camps se complique d'un autre volet, celui de l'existence autonome de l'École de médecine et de chirurgie de Montréal, fondée et gérée par des laïcs depuis 1843 hors de toute influence cléricale directe. L'école est affiliée à l'université ontarienne de Cobourg et jouit à la fois d'une reconnaissance civile et de l'exclusivité de pratique chirurgicale à l'Hôtel-Dieu de Montréal. La succursale de l'Université Laval a bien tenté, par tous les moyens, d'intégrer l'École de médecine, mais une partie des médecins concernés — dont le docteur William Hingston — refusent catégoriquement d'assujettir leur institution à la seule autorité des dirigeants universitaires, tout ecclésiastiques de haut rang qu'ils soient. L'Université Laval à Montréal réussit tout au plus, et c'est presque suffisant pour un temps, à créer une scission à l'intérieur de l'École de médecine, ce qui lui permet de mettre sur pied sa propre faculté de médecine en 1879. Elle ouvrira l'année suivante son propre hôpital affilié, Notre-Dame, afin d'offrir à ses étudiants l'accès libre à des salles d'opération.

Tout n'est pas réglé pour autant puisqu'à l'École de médecine il manque la reconnaissance canonique, les organismes laïques francophones du Québec se devant à l'époque d'être également franchement catholiques et dûment reconnus comme tels pour être légitimes. La faculté de médecine de l'Université Laval à Montréal, de son côté,

L'hôtel Donegana, un ancien hôtel de passe situé au 351, rue Notre-Dame Est, devint l'Hôpital Notre-Dame en 1879.

(*La Presse*)

cherche désespérément une autonomie accrue vis-à-vis des autorités universitaires de Québec, tandis que les ultra-montains qui la dirigent souhaitent ardemment et simul-tanément que soit confirmé dans la pratique le pouvoir exclusif et imprescriptible de l'Église dans le domaine de l'éducation. C'est-à-dire que, convaincus de la primauté de l'autorité de l'Église sur toute autorité laïque, ils exigent rien de moins que l'assimilation pure et simple de l'École de médecine par la faculté.

Or, grâce aux multiples plaidoyers des parties devant le Saint-Père et, surtout peut-être, à l'appui du premier ministre

Mercier à la cause montréalaise, la vieille «chicane» se résout durant les mandats successifs de Grenier. Selon le mot de Rumilly: «L'École [de médecine et de chirurgie] communique à la Faculté [de médecine de la succursale de l'Université Laval de Montréal] ses avantages civils, et la Faculté communique à l'École ses avantages canoniques.» Autrement dit, les Montréalais acquièrent enfin l'université francophone et catholique tant souhaitée dont l'autonomie, bien que relative, n'en est pas moins certaine.

Dans toute cette affaire, le maire Grenier a peu à voir, si ce n'est que la conclusion de cette rivalité entre médecins, préjudiciable à la population, ne pouvait survenir en un meilleur temps. La ville elle-même compte plus de 200 000 habitants, tandis que les territoires environnants en groupent près de 100 000. Voilà un vaste bassin de population que des services de santé exempts de tracasseries politiques ou religieuses rassureront sans doute. Car, il faut le rappeler, la majorité de la clientèle hospitalière de l'époque se compose de gens du commun — ouvriers, hommes de peine, domestiques, charretiers, etc. —, patients dits ordinaires parce qu'ils ne sont pas en mesure de payer le coût de leur traitement. Les gens aisés, eux, se font soigner à domicile, très rarement en institution.

Les origines de Jacques Grenier

Le maire, qu'on dit très populaire auprès des membres anglophones du conseil et que Rumilly dépeint comme «self-made man, à la manière anglaise», a toujours été un ferme partisan de l'affirmation montréalaise et canadienne-française, ce qui ne l'a pas empêché d'entretenir des liens étroits avec la communauté anglophone.

Grenier s'est illustré entre autres par l'expansion qu'il a donnée à la Banque du peuple, la première institution du genre sous contrôle canadien-français, vieille d'un demi-siècle lorsqu'il en assume la présidence, de 1885 à 1895. L'institution est d'importance car, au dire des experts financiers de l'époque, la Banque du peuple est à la collectivité francophone ce qu'est la Banque de Montréal à la collectivité anglophone.

Né à Berthier en 1823, Grenier avait obtenu en 1844 un emploi de commis dans un grand magasin de la rue Saint-Paul, à Montréal. Il s'y était familiarisé avec l'industrie textile, avait fondé sa propre entreprise, qui sera l'une des plus renommées du genre, et était devenu, grâce à ses succès d'affaires, un important dirigeant dans l'industrie canadienne du coton, directeur de la Montreal Cotton Co. en 1890, puis plus tard (1905) de la toute-puissante Dominion Textile. Grenier côtoie donc la crème des capitalistes canadiens d'alors, les Hugh Allan, George Stephen, A. F. Gault ou D. McInnis, à une époque où les avantages de toutes sortes consentis par les municipalités aux entreprises cotonnières entraînent des profits faramineux pour un minimum d'investissement et au moment où les premières concentrations d'entreprises sont réalisées. De fait, Grenier participe en 1885 à la fusion des entreprises cotonnières de Victor Hudon (d'Hochelaga) et de la Saint Anne Spinning Co. installée à proximité. La Federal Telephone Co. en 1882, la Montreal Rolling Mills et la British Empire Assurance Co. comptent aussi parmi ses aires d'activités.

Honneur encore assez rare pour un Canadien français, Jacques Grenier devient membre du Montreal Board of Trade en 1886 où il exerce, dit-on, une influence notable sur les politiques de l'organisme. Plus rare encore, il est élu à l'unanimité premier vice-président en 1888. Ironiquement, l'année même de son admission, il avait été président du comité chargé de la création d'une chambre de commerce canadienne-française, un projet de son ami Joseph-Xavier Perreault réalisé en 1887.

Grenier fait donc partie de ces administrateurs «commerçants francophones, bien plus fortunés et riches en relations que leurs prédécesseurs d'avant 1875». Au faîte de sa renommée d'homme d'affaires à la fin des années 1880, Grenier est élu par acclamation, ce qui n'était pas survenu depuis une quinzaine d'années.

Une ville moderne

La ville, tout comme cette nouvelle génération d'hommes d'affaires, a aussi ses particularités. Le territoire urbanisé d'alors s'étend, pour les anglophones, du côté du village de la Côte-Saint-Louis (Notre-Dame-de-Grâce) et d'Outremont, et, pour les francophones, juste au nord de la rue Sherbrooke, autour du square Saint-Louis. Pour répondre à la demande croissante d'infrastructure municipale comme le pavage des rues, la construction de systèmes d'égout et d'aqueduc toujours plus imposants et pressants, l'ingénieur de la Ville doit recourir à de la machinerie moderne plutôt qu'à la main-d'œuvre locale (pourtant nombreuse). C'est sans doute un progrès aux yeux de plusieurs, mais l'ingénieur semble souligner cette innovation comme s'il s'agissait d'une entorse à la coutume et au savoir-vivre; il s'en excuse presque, justifiant la chose par les limites budgétaires qui lui sont imposées et l'urgence des travaux requis par l'afflux d'une population que rien ne semble ralentir.

Montréal est très courue, comme lieu de résidence et comme lieu de célébration. On y souligne en grande pompe, à l'hôtel Windsor, la visite du comte de Paris; on y tient la réunion annuelle du Congrès des métiers et du travail du Canada en 1889. Elle est la scène d'innovations: elle a sa première loterie, celle destinée à la construction du Monument-National, sous l'égide de la Société Saint-Jean-Baptiste, et son premier édifice à structure d'acier (celui de la Sun Life, rue Notre-Dame). Le centre-ville s'étire jusqu'au carré Dominion, près des luxueuses demeures de la grande bourgeoisie anglophone. Montréal prend rapidement certains des traits qui nous seront plus tard familiers.

L. D.

SOURCES

AVM, B44-D.025.24; B44-D.026.15.

DESLAURIERS, Lucie, *Histoire de l'hôpital Notre-Dame, 1880-1924*, mémoire de maîtrise, Université de Montréal, 1984, p. 13-87, 211-212.

LAMOTHE, Cléophas, *Histoire de la Corporation de la cité de Montréal*, Montréal, Montreal Printing and Publishing Co., 1903.

Les intérêts commerciaux de Montréal et Québec, et leurs manufactures, Montréal, KGC Huttemeyer, Imprimerie de la Gazette, 1889, p. 100-101.

Montreal Herald, 11 mars 1889.

NAYLOR, Robin Thomas, *The History of Canadian Business 1867-1914*, Toronto, James Lorimer and Co., 1975, p. 46-139.

RUDIN, Ronald, *Banking en français*, Montréal, Boréal, 1988, p. 46-88, 112-114.

RUMILLY, Robert, *Histoire de Montréal*, Montréal, Fides, 1972, t. III, p. 211-227.

YOUNG, Brian J., *Promotors and Politicians*, Toronto, UTP, 1978, p. 122-164.

22

James McShane: «People's Jimmy» et le tramway électrique

Ville de Montréal

Très tôt, James McShane a été une figure marquante de la vie publique montréalaise. Ce nationaliste irlandais a représenté ses compatriotes du quartier Sainte-Anne à l'hôtel de ville durant plus de vingt ans avant d'être élu le 21e maire, charge qu'il remplira de 1891 à 1893. Ce riche commerçant est l'idole du Griffintown. «People's Jimmy», comme les Irlandais le surnomment familièrement, est l'un des politiciens les plus roués de Montréal. Il connaît le jeu de la politique.

Il entreprend sa carrière politique en 1868. Conseiller jusqu'en 1881, il est alors déclaré inhabile à siéger. Il revient en 1883 et sera réélu jusqu'en 1887.

Afin de préparer sa candidature à la mairie en 1891, McShane fonde un journal, *Le Progrès municipal*, qui ne paraîtra qu'au début de l'année 1891. Le maire sortant, Jacques Grenier, élu par acclamation à deux reprises, espérait bien conserver la mairie. Devant les protestations des anglophones, McShane pose sa candidature. La lutte se poursuit donc entre un libéral anglophone et un libéral francophone. Les conservateurs canadiens-français qui ont une dent contre les libéraux pèsent de tout leur poids pour infliger une leçon au maire sortant; McShane l'emporte facilement par 10 297 voix contre 5166.

Le tramway électrique

En 1891, Montréal compte environ 216 000 habitants. On parle de célébrer le 250e anniversaire de fondation de la ville en 1892 en organisant une exposition universelle, mais c'est finalement Chicago, dont la véritable fondation remonte à 1804, qui s'empare de l'idée et la réalise. L'idée refera surface en 1895.

Depuis 1889, le conseiller municipal Raymond Préfontaine préside le comité de voirie: il est très actif et multiplie les contrats de pavage, d'élargissement des rues et de la pose des égouts. Il se sert de ce comité pour favoriser le développement de l'est de Montréal, négligé par les maires anglophones. Il profite de l'appui de la compagnie des tramways, dont les installations sont situées dans son quartier, à Hochelaga. Lorsque la Montreal Street Railway du financier L. J. Forget demandera à la Ville une franchise pour l'introduction du tramway électrique, Préfontaine intercédera en faveur de l'octroi à cette compagnie d'un nouveau contrat d'une durée de trente ans.

En septembre 1892, le premier tramway électrique est mis en circulation à Montréal, soit un an après la ville d'Ottawa. Montréal avait tardé à électrifier le système parce que certains craignaient les risques d'électrocution et qu'il fallait résoudre le problème du déneigement des voies l'hiver.

Or, à l'usage, on s'aperçut rapidement qu'il n'y avait aucun danger d'électrocution. Quant au déblaiement des rails l'hiver, la compagnie imagina l'installation de balais mécaniques à l'avant des tramways, ce qui régla en partie le problème. Mais il fallait bien dégager les intersections pour faciliter l'accès aux usagers. C'est donc véritablement à cette époque que débute à Montréal l'industrie de l'enlèvement de la neige. Le procédé est encore primaire: des hommes armés de pelle remplissent des tombereaux sur patins qui sont acheminés vers des terrains vagues servant de lieux de déversement. Les frais de déneigement seront partagés entre la ville et la compagnie des tramways.

Ce tramway électrique, photographié devant le magasin Morgan en 1984, remorque un vieux tramway à traction animale que l'on utilisera jusqu'en 1897 afin de pouvoir accueillir plus de passagers.

(La Presse)

L'électrification du réseau s'étendra sur deux ans et sera déterminante de l'expansion du territoire urbain. Grâce au nouveau système, les travailleurs peuvent habiter loin de leur lieu de travail, d'où le développement des banlieues. Dès 1893, une ligne relie Montréal à la cité de Maisonneuve. Deux autres compagnies mettent en place un service de transport de banlieue pour relier Montréal à Lachine, les villages le long de la rivière des Prairies et le Bout-de-l'Île. Le système d'éclairage des rues principales sera aussi électrifié et on remplacera les becs de gaz par des lampes à arc.

La compagnie Bell Telephone Canada compte déjà 5000 abonnés, et la vie devient beaucoup plus animée avec le développement sur la rue Sainte-Catherine des grands magasins fréquentés par une clientèle qui utilise le tramway.

Sous la gouverne du maire McShane, trois conseillers — Raymond Préfontaine, Henri-Benjamin Rainville et

Cléophas Beausoleil —, intimes du premier ministre Mercier, entretiennent une de ces «républiques des camarades» où se multiplient les pots-de-vin. Le maire ferme les yeux ou partage. Ces conseillers francophones seront dénoncés par George Washington Stephens, véritable chien de garde de l'hôtel de ville et député provincial. Avec son groupe de «réformistes», il dénonce la clique de Préfontaine, en se gardant bien toutefois d'attaquer le maire. De son côté, la population francophone qui a réélu le maire sans opposition en 1892 réclame un maire francophone. Le maire McShane, à la fin de son second mandat, signifie son intention de présenter à nouveau sa candidature.

Ayant été défait dans Montréal-Centre à l'élection fédérale de 1892, il était résolu à venger sa défaite comme député en s'accrochant à son poste de maire. Apprenant qu'Alphonse Desjardins avait décidé de se retirer comme député d'Hochelaga pour se présenter à la mairie, l'idole du Griffintown tentera alors de diviser le vote francophone.

L'incident du collier

Invoquant un article méconnu de la charte de Montréal, McShane contesta la tenue de l'élection le 1er février 1893. Le juge Doherty lui accorda l'injonction, mais le greffier passa outre et l'élection eut lieu comme prévu. Le sénateur Desjardins recueillit 8848 voix contre 8692.

McShane n'accepta pas sa défaite, comme en témoigne l'incident suivant. Huit jours avant l'entrée en fonction du nouveau conseil, on constata que le collier d'office du maire avait disparu. Une enquête révéla qu'il se trouvait chez McShane. On le réclama et il répondit qu'il irait le porter à l'hôtel de ville. Rencontrant sur place le nouveau maire, il piqua une colère, lui signifiant qu'il était encore maire, qu'il avait le droit d'occuper les appartements de la mairie et que les tribunaux auraient bientôt à décider s'il était encore maire. Il fallut un ordre du tribunal pour forcer McShane à retourner le collier.

En janvier 1894, il voulut encore faire un retour à la mairie. Il se présenta cette fois contre l'ancien maire de Saint-

Jean-Baptiste, J. O. Villeneuve. Le journal *La Presse* ne cacha pas ses préférences pour le candidat francophone. Le conseiller Préfontaine fit campagne pour Villeneuve qui l'emporta.

Les origines de James McShane

Qui était cet ardent libéral dont on a écrit qu'il a pris part jusqu'à la fin de sa vie à toutes les luttes du parti et dont l'ouverture d'esprit lui a toujours valu l'estime de ses adversaires politiques? James McShane est né à Montréal le 7 novembre 1833 dans la paroisse Notre-Dame. Son père, James McShane, journalier et marchand, et sa mère, Ellen Quinn, étaient originaires d'Irlande et vécurent une cinquantaine d'années à Montréal.

Il entreprend ses études sous la tutelle d'un maître d'école, Daniel Mahoney, et les poursuit au Collège des sulpiciens de Montréal en 1847-1848. À dix-huit ans, il s'associe à son père qui tenait un commerce de vente, d'empaquetage et d'exportation de viande pour les États-Unis et l'Angleterre.

En 1866, il fait partie du premier bataillon de la milice volontaire lors du raid des Féniens — des Irlandais qui voulaient former une nouvelle république au nord des États-Unis —, puis est décoré pour services rendus. En 1870, il se retire des affaires, fortune faite, et commence des opérations en bourse. Pendant quatre ans, il est agent de change avant de se lancer dans l'exportation du bétail. Il devient un important commerçant de bestiaux et exportateur de viande. Il a été le premier à exporter du bétail canadien en Angleterre en 1874. Sa société comptait au nombre de ses clients la compagnie de transport maritime Allan et les troupes royales qui avaient leur quartier à Montréal. Il sera membre du Montreal Board of Trade et du Chicago Board of Trade.

Sur la scène provinciale, il se portera candidat libéral en 1873 dans la circonscription de Montréal-Ouest, mais sera défait; il connaîtra plus de succès en 1878, 1881 et 1886. Dans le cabinet Mercier, il est ministre de l'Agriculture et des

Travaux publics de janvier 1887 à 1888. Après un discours du premier ministre en faveur d'un projet de loi concernant les tramways et qui avait soulevé une vive opposition, il tua sa carrière ministérielle en déclarant: «*No honest man can vote for the bill!*» Il fut disqualifié comme député par un tribunal de révision en 1889 lorsqu'il fut prouvé qu'il avait fait voter des morts à son élection précédente. Mais il se fera réélire en 1890 dans Montréal-Centre.

Il poursuivra sa carrière au Parlement fédéral en se faisant élire député libéral dans Montréal-Centre lors d'une élection partielle tenue en décembre 1895, contre William Hingston, ex-maire de la métropole. Il sera à son tour battu dans Montréal – Sainte-Anne aux élections fédérales de 1896. Il sera membre de la Commission du port avant de devenir le 6e «maître du Port» de Montréal, de 1900 à 1911.

R. C.

SOURCES

AVM, James McShane.
BRH, vol. LX, avril-juin 1954, p. 97.
LAMOTHE, Cléophas, *Histoire de la Corporation de la cité de Montréal*, Montréal, Montreal Printing and Publishing Co., 1903.
La Patrie, 21 février 1900.
La Presse, 31 janvier 1894; 21 février 1900; 31 janvier 1894.
Le Monde illustré, 11 juin 1887.
LINTEAU, Paul-André, «Le développement du port de Montréal au début du XXe siècle», *SHC, Communications historiques*, 1972, p. 181-205.
RUMILLY, Robert, *Histoire de Montréal*, Montréal, Fides, t. III. 1972.
The Montreal Daily Star, 12 avril 1881.
TRÉPANIER, Léon, «Figures de maires», *Les Cahiers des Dix*, vol. XX, 1955, p. 149-173; vol. XXIII, 1958, p. 260-283.

23

Alphonse Desjardins: intégrité et indépendance

Alphonse Desjardins, maire de 1893 à 1894, apporte à la mairie montréalaise un élément de droiture et d'intégrité qui tend dès cette époque à se raréfier à l'intérieur de l'administration municipale. Sa réputation n'est plus à faire: on le juge affable, digne de confiance et d'une honnêteté sans faille. C'est un homme qui déroge rarement à ses principes et à ses convictions politiques et religieuses, très fermes chez lui, même s'ils viennent en contradiction avec des considérations de parti ou des devoirs officiels.

En politique municipale, on le dit favorable à une réforme des procédures et des institutions. Mais c'est d'un réformisme éclairé, non sectaire et non partisan qu'il se fait le promoteur. Homme d'engagement, mais également soucieux d'indépendance, Desjardins entre dans l'arène municipale pour y découvrir un véritable panier de crabes.

La mainmise du *french power*

Aux élections de 1893, Alphonse Desjardins affronte le maire sortant, l'Irlandais McShane, lequel souhaite obtenir un troisième mandat à la mairie. Normalement, les Canadiens-français devraient y porter un des leurs. Mais la lutte sera chaude, car McShane aime trop sa position pour lâcher prise si facilement.

Par ailleurs, Raymond Préfontaine, «la figure politique la plus importante» de la scène municipale de cette fin de siècle, H.-B. Rainville et C. Beausoleil sont déjà bien installés au sein des comités les plus importants du conseil (la voirie, les finances, l'éclairage, etc.) depuis 1886 et ils y ont érigé le favoritisme en système. Leur politique avantage l'Est de la ville, c'est-à-dire les quartiers francophones qui leur procurent leurs sièges et leur majorité au conseil.

Évidemment, ce *french power* n'a rien pour plaire aux conseillers anglophones de l'Ouest. À leur tête, George Washington Stephens, Walter Paul et H. B. Ames lui mènent une lutte à finir. Ce sont de bons bourgeois, bien pensants certes mais un tantinet puritains ou idéalistes, que la corruption — comme l'intempérance — choque au plus haut point. Ensemble, ils bataillent ferme contre «la clique» des conseillers canadiens-français.

C'est lors de cette élection empreinte d'un clivage ethnique et qui s'articule sur une croisade pour l'assainissement de l'administration publique qu'arrive le sénateur Alphonse Desjardins. Premier séjour en politique municipale, premier — et dernier — passage à la mairie, ce sera aussi le plus court mandat jamais rempli et délaissé par un maire montréalais. Son élection est difficile: McShane recourt à des irrégularités, voire à des fraudes électorales pures et simples; il conteste même devant les tribunaux l'installation du maire Desjardins une fois que celui-ci a reçu le vote majoritaire des électeurs. Washington Stephens, de son côté, réclame de l'Assemblée législative provinciale, à laquelle il siège, l'annulation des élections, le remplacement complet du conseil, la refonte de la charte de la ville et des pénalités draconiennes pour les conseillers convaincus de corruption. Car, à son grand effroi, «la clique» est demeurée au pouvoir.

Desjardins, pourtant directeur de l'Association des citoyens de Montréal, identifiée au courant réformiste, s'oppose au projet de Stephens, que McShane appuie évidemment. Le maire recommandera néanmoins l'octroi des contrats par voie de soumission et, au terme de son mandat, plaidera pour un renforcement des pouvoirs du maire tout en condamnant les ingérences du gouvernement provincial dans les affaires municipales. Toutefois, si Desjardins ne manifeste aucun antagonisme absolu à l'endroit de l'administration municipale, il admet pourtant la nécessité d'une surveillance plus étroite des faits et gestes des conseillers. Desjardins dédaigne le favoritisme et méprise les petits côtés de la politique. Selon plusieurs, cela fait partie de son tempérament.

D'ailleurs, il appuie l'idée soutenue par Rainville d'une annexion en bloc de toutes les municipalités environnantes. À son avis, la prospérité et le développement des municipalités des alentours sont directement liés au «rayonnement d'activité, de force et d'impulsion que le grand et fécond centre d'industrie et de commerce de Montréal répand autour de lui». C'était là une mesure qui aurait décuplé l'influence de la clique, ce à quoi les «réformistes» à la Stephens ne pouvaient sûrement pas consentir. Le conseil forme même un comité de l'annexion, présidé par Desjardins lui-même, celui-ci se chargeant de convaincre les maires de la banlieue des bienfaits d'une intégration totale à la grande cité, vieux rêve d'«une île, une ville» que caressera plus tard Jean Drapeau!

Mais il y a résistance. Plus les municipalités limitrophes sont riches, plus elles sont anglophones, et plus elles appréhendent et rejettent catégoriquement semblable éventualité. Pour certaines, dont Westmount et Outremont, rôde le spectre de la domination d'une majorité canadienne-française. Dans le contexte, l'affaire ne pouvait que tourner court. On peut constater néanmoins le pragmatisme des idées réformistes de Desjardins. Ses positions ne s'attachent pas aux hommes du moment, mais aux principes qui sont en cause.

D'abord homme de principes

Desjardins fera une démonstration éclatante de cette disposition peu commune lors de la visite de la frégate italienne, l'*Etna*, dans le port de Montréal en juillet 1893. Le conseil avait donné pour la circonstance une réception en l'honneur de ces représentants de la jeune Italie. Alphonse Desjardins, cependant, s'était fait remplacer par le maire suppléant, un protestant, préférant s'abstenir pour sa part, catholique et ultramontain qu'il était, de participer à une cérémonie à la gloire de l'Italie gouvernementale, ennemie du Saint-Père le pape.

Évidemment, il était assez délicat pour un organisateur des contingents canadiens de zouaves pontificaux, ultramontain avoué depuis longtemps, pourfendeur dans les pages de *L'Ordre* et du *Nouveau Monde* des ennemis de l'Église et des adeptes du libéralisme, de faire trop bon accueil aux vainqueurs de la papauté... Son abstention confirmait, si besoin était, sa grande intégrité.

Membre de l'élite francophone

Desjardins a aussi ses lettres de noblesse devant la population canadienne-française: député conservateur — cela va de soi pour un ultramontain — aux Communes pour la circonscription d'Hochelaga de 1878 à 1892, il est indubitablement porte-parole d'un immense territoire peuplé d'agriculteurs et d'ouvriers. Toute l'extrémité est de l'île — Sault-au-Récollet, Rivière-des-Prairies, Pointe-aux-Trembles, Longue-Pointe — et les agglomérations du Mile-End, de la Côte-des-Neiges, de Notre-Dame-de-Grâce, du Coteau-Saint-Louis, d'Hochelaga, de Saint-Henri et de Sainte-Cunégonde en font partie.

Industriel de renom — il est propriétaire de la Montreal Terra Cotta Lumber Co. installée à Maisonneuve — et promoteur foncier d'envergure, il s'affaire et réussit depuis 1879 à rétablir la situation financière de la Banque Jacques-Cartier (devenue Banque provinciale en 1900), dirigée par la «classe mercantile et industrielle canadienne-française» et vouée à ses intérêts. La banque se vante de cette vocation, au point qu'on dise dans certains milieux que son «principal défaut est [justement] d'être trop canadienne-française». Desjardins, on le voit, n'a pas à prouver son attachement à la cause francophone ni à clamer et proclamer sa probité devant qui que ce soit.

Le maire se mêle encore d'autres entreprises: président du Crédit foncier du Bas-Canada, puis du Crédit foncier franco-canadien; favorable à la création, en 1886, d'une chambre de commerce canadienne-française; investisseur important dans l'industrie des chemins de fer, etc. L'omni-présent Alphonse Desjardins, comme l'écrit Ronald Rudin, a décidément bien des cordes à son arc.

Malgré sa courte durée, son mandat à la mairie sera très fertile en inaugurations et en événements culturels. Il y eut, par exemple, l'exposition provinciale, tenue entre les rues du Mont-Royal et Saint-Joseph, qui attira 50 000 visiteurs. Il y eut l'ouverture du Monument-National, prévue depuis 1884,

La cathédrale Marie-Reine-du-Monde d'après un dessin de W. Décarie.
(*Bibliothèque du Collège de L'Assomption, Louis Vallée*)

et l'achèvement de la cathédrale catholique Marie-Reine-du-Monde, en plein quartier anglophone et protestant; l'inauguration de l'Hôpital Royal Victoria (dont la construction avait été menée rondement) et du nouvel édifice du Montreal Board of Trade, l'une des plus influentes institutions montréalaises. Enfin, il y eut le bref séjour dans le port des répliques des trois navires de Christophe Colomb, en route pour l'exposition universelle de Chicago.

L'époque de Desjardins est celle où le commerce s'installe rue Sainte-Catherine, en particulier autour du carré Phillips, avec les magasins Morgan (aujourd'hui La Baie) et Birks. Les résidences bourgeoises, elles, gravissent la terrasse Sherbrooke et s'y installent toujours en plus grand nombre. Quant à Alphonse Desjardins, après un bref mais marquant retour à la politique fédérale, au cours duquel il sera à deux reprises titulaire d'un poste ministériel et sera mêlé à la question des écoles du Manitoba, il choisira Terrebonne, sa ville natale, pour passer calmement le reste de ses jours et y mourir le 4 juin 1912 à l'âge de soixante et onze ans.

L. D.

SOURCES

J. J. A., *Le sénateur Alphonse Desjardins: journaliste et homme public (1841-1912)*, Montréal, Éditions du Messager canadien, 1944, 110 p.

La Patrie, 5 juillet 1942.

LINTEAU, Paul-André, *Histoire de Montréal depuis la Confédération*, Montréal, Boréal, 1992, p. 120-128.

LINTEAU, Paul-André, *Maisonneuve*, Montréal, Boréal, 1981, p. 42-44.

RUDIN, Ronald, *Banking en français*, Montréal, Boréal, 1988, p. 99-114.

RUMILLY, Robert, *Histoire de Montréal*, Montréal, Fides, t. III, 1972, p. 246-255.

TRÉPANIER, Léon «Figures de maires», *Cahiers des Dix*, vol. XXIII, 1958, p. 260-283.

Ville de Montréal

24

Joseph-Octave Villeneuve: quand Québec impose de nouvelles taxes, Montréal se rebiffe

On pourrait comparer l'actuelle situation financière des administrations provinciale et municipale à celle d'il y a un siècle. En effet, le gouvernement du Québec, dirigé par le premier ministre conservateur Boucherville, était alors aux prises avec des difficultés budgétaires, ce qui l'obligea à lever de nouvelles taxes qui frappaient de plein fouet les commerçants et la communauté d'affaires de Montréal.

Bien qu'il siège à l'Assemblée législative à titre de député conservateur d'Hochelaga, Joseph-Octave Villeneuve, lui-même commerçant et membre du Montreal Board of Trade, fait cause commune avec les commerçants et hommes d'affaires montréalais dans leur lutte contre l'imposition de ces nouvelles taxes. Il se gagna ainsi leur appui et fut élu maire en 1894.

Montréal avait commencé à éprouver des difficultés financières à la suite des importants travaux de voirie lancés en 1889 par le président du comité de la voirie, Raymond Préfontaine. La ville s'endetta à un rythme accéléré, sa dette passant de 13 095 886 $ à 25 081 403 $ entre 1889 et 1896. Pour parer à cette difficulté, l'administration McShane (1891-

1893) avait tenté dès 1992 de faire adopter par la législature du Québec une taxe de 1 p. 100 sur le capital des institutions financières, sur les marchandises et les meubles. Mais l'opposition des milieux d'affaires eut raison de ce projet, et le gouvernement du Québec le retira.

En fait, la ville ne disposait pas de revenus suffisants pour faire face à ses obligations et à ses dépenses. Or, contrairement à la situation des années 1990 alors que la ville ne peut plus compter sur la construction domiciliaire pour accroître ses revenus, elle avait toujours cette possibilité en cette dernière décennie du XIXe siècle. Mais même l'accroissement de la valeur foncière ne suffisait pas à résoudre le problème. Par exemple, de 1890 à 1892, la ville accusa des déficits qui dépassèrent un montant cumulatif de 300 000 $. De même, pour la seule année 1895, le déficit atteignit 684 177 $.

Pour combler le déficit, il aurait fallu augmenter les impôts fonciers, car le taux de la taxe sur les immeubles était ridiculement bas comparativement à celui d'autres villes (1,25 $ à Montréal contre 1,75 $ à Toronto).

En 1892, le gouvernement conservateur de Charles de Boucherville se trouvait, lui aussi, devant une impasse financière qu'il attribuait aux dépenses exagérées du gouvernement précédent, celui d'Honoré Mercier. En réalité, le contexte financier international était déréglé; une révolution en Argentine en 1890 avait mis presque en faillite la banque Baring de Londres qui détenait des titres de ce pays, et cette situation se répercuta sur le marché international. Puis, en 1893, les épargnants britanniques qui avaient placé de l'argent dans les banques australiennes commencèrent à paniquer, et il s'ensuivit une chasse à l'or et à l'argent. En raison de cette situation, il était bien difficile pour les gouvernements d'obtenir de nouveaux prêts. Il ne leur restait plus qu'à aller chercher des revenus supplémentaires dans la poche des contribuables pour équilibrer leur budget.

Le gouvernement de Boucherville tenta d'imposer une taxe directe, mais l'opinion publique se rebiffa. À la place, il fit voter des droits variant de $1^{1}/2$ à 10 p. 100 sur les mutations d'immeubles et sur les successions dépassant 10 000 $, des droits ou augmentations de droits sur les industries, en particulier celles du tabac et des cigares, une licence de 6 $ par an dans les villes pour les membres des professions libérales et un impôt de $2^1/2$ pour cent sur le traitement des fonctionnaires.

La taxe sur les mutations d'immeubles ne faisait pas du tout l'affaire des commerçants et des spéculateurs immobiliers alors que Montréal était en pleine expansion. Le Montreal Board of Trade laissait entendre que cette mesure pénalisait directement la ville qui était la seule à compter des courtiers en immeubles (au nombre de 136), Québec n'en comptant pas. En 1891, le total des ventes dans l'immobilier à Montréal s'élevait à 901 587 $.

L'organisme suggérait au gouvernement provincial d'instaurer un impôt foncier minime à l'échelle de la province et une taxe d'affaires locative sur tout type de commerce ou de services.

Lors d'une rencontre du Board of Trade, de la Chambre de commerce de Montréal et de divers autres organismes avec le nouveau premier ministre Taillon le 28 décembre 1892, celui-ci s'opposera à la mise sur pied d'un impôt foncier provincial, signalant que cette mesure dresserait la campagne contre les villes, les petits propriétaires ruraux entretenant une répugnance traditionnelle à l'égard de l'impôt foncier.

Finalement, à l'automne 1893, Taillon, tenant compte des revendications des commerçants et des hommes d'affaires montréalais, changea la configuration des nouvelles taxes imposées mais sans les abolir. Il fixa à 1 p. 100 la taxe sur les mutations immobilières et remplaça les diverses taxes sur le commerce et sur les manufactures de tabac par un impôt uniforme de 5 p. 100 de la valeur locative des commerces et services. Mais cette nouvelle disposition était loin de contenter les commerçants montréalais qui réclamaient toujours l'impôt foncier à l'échelle provinciale. Québec en profita pour fixer à deux ans le mandat du maire, mesure que Joseph-Octave Villeneuve inaugura.

Il faudra attendre 1895 avant que le gouvernement du Québec ne supprime les licences aux commerçants, aux industriels et aux membres des professions libérales. Mais il maintiendra les droits sur les successions et les mutations de propriétés.

L'enquête Rainville

En cette période, le Service de police n'avait pas bonne presse. Sa mauvaise réputation remontait à 1887 alors qu'un détective en chef de la patrouille de nuit, Louis Naegalé, avait laissé s'échapper un malfaiteur impliqué dans la fabrication de fausse monnaie. Le juge Dugas avait été chargé par la ville d'étudier le fonctionnement du Bureau des détectives et il avait signalé dans son rapport le manque d'autonomie du chef de la police par rapport au comité de police de la ville, contrôlé par des conseillers.

En 1893, la ville avait nommé un nouveau chef de police, le lieutenant-colonel G. H. Hughes, mais la presse et les ligues de citoyens insinuaient qu'il était redevable de son poste à des amitiés politiques.

Une campagne de presse le força à demander une enquête sur l'efficacité des services policiers. Le 21 septembre 1894, la ville forma un comité, composé de quatre conseillers francophones et de trois conseillers anglophones, sous la présidence du conseiller Rainville.

L'enquête devait finir en queue de poisson. Un incident se produisit qui provoqua la suspension *sine die* des travaux. En effet, le 20 février 1895, le constable Daigneault qui avait déjà déclaré avoir payé un conseiller pour obtenir son emploi fut empêché de témoigner par les avocats du Service de police. Et la majorité francophone au comité s'opposera à ce qu'on fasse la lumière sur cette affaire. Un rapport verbal sera déposé en mai et dégagera la police de tout blâme.

Saint-Jean-Baptiste

Avant de devenir maire de Montréal, Joseph-Octave Villeneuve avait été maire du village de Saint-Jean-Baptiste, de 1866 à 1884, et de la ville de Saint-Jean-Baptiste, de 1884 à 1886, année où elle sera annexée à Montréal. Les limites du village, qui comptait 8000 habitants en 1883, et plus tard de la ville, étaient circonscrites à l'ouest par l'avenue du Parc, à l'est par la rue Papineau, au sud et au nord par les rues Duluth (anciennement Saint-Jean-Baptiste) et Mont-Royal.

Le conseil municipal de Saint-Jean-Baptiste était favorable à l'annexion. En effet, comme il fallait mettre en place un système d'aqueduc et d'égout si on voulait assurer le développement de ce territoire, les autorités estimèrent qu'il serait plus avantageux de répartir les coûts de ces travaux entre

L'incendie de la rue Saint-Dominique à Saint-Jean-Baptiste en 1879, qui avait détruit 23 maisons, avait mis en relief la nécessité de construire un aqueduc dans ce faubourg de Montréal. Cette conflagration devait précipiter l'annexion de cette municipalité, aujourd'hui le Plateau Mont-Royal, à Montréal.

(*L'Opinion publique, 22 mai 1879*)

les contribuables montréalais plutôt qu'entre les seuls résidants de la petite municipalité. Par ailleurs, Saint-Jean-Baptiste, avec une dette de 60 000 $ imputable à la construction en 1871 d'un immeuble abritant le marché et l'hôtel de ville et à certains travaux d'infrastructure comme le pavage des rues et l'éclairage, présentait un attrait certain pour Montréal.

L'installation d'un système d'aqueduc répondait en outre à des besoins plus pratiques manifestés par les pompiers qui devaient pomper l'eau dans des trous et qui, de ce fait, échouaient bien souvent à circonscrire les sinistres. Par exemple, en 1879, deux incendies majeurs avaient causé beaucoup de dégâts: l'un avait détruit 23 maisons sur les rues Saint-Laurent et Saint-Dominique, laissant pour 125 000 $ de dommages, et l'autre, non loin de là, avait détruit toute une série de maisons de bois appartenant à des familles pauvres.

Les origines du maire

Joseph-Octave Villeneuve est né à Sainte-Anne-des-Plaines le 4 mars 1836. Après ses études primaires, il fréquenta l'École commerciale de Montréal où il compléta ses études. Puis il travailla comme commis au magasin de nouveautés Benjamin, le plus important de la ville à cette époque, poste qu'il occupa une dizaine d'années.

En 1860, il établit un service de transport en commun entre le Mile End, Sault-au-Récollet (Ahuntsic), Terrebonne et New Glasgow. Il semble que cette affaire fut lucrative puisque, trois ans plus tard, il ouvrait un commerce d'épiceries, de vins et liqueurs au coin sud-ouest des rues Saint-Laurent et Mont-Royal, soit en face de l'hôtel Wiseman (aujourd'hui disparu), fréquenté à l'époque par bon nombre de maraîchers du nord de la ville qui y faisaient une halte avant de se rendre au marché Bonsecours. Il s'associa aussi avec son cousin Léandre dans la mise sur pied d'un commerce de bois en gros qui existe toujours.

C.-V. M.

SOURCES

ATHERTON, William Henry, *Montreal 1535-1914*, Montréal, S. J. Clark Publishing Co., 1914.

AVM, J. O. Villeneuve.

BRODEUR, Jean-Paul, *La délinquance de l'ordre*, LaSalle, HMH, 1984, p. 42-46.

LALONDE, Jean-Louis, *Le village de Saint-Jean-Baptiste: la formation d'un faubourg montréalais (1861-1886)*, mémoire de maîtrise, UQAM, 1985.

LAMOTHE, Cléophas, *Histoire de la Corporation de la cité de Montréal*, Montréal, Montreal Printing and Publishing Co., 1903, p. 79-92.

RUMILLY, Robert, *Histoire de Montréal*, Montréal, Fides, 1972, t. III, p. 188-277.

RUMILLY, Robert, *Histoire de la province de Québec*, Montréal, Bernard Valiquette, t. VII, 1940, p. 156-185.

The Herald, 4 décembre 1885.

Ville de Saint-Jean-Baptiste, *Règlement n° 27*, 24 octobre 1884.

Ville de Montréal

25

Richard Wilson-Smith: maire de l'ambivalence

L'Irlandais Richard Wilson-Smith fut élu par acclamation à la mairie montréalaise, en 1896. Candidat des anglophones, il lui manque une qualité essentielle: parler couramment le français. Wilson-Smith d'ailleurs remercie sincèrement les gens de toutes classes, de toutes nationalités et de toutes confessions religieuses de respecter ainsi, en l'élisant malgré son handicap, la règle non écrite de l'alternance des nationalités à la mairie. Le propos est de circonstance, bien sûr; c'est même devenu une tradition d'en tenir de semblables lorsqu'on est porté à la tête du conseil municipal.

Cependant, la gratitude de Wilson-Smith peut être d'autant plus grande que, depuis quelques années déjà, le conseil est aux mains d'une majorité francophone bien installée sur les instances exécutives de la ville. Pour tout dire, son élection tient bien plus aux stratégies de certains élus canadiens-français, qui aimeraient bien voir leur chef de file bénéficier du même honneur dans un proche avenir, qu'à un traditionnalisme de bon aloi. Évidemment, les deux années de mandat du 24e maire de Montréal seront empreintes de cette domination polie.

Gonfler et dégonfler la fonction publique

Le nouveau maire a pleine conscience de sa capacité limitée d'intervention dans les affaires de «sa» municipalité: «*The powers and privileges of the Mayor are very extensive in the public mind, but when accurately defined they are realy very limited*», admet-il... dans la langue de Shakespeare. Les pouvoirs des comités du conseil en effet sont autrement plus importants. Il exprime néanmoins l'intention de découvrir quels maux affectent les finances municipales, maux auxquels les membres francophones du conseil ne sont du reste pas étrangers, et de leur proposer remède.

Wilson-Smith estime heureux que des amendements récents à la charte autorisent la cité à n'entreprendre des travaux publics qu'au moment où ses ressources le lui permettent; depuis cinq ou six ans, l'endettement de la ville n'a, à son avis, que trop progressé. Heureux également que la révocation de fonctionnaires ne puisse plus se faire que lorsqu'elle est clairement et sérieusement motivée et, pratique inédite, qu'elle requiert un vote des deux tiers des membres du conseil pour prendre effet.

Ceux qui se plaignent du gonflement de la fonction publique municipale trouvent néanmoins chez lui un précieux appui. Selon Smith, des services emploient plus de personnel que nécessaire à cause du dédoublement de certains et de la présence d'employés «surannés» sur la liste de paie. «Qu'il y ait une large proportion d'employés inutiles et incompétents, spécialement quand les nominations à des postes se font plus dans le but de se débarrasser d'un importun qu'en fonction des exigences de la tâche à remplir, c'est indéniable.»

Y aurait-il du favoritisme dans l'air? Ou peut-être souligne-t-il ce laxisme pour mousser sa propre proposition de politique d'embauche, très embryonnaire il faut dire. Toujours est-il que, sans nommer personne, Smith souhaite qu'on mette un terme à cette façon de faire. Aucun subordonné ne devrait être affecté à un poste par un comité sans une étude des besoins de l'administration, sans examen des capacités du candidat et sans autorisation préalable et obligatoire de la direction du service concerné.

Du même souffle, et assez paradoxalement, Wilson-Smith condamne catégoriquement le recours généralisé (et incontrôlé) à la sous-traitance; il considère que le personnel de la ville devrait être responsable des travaux et services. Ce serait, dit-il, plus avantageux à tous points de vue: l'opinion des employés et des résidants serait plus facilement connue; on préviendrait l'importation et l'emploi (temporaire) de travailleurs à rabais, surtout qu'en hiver cette main-d'œuvre, qui n'a plus de revenu ni même de logement, se retrouve à la charge de la municipalité. Une telle politique réduirait la misère dans la ville, en plus de donner des emplois à ses propres contribuables. Le maire apporterait-il à des problèmes différents des solutions contradictoires?

Croître, mais à quel prix?

Au chapitre des dépenses, Wilson-Smith croit que les réclamations pour accidents survenus sur la voie publique prennent des proportions épidémiques depuis quelque temps. Et si la ville continue à accéder à ces demandes comme elle l'a fait par le passé, il y a risque d'encourager ou de créer «une classe de professionnels de la jambe cassée», selon son expression, qui s'assureront un niveau de vie décent par ce moyen plus que par tout autre. Mais la ponction exercée par ces réclamations sur les ressources financières municipales n'est rien en comparaison de ce que coûtent les expropriations. Voilà la vraie calamité.

Le grand mal, la cause première de l'embauche excessive de personnel comme de l'équilibre fragile du budget municipal, c'est l'effervescente période d'expropriation des dernières années. Montréal est une jeune métropole en pleine croissance; Smith en convient, s'en réjouit et contribue même de son mieux au maintien de cet état de choses. On l'a vu, par exemple, promouvoir l'idée du conseiller Rainville d'organiser à Montréal une exposition universelle en 1897, histoire d'accroître la renommée de la cité à l'étranger. Sous l'administration Wilson-Smith, le conseil vote même 100 000 $ pour ce projet, sous réserve d'une participation des gouver-

Montréal aurait bien voulu être choisie comme site de l'Exposition universelle de 1897 mais c'est Chicago qui obtint cet honneur. N'empêche que de nombreux artistes locaux, tel Joseph Roch Mainville, s'empressèrent de faire des projets comme cet immense téléphérique qui rejoint l'île Sainte-Hélène au sommet du mont Royal.

(*La Presse*)

nements supérieurs. Et le maire de diriger une délégation à Ottawa, à laquelle des citoyens se joignent spontanément et à qui le Grand Tronc et le Pacifique-Canadien — flairant la bonne affaire — fournissent gratuitement le transport par trains. Wilson-Smith recevra même les remerciements de distingués contribuables pour la défense des intérêts de Montréal devant la législature provinciale.

Le port est plus actif que jamais; Montréal grandit; le maire en est fier et reconnaît la nécessité d'une modernisation des infrastructures urbaines. À ses yeux, l'erreur ne réside donc pas tant dans le fait d'exproprier en vue d'amélioer le système routier ou d'installer des canalisations d'égouts mais dans la manière de procéder. Nouvelle référence à peine déguisée aux pratiques du conseiller Préfontaine et à ses associés? Encore une fois, en ne désignant formellement personne, le maire joue de prudence et use de diplomatie, à moins que ce ne soit un aveu d'impuissance.

Chose certaine, il accueille comme une bénédiction l'abolition de l'article de la charte permettant, depuis 1890, qu'on exproprie avec compensation non seulement la frange de terrain comprise entre l'ancienne et la nouvelle limite d'une rue, mais aussi tout édifice se trouvant en tout ou en partie sur cette portion de terrain. Cette disposition tout à fait dans le style de Préfontaine avait eu pour conséquence, prévisible et déplorable on s'en doute, d'encourager une course à l'expropriation d'autant plus vive que les évaluateurs municipaux avaient une fâcheuse tendance à conclure des ententes extrêmement avantageuses... pour les expropriés! La surenchère lors des expropriations dépassa tellement souvent les bornes d'un arrangement juste et raisonnable, elle atteignit des sommets tellement élevés qu'elle réduisit pour ainsi dire à néant toute chance pour la ville de procéder au meilleur coût possible.

Le maire répétait à qui voulait l'entendre parmi les membres du conseil à quel point il importait maintenant de mettre un terme à ces pratiques coûteuses. Mais dans cette assemblée composée en grande partie de propriétaires fonciers et de promoteurs, il y avait fort à parier que ses appels resteraient sans écho. Sans pouvoir décisionnel, le maire en était réduit à la critique et à la suggestion, à peser le pour et le contre de ceci ou de cela, sans plus.

On peut le comprendre en considérant sa position sur la question des annexions. D'un point de vue géographique, financier et hygiénique, les municipalités limitrophes doivent être annexées à Montréal, défend Wilson-Smith. Elles sont endettées et mal administrées. Certaines ont non seulement asphalté leurs rues, mais aussi leurs ruelles. Quel luxe! En plus, elles concurrencent sévèrement Montréal grâce à des exemptions de taxes et des privilèges particuliers accordés aux entreprises. Sur ces deux points, force est de constater qu'elles sont allées trop loin, renchérit le maire. Mais, d'un autre côté, serait-il juste de faire supporter leur fardeau par l'ensemble des citoyens montréalais? Ici encore, le maire évite de se prononcer, coincé semble-t-il entre ses préoccupations de bon gestionnaire et la pression des spéculateurs annexionnistes.

Doit-on dès lors s'étonner de l'hommage d'un Raymond Préfontaine, vieux routier de la politique montréalaise, à un nouvel arrivé comme Wilson-Smith, actif sur la scène municipale seulement depuis 1892, à titre de représentant du quartier Saint-Laurent, et qui n'y restera que six ans? D'après Préfontaine, «jamais maire n'a montré plus de zèle, de tact et de distinction, et n'a laissé un meilleur souvenir de son administration».

En fait, Wilson-Smith avait à son actif bien d'autres réalisations méritant l'admiration du puissant conseiller. Le maire, né en Irlande en 1852, arrivé au Canada en 1879, fut d'abord associé puis propriétaire de l'*Insurance and Finance Chronicle*. Il fut aussi président de The Press Association de la province de Québec et de la Canada Accident Assurance Co., directeur de la Lachine Rapids Hydraulic and Land Co., de la Standard Light and Power, de la Citizens Light and Power (absorbée par la Montreal, Light, Heat and Power), de la Montreal Trust and Deposit Co. et de la National Surety Co. of New York, enfin fidéicommissaire de The Guardian Assurance Co. (de London, Ontario). Membre du Montreal Board of Trade et du Montreal Stock Exchange (1892), Wilson-Smith, banquier et courtier en placements, avait tout pour plaire à un Préfontaine.

Évidemment, un conseiller-homme d'affaires dont les pouvoirs officiels et l'influence occulte n'avaient subi aucune atteinte sérieuse durant l'administration Wilson-Smith devait bien cette marque d'appréciation bien sentie à un supérieur... dont il devait prendre la place aux élections suivantes!

L. D.

SOURCES

AVM, B44-D.026.24.

BORTHWICK, J. Douglas, *History of Montreal, Including the Streets of Montreal, Their Origin and History*, Montréal, D. Gallagher, 1897, p. 214-215, 283.

LAMOTHE, Cléophas, *Histoire de la Corporation de la cité de Montréal*, Montréal, Montreal Printing and Publishing Co., 1903, p. 321-323.

La Patrie, 15 octobre 1950.

RUMILLY, Robert, *Histoire de Montréal*, Montréal, Fides, t. III, 1972, p. 267-325.

26

Raymond Préfontaine: la machine politique assure son succès

Raymond Préfontaine, maire de Montréal de 1898 à 1902, fut une figure dominante de la scène municipale de la fin du XIXe siècle. Son succès, il le doit à la mise sur pied d'une véritable «machine politique» qui, en s'appuyant sur les conseillers canadiens-français majoritaires au conseil, fonctionnait grâce à l'emploi systématique des fonds municipaux à des fins partisanes, comme l'octroi de contrats aux bailleurs de fonds de la campagne électorale et l'embauche de partisans.

C'est par l'intermédiaire du comité des chemins, que Préfontaine présidera de 1889 à 1898, qu'il organisera son système destiné à favoriser le développement de l'est de Montréal. Selon l'historien Paul-André Linteau, le groupe associé à cette machine politique n'y voyait qu'une question de justice et de rattrapage puisqu'au moment où les anglophones dominaient le conseil, personne ne s'occupait de cette partie de la ville et que bien peu de francophones étaient embauchés par la ville.

Mais la réussite de Préfontaine n'aurait pas été complète s'il n'avait joui de l'appui des libéraux à Québec. C'est grâce au premier ministre Félix-Gabriel Marchand qu'il obtiendra en 1899 des pouvoirs accrus pour le maire de Montréal, lequel se voit accorder le contrôle de tous les services et de tous les fonctionnaires municipaux.

Avant tout politicien

À peine promu bachelier en droit, Préfontaine est élu député libéral de Chambly en 1875 à la législature de Québec.

En partie grâce à son mariage avec la fille cadette du libraire-papetier Jean-Baptiste Rolland, il réussit à s'introduire dans le monde de l'immobilier et de la politique municipale du village d'Hochelaga dont il deviendra conseiller en 1877, puis maire en 1879.

En 1883, il parvint à faire accepter l'annexion d'Hochelaga à Montréal à des conditions fort avantageuses: Montréal s'engageait à parachever le système d'aqueduc et d'égout, à assurer un service de tramway et à respecter les exemptions de taxes déjà consenties à certains entrepreneurs de cette municipalité en voie d'industrialisation qui comptait plus de 4000 résidants.

Préfontaine et deux autres conseillers, représentant le quartier d'Hochelaga qui s'étend de la rue Frontenac à la rue Bourbonnière, s'ajouteront au conseil municipal de Montréal, ce qui consolidera la précaire majorité des francophones.

Ce conseiller pragmatique est un homme d'action doué d'un fort sens de l'organisation et d'une grande capacité de travail. Il sait se lier aux masses; il multiplie les poignées de main dans les bars et à la terrasse du parc Sohmer dont il est l'un des principaux actionnaires.

Il sait faire vibrer ses compatriotes à ses accents patriotiques et ouvriéristes. Après la pendaison de Riel, il prononce un vibrant discours à l'assemblée du Champ-de-Mars de 1885. Rusé, il sait tirer profit de ses appuis à la candidature à la mairie d'Honoré Beaugrand en 1885 et à celle de Jacques Grenier en 1889; ce dernier est libéral, mais aussi président de la Banque du peuple!

Il a choisi Lomer Gouin comme associé dans son bureau d'avocats; celui-ci est président du club libéral Le National qui réunit les amis d'Honoré Mercier, élu premier ministre en 1890. Il a ainsi tissé tout un réseau d'amis et de connaissances.

C'est au niveau municipal que Préfontaine consacrera le gros de ses énergies. Nommé à la présidence du comité de la voirie en 1889, il utilise ce poste stratégique fort convoité pour mettre en place une véritable «machine politique» en s'alliant aux entrepreneurs et en multipliant les discours populistes.

Durant toute la décennie 1890, avec ses amis Cléophas Beausoleil qui dirige le comité de la santé et Henri-Benjamin Rainville au comité d'éclairage, puis à celui des finances, il distribue les contrats et négocie les ristournes sur les contrats accordés à leurs amis.

Il se veut la voix de l'Est, mais aussi de la modernité. Il est sensible au progrès. Pour embellir la ville et améliorer les services publics, il a l'appui de la population. Ses grands travaux sont appréciés: amélioration des trottoirs, élargisssement des rues, construction de tunnels, installation d'un système d'éclairage à arc, extension du tramway, embellissement des places et des parcs. Cette «âme de l'administration» transforme Montréal, défendant les intérêts de la ville qui sont intimement liés à ses propres intérêts économiques.

Malgré sa partisannerie, Raymond Préfontaine voulait faire de Montréal une belle et grande ville à l'exemple de Paris. C'est ainsi qu'il appuya en 1903 le projet d'aménagement du boulevard National qui aurait débuté en face du Monument National pour se rendre jusqu'à la rue Saint-Denis.

(La Presse)

Mais ce régime de favoritisme instauré dès 1889 fait de lui la cible privilégiée des réformistes, en particulier de George Washington Stephens, porte-parole des riches des quartiers anglophones qui s'en prennent au niveau élevé des dépenses consacrées à l'est de Montréal. L'opposition à la «clique» prend la forme d'un mouvement réformiste qui vise la démocratisation, la diminution de la dette et la saine gestion des affaires publiques.

En 1893, Raymond Préfontaine convoitait la mairie: il ne se présenta pas de crainte d'affronter des accusations de favoritisme comme celles qui accablaient alors le premier ministre Mercier. Face à cette élection qui prenait un caractère d'épuration, il préféra laisser la place à un homme intègre et très estimé qui, lui, dédaignait le favoritisme, Alphonse Desjardins.

Même si ses biographes reconnaissent qu'il a quelque chose du visionnaire, ses adversaires mettent l'accent sur le favoritisme éhonté qu'il pratique et ses liens avec les propriétaires des entreprises de services publics, en particulier J. R. Thibaudeau, président de la Compagnie royale d'électricité, avec qui il a fondé la Compagnie manufacturière de Chambly pour exploiter les rapides du fleuve. On le décrit comme «l'homme de Forget», le président de la compagnie de tramway.

Lors du balayage libéral de 1896 qui porte au pouvoir Laurier, il est élu député fédéral d'Hochelaga. Fort de son influence à l'hôtel de ville, membre de nombreux conseils d'administration et conseiller influent du Parti libéral, il espère recevoir un ministère. Mais c'est Israël Tarte qui est nommé ministre des Travaux publics, fonction qu'il convoitait.

Tarte a élaboré toute une stratégie industrielle pour assurer l'expansion économique de Montréal et du port; il a la confiance de Laurier, et il a l'appui de Raoul Dandurand, organisateur du Parti libéral dans le district de Montréal, et gendre de F. G. Marchand, alors chef de l'opposition à la législature du Québec. Tarte s'est engagé à faire battre le premier ministre conservateur du Québec, Edmund James Flynn, et à assurer la victoire de Marchand. Préfontaine nourrira une profonde hostilité envers Tarte à compter de ce jour.

En 1898, il croit que le moment est venu de se présenter à la mairie. Il fut élu sans difficulté, mais ce poste ne lui apporte cependant pas autant de pouvoir que la présidence du comité de voirie. Toutefois, à titre de représentant de Montréal, il siège à la Commission du port au moment où elle entreprend de vastes travaux de rénovation. À ce poste, il multiplie les points de litige avec le ministre Israël Tarte, de plus en plus interventionniste dans les affaires du port.

Préfontaine soulèvera une certaine opposition lorsqu'il annoncera, vers la fin de 1898, l'intention de la ville de supprimer graduellement les exemptions de taxes dont jouissent les propriétés religieuses. Mgr Bruchési se présentera devant le conseil municipal pour dire que la mesure ruinerait un certain nombre d'églises, d'hôpitaux, d'asiles et de collèges. Finalement, Laurier et Tarte intercèdent auprès du conseil et l'exemption de taxes est maintenue.

Comme nous l'avons indiqué plus haut, la nouvelle charte de 1899 élargissait les pouvoirs du maire qui devenait en quelque sorte un président-directeur général. Réélu en 1900, Préfontaine n'aura cependant pas l'occasion d'utiliser ses nouveaux pouvoirs, puisque les réformistes contrôleront à leur tour les comités importants du conseil.

La guerre des Boers

Préfontaine interviendra dans les affrontements opposant les étudiants de l'Université McGill et ceux de la succursale de l'Université Laval à Montréal lors de la guerre des Boers.

Tout avait commencé le 1er mars 1900 lorsque les Montréalais apprirent la libération de la garnison de Ladysmith, assiégée par les Boers depuis trois mois au Transvaal. Les étudiants de McGill improvisèrent une parade et tentèrent de forcer *La Patrie* et *La Presse* à hisser le drapeau de l'Union Jack. Puis ils envahirent la succursale de l'Université Laval et hissèrent l'emblème anglais au faîte de l'édifice. Or un étudiant francophone coupa la corde et le drapeau tomba dans la rue. Furieux, les manifestants saccagèrent les salles de cours.

Les étudiants de Laval décidèrent d'organiser une contre-manifestation. Ils forcèrent une firme qui occupait une partie de l'immeuble de *La Presse* à enlever le drapeau anglais. L'apprenant, les étudiants de McGill s'amenèrent le soir devant Laval, armés de gourdins et de pommes de terre gelées. Mais les assaillants étaient attendus avec des lances d'incendie, si bien qu'ils durent battre en retraite. Mais leur recul se transforma en déroute lorsqu'ils furent attaqués dans les rues et ruelles par des francophones accourus du Coteau-Saint-Louis.

À la suite de ces affrontements qui durèrent quelques jours, le recteur de McGill et Mgr Bruchési intervinrent et réclamèrent le rétablissement de la bonne entente. Préfontaine suggérera d'unir fraternellement les étudiants des deux universités dans le défilé organisé pour le départ du régiment de cavalerie «Strathcona's Horse» en Afrique du Sud. Sous l'influence de Laurier, Préfontaine déclara au banquet officiel: «Personne ne vous souhaite plus sincèrement un complet triomphe dans votre campagne que les Canadiens français de Montréal. La reine et le drapeau pour lesquels vous allez combattre sont aussi notre reine et notre drapeau!»

Par la suite, *La Presse* se fera l'apologiste des résistants d'Afrique du Sud, alors que l'on retrouvera dans le camp impérialiste le maire, l'archevêque de Montréal et Laurier, qui applaudirent l'entrée des troupes anglaises à Pretoria.

Finalement, comme l'on craignait de nouveaux affrontements ethniques dans les rues de Montréal, Mgr Bruchési exigera des dirigeants de la Saint-Jean-Baptiste de ne pas organiser de défilé le 24 juin.

Préfontaine sera enfin nommé ministre de la Marine et des Pêcheries à Ottawa, remplaçant Tarte qui avait démissionné du cabinet. Il mourra en France en 1905 lors d'un voyage au cours duquel il faisait la promotion d'une liaison maritime entre Montréal et Marseille.

R. C.

SOURCES

AVM, Préfontaine.

BRASSARD, Michèle et Jean HAMELIN, *DBC*, t. XIII (à paraître).

GAUVIN, Michel, «The reformer and the machine: Montreal civic politics from Raymond Préfontaine to Médéric Martin», *Revue d'études canadiennes*, vol. XIII, n° 2, été 1978, p. 16-26.

LAMOTHE, Cléophas, *Histoire de la Corporation de la cité de Montréal*, Montréal, Montreal Printing and Publishing Co., 1903, p. 323-327.

LINTEAU, Paul-André, *Histoire de Montréal depuis la Confédération*, Montréal, Boréal, 1992.

LINTEAU, Paul-André, *Montréal fin de siècle*, Montréal, Gazette Printing, 1899, p. 83-84.

RUMILLY, Robert, *Histoire de Montréal*, Montréal, Fides, t. III, 1972.

27

James Cochrane: les débuts de l'influence politique ouvrière

En 1902, tout laisse d'abord croire que les électeurs montréalais devront choisir entre deux candidats francophones au poste de maire. Mais c'est pourtant un anglophone qui est élu, James Cochrane, devant un seul opposant, lui aussi anglophone. Retournement inusité que celui-là, et ses causes ne le sont pas moins. Car à la rivalité anglophone-francophone qui a toujours marqué la politique montréalaise s'est maintenant ajouté un clivage socio-politique nouveau.

Les élections et la vie municipales ne sont plus en effet qu'affaires de bourgeois et de capitalistes, qu'affaires tout court devrait-on dire. La classe ouvrière entend s'y faire écouter, y prendre une part active même, et elle le fait de multiples façons, par exemple en exprimant clairement son existence, ses préférences sinon ses volontés, manifestations syndicales et programme politique à l'appui. Résultat, James Cochrane est le premier employeur-maire de Montréal à être directement lié au mouvement ouvrier.

Curieuse élection

Raymond Préfontaine, comme on le sait, a obtenu deux mandats consécutifs à la mairie. Compte tenu de cette marque de confiance répétée de la part des électeurs, il semblerait donc un peu gourmand d'en demander la confirmation pour une troisième fois. Mais Préfontaine a des amitiés solides, tellement que ses partisans ou collaborateurs posent sa candidature pendant son absence (il est en Europe) même s'il assume alors les fonctions de ministre de la Marine dans le gouvernement Laurier. Il affronte le Dr E.-Persillier Lachapelle, issu d'une vieille et noble (prospère en tout cas) famille montréalaise, directeur du bureau de santé de la ville et candidat des libéraux.

Les anglophones ne désirent pourtant pas demeurer en marge de la course, une seconde fois d'affilée. Les milieux de la haute finance, du grand commerce et de l'industrie proposent Wilson-Smith, qui a laissé «non pas un éclatant, mais un bon souvenir» de son passage à la mairie en 1896-1898, juste avant que R. Péfontaine ne prenne la relève. Smith, il faut lui concéder, a cet avantage d'avoir été apprécié de tout le monde, des réformistes municipaux comme de Préfontaine lui-même. Même le gouvernement Laurier lui donne son appui, pour plaire à la communauté anglophone.

James Cochrane, quant à lui, arrive en scène sur le tard, à la limite de la période des mises en candidature. À la différence de Wilson-Smith, il parle assez bien le français et a des contacts très serrés avec le milieu ouvrier organisé. Or, en ce début de XXe siècle, l'opinion populaire prend de plus en plus d'importance dans le jeu électoral municipal. Il existe dans la ville de nombreux syndicats (surtout d'affiliation internationale, c'est-à-dire américaine) pour la plupart regroupés dans le Conseil des métiers et du Travail de Montréal (CMTM). On y trouve aussi des clubs politiques ouvriers, issus peut-être des anciennes loges des Chevaliers du Travail à tendance socialisante, et même un Parti ouvrier fondé en 1899.

Cochrane fut ou sera engagé dans l'un et l'autre courant à titre (deux fois) de «maître ouvrier» de l'assemblée Warren

Le défilé de la fête du Travail qui se mettait en branle au carré Phillips prit beaucoup d'ampleur à compter de 1905.

(*La Presse*)

des Chevaliers du Travail, de vice-président du CMTM et de directeur du journal *Canadian Workman*. Ses partisans le disent grand ami de ces fils du labeur qui peinent chaque jour pour gagner leur vie, manière quelque peu emphatique de désigner la misère ouvrière.

Notre prétendant à la mairie n'est pas pour autant lui-même ouvrier, on s'en doute. Écossais de naissance (1852), il a fait ses débuts comme employé puis directeur de nuit et chef opérateur à la Montreal Telegraph Company. Il a occupé ensuite divers postes dans l'Ouest canadien où il a participé à la construction de l'Intercolonial Railway et établi la première ligne télégraphique de la rive nord du lac Supérieur pour le compte du Pacifique-Canadien.

Cochrane a fait fortune, en tant qu'entrepreneur, principalement en décrochant de nombreux contrats d'asphaltage des rues de Montréal et d'ailleurs, mais surtout de Montréal. Il a donc ses entrées à l'hôtel de ville et rares sont ceux qui croient au seul «mérite de ses soumissions», comme le dit l'historien Robert Rumilly. Des contemporains affirment toutefois la supériorité des méthodes et des matériaux employés par Cochrane dans la réalisation de ses travaux. N'est-ce pas lui, du reste, qui s'est chargé du difficile aménagement des canalisations du quartier Saint-Jean-Baptiste, dans un sol de roc massif? Ce fut une tâche sans doute très lucrative, mais qui n'en exigeait pas moins d'expertise.

Cochrane possède donc deux avantages d'importance: il n'en est pas à ses premières armes dans le monde municipal, une partie de ses réussites d'entrepreneurs en sont l'indice; il est par ailleurs un *self-made-man*, et en cela peut prétendre à l'exemple devant les travailleurs, d'autant plus qu'à l'époque on voit assez fréquemment des patrons appartenir aux mêmes organisations que leurs salariés, des relents sans doute du côtoiement des maîtres et compagnons dans les corporations de métier d'un temps maintenant révolu.

Quoi qu'il en soit, la drôle d'élection suit son cours. Après jeux de coulisses et tractations, Lachapelle et Préfontaine se retirent de la course, d'un commun accord. Wilson-Smith et Cochrane se font face. Smith a cependant un handicap de taille, dans le contexte de l'époque: il est candidat des grands bourgeois (tous anglophones à de rares exceptions), candidat des propriétaires des services publics comme les tramways, le gaz et l'électricité, que plusieurs parmi les porte-parole des travailleurs voudraient municipaliser. Le Parti ouvrier en a fait un élément important de son programme, rejoignant sur ce point les promoteurs d'une réforme des institutions et des mœurs municipales. Cochrane, dernier sur la liste de départ mais fort de ses relations dans les deux milieux, finit premier et devient le 26ᵉ maire de la métropole.

Une agitation syndicale débridée

La première année de mandat du maire Cochrane est relativement calme. La seconde, par contre, manque nettement de quiétude. En février 1903, les employés des tramways déclenchent la première grève dans l'histoire des services publics de Montréal. Ils demandent des augmentations salariales et la reconnaissance de leur syndicat. Les tramways, les «p'tits chars» ou les «écrasoirs à Forget» comme on les appelle familièrement, constituent, avec le chemin de fer et le port, l'épine dorsale de l'activité économique montréalaise de l'époque. Un service essentiel, dirions-nous aujourd'hui, mais plus essentiel encore que de nos jours parce que l'automobile est encore peu populaire, et celle qui circule — quand sa mécanique le permet — ne brille ni par sa fiabilité ni par sa performance. Le tramway, au contraire, c'est le transport urbain par excellence. On comprend par conséquent la nécessité d'un règlement rapide.

En deux jours seulement, les 1500 grévistes croient avoir gagné sur toute la ligne. Ils obtiennent, en tout cas, une majoration de 10 p. 100 de leur paie. Succès facile, à ce qu'il semble, pour un tout premier conflit dans un secteur où, pourtant, l'employeur a le monopole. Les grévistes, il faut dire, ont bénéficié de l'appui de *La Presse* et du conseil de ville, lequel octroie le privilège des opérations à la compagnie intéressée...

Heureux dénouement, donc. Seulement voilà, en avril, les 2200 débardeurs usent du même moyen pour l'atteinte d'objectifs semblables. Mais ils veulent en plus qu'on reconnaisse l'affiliation de leur union à la Fédération américaine du travail dirigée par Samuel Gompers. De ça, évidemment, les patrons ne veulent pas entendre parler, habitués qu'ils sont à régner en maîtres sur la vie urbaine montréalaise.

La violence éclate entre grévistes, briseurs de grève, policiers et même l'armée. Gompers lui-même vient à Montréal, sa première visite. Malgré l'interdit des élites de tout acabit, 25 000 Montréalais l'escortent jusqu'au parc Sohmer où il y va d'un discours d'allure modérée. La ville est paralysée. D'autant plus que les camionneurs ont déclenché une grève de solidarité, encouragés par Gompers si l'on en croit les rumeurs. Encore une fois, un règlement survient grâce aux pressions du conseil municipal sur les autorités concernées, à l'entière satisfaction des débardeurs.

La roue repart cependant dans l'autre sens. À nouveau, les employés de tramways arrêtent le travail pour forcer leur employeur à admettre leur droit d'adhérer à l'organisation syndicale de leur choix. On parle de grèves de solidarité chez les débardeurs, ailleurs aussi. Il y en a déjà une à la Montreal, Light, Heat and Power, l'autre monopole des services publics. À nouveau, il y a violence et échauffourées. On se croirait revenu au temps où les partis politiques s'affrontaient durant les élections municipales à grands renforts de fiers-à-bras et de coups de bâton. Cette fois cependant, les ouvriers agissent pour leur propre compte, spectacle horrifiant pour tout membre de la bonne société, quelles que soient ses opinions politiques! «D'ailleurs ce ne sont plus des grèves professionnelles, mais une agitation socialiste, quasi révolutionnaire», avance Rumilly. L'élite se mobilise, de la Chambre de commerce aux curés, des ministres aux conseillers municipaux, en passant bien sûr par les propriétaires des entreprises de tramways, de gaz et d'électricité. Forget, le plus intéressé d'entre eux, obtient de *La Presse* qu'elle retire son appui aux grévistes. Cette fois, il y a match nul. La grève prend fin sans qu'il y ait victoire décisive d'un côté ou de l'autre. Le maire Cochrane, peut-être éprouvé par cette agitation, ne demande pas d'autre mandat.

L. D.

SOURCES

AVM, B44-D.026.26.

En collaboration, *Histoire du mouvement ouvrier au Québec*, Montréal, CSN-CEQ, 1984, p. 91-92.

L'Album universel, 2 août 1902, p. 320-321.

LAMOTHE, Cléophas, *Histoire de la Corporation de la cité de Montréal*, Montréal, Montreal Printing and Publishing Co., 1903, p. 327-329.

Répertoire des parlementaires québécois 1867-1978, 1980, p. 131.

RUMILLY, Robert, *Histoire de Montréal*, Montréal, Fides, t. III, 1972, p. 229-340.

28

Hormidas Laporte et la lutte contre les trusts

Lors de la campagne électorale municipale de 1904, *La Presse*, appuyée en grande partie par *La Patrie*, se lancera corps et âme dans la lutte pour l'abolition des trusts qui contrôlent le gaz, l'électricité et les tramways de Montréal. Elle accuse les propriétaires (les Forget, Dandurand et Holt) d'exploiter le peuple en imposant des tarifs injustifiés.

Le journal de Berthiaume s'opposera à la prolongation du contrat des tramways et à celui de la Montreal Light, Heat and Power pour la fourniture du gaz. Il réclamera la nationalisation du port de Montréal et la municipalisation des services publics.

«La municipalisation des services publics est la grande préoccupation du jour; les bénéfices considérables réalisés par les compagnies qui les possèdent ont ouvert les yeux du public, bien décidé à devenir propriétaire d'exploitations qui font la fortune de certains spéculateurs», écrivait *La Presse* dans son édition du 23 janvier 1904.

Son candidat à la mairie est tout trouvé. Il s'agit d'Hormidas Laporte qui a été recruté dans le mouvement réformiste par l'industriel et philanthrope Herbert Brown

Ames dès 1895. Celui-ci avait été élu conseiller en 1897 et était devenu l'âme dirigeante du groupe réformiste chez les francophones. Laporte sera victorieux, élu pour un mandat de deux ans avec une majorité écrasante de plus de 12 000 voix contre Ucal-Henri Dandurand, le candidat des trusts.

Le principal objectif du mouvement réformiste est alors d'abolir la machine politique mise en place par Préfontaine et d'assainir l'administration municipale en éliminant le favoritisme et la corruption à l'hôtel de ville et en réduisant le rythme des dépenses publiques.

Concrètement, cela devait signifier que les emprunts de la ville soient accordés à l'institution financière offrant les taux d'intérêt les plus avantageux, que les contrats civiques soient soumis à la concurrence de tous les citoyens qui paient les taxes et soient accordés au soumissionnaire responsable et digne de confiance qui présente la meilleure offre; enfin, que la fonction publique municipale devienne plus efficace et compétente, que l'on cesse l'«achat» des emplois comme cela se pratiquait quand les amis de Préfontaire dirigeaient la ville.

Les réformistes parviendront dès 1900 à démanteler la machine politique de Préfontaine en faisant élire 16 candidats sur 34 et en prenant sans difficulté les commandes des postes clés. Laporte présidera ainsi le comité des finances et exercera un contrôle étroit sur le trésor municipal tandis que, à la tête du comité d'hygiène, Ames entreprendra une action vigoureuse pour renforcer les mesures de santé publique.

Toutefois, avec la disparition de Préfontaine du conseil en 1902, le mouvement réformiste s'essouffle et des divergences naissent quand des conseillers cherchent à défendre les intérêts spécifiques de leur quartier, notamment les besoins en matière de voirie en cette période de croissance urbaine rapide.

Selon l'historien Michel Gauvin, les réformistes commirent deux erreurs: ils se trompèrent en croyant que l'élection de candidats plus honnêtes et d'hommes d'affaires ferait disparaître une politique centrée sur les quartiers et cherchant à satisfaire les besoins des électeurs locaux; ils se fourvoyèrent également en associant trop étroitement dépenses publiques et corruption et en voulant combattre celle-ci par un freinage de celles-là.

Une autre erreur de perspective du mouvement réformiste fut de ne pas avoir été en mesure d'élargir sa base militante en faisant modifier la charte de la ville pour éliminer la qualification foncière, ce qui aurait permis ainsi à des ouvriers de se porter candidats. Le Congrès du travail de Montréal (CTM) avait, en 1904, formulé des revendications comme la réduction de la taxe d'eau de 40 p. 100 et une réforme de l'impôt foncier visant à abaisser la taxe imposée aux industries et une augmentation de celle basée sur la valeur des terrains. Mais le CTM n'avait pu présenter de candidats en raison de la qualification foncière qui exigeait qu'un candidat au poste de conseiller possède une propriété d'une valeur minimale de 2000 $. Il faudra attendre 1912 avant de voir disparaître cette contrainte.

Or, quand Laporte devint maire en 1904, il réduisit par le fait même son emprise sur le conseil et sur ses comités spécialisés (le véritable lieu du pouvoir), ce qui permit à une nouvelle génération de conseillers populistes de recréer peu à peu une machine politique aussi solide que celle de Préfontaine.

Laporte se fera aussi le champion de la lutte contre les trusts en proposant la municipalisation des services de gaz et en tentant d'obtenir des conditions plus favorables pour la ville et ses résidants. Mais il connaîtra peu de succès. Les propriétaires des trusts firent jouer leur influence à la législature de Québec lors de l'étude des amendements à la charte de la ville de Montréal.

Par exemple, en 1904 le conseil réclamait le pouvoir de municipaliser le service du gaz. Mais le président de l'Assemblée législative, H. B. Rainville, qui avait laissé inscrire son nom comme candidat à la mairie de Montréal contre Laporte et qui s'était désisté à la dernière minute, défendra les trusts et rejettera la demande de la ville. Une autre tentative devant le Conseil législatif échouera également. *La Presse* protestera au nom de l'autonomie montréalaise: «Montréal est aujourd'hui une assez grande ville pour pouvoir se conduire et pouvoir se passer de la tutelle irresponsable, à longue distance, du Parlement de Québec.»

En 1905, *La Presse*, appuyée cette fois par *Le Canada*, reprendra la lutte pour la municipalisation des services de l'électricité et du gaz. Cependant, les discussions s'enlisèrent au sein du conseil municipal sur la façon de procéder: devait-on racheter en bloc la compagnie du gaz ou lui faire concurrence en construisant des usines et en posant des tuyaux? Or, quand vint l'échéance prévue pour le renouvellement du contrat à la Montreal Light, Heat and Power, le conseil n'était toujours pas décidé, si bien que le contrat fut renouvelé pour cinq ans. Mais la compagnie échouera dans sa tentative de faire étendre son contrat de trente ans. Certes, le coût du 1000 pieds cubes de gaz pour l'éclairage diminuera de 1,25 $ à 1 $, mais il sera encore supérieur de 10 cents à celui payé par les Torontois.

Quant au monopole des tramways, *La Presse* et le maire Laporte ne parviendront pas à contrecarrer les plans de la Montreal Street Railway qui englobera ses deux concurrents: la Montreal Park and Island Railway, qui desservait Sault-au-Récollet, Cartierville, Notre-Dame-de-Grâce et Lachine, et la Montreal Terminal qui desservait la banlieue est du centre-ville jusqu'au Bout-de-l'Île. En 1907, la fusion sera réalisée et la Montreal Street Railway aura le contrôle de toutes les lignes de tramway urbaines et suburbaines.

Les besoins en énergie s'amplifiant, les trusts des services publics multiplièrent divers projets, tel celui de la centrale électrique des rapides de Lachine.

(*ANQ-M*)

Les origines du maire

Né à Lachine le 7 novembre 1850, Hormidas Laporte vécut la plus grande partie de son enfance et de son adolescence à Ahuntsic. Il reçut son éducation à l'école du Sault-au-Récollet. À l'âge de dix-sept ans, il travailla comme ouvrier dans une manufacture de clous, tout en poursuivant ses études chez M. Mauffette le soir.

En 1870, il entre au service d'un épicier détaillant où il apprend rapidement le fonctionnement d'une entreprise commerciale. La même année, il se lance en affaires en rachetant au coût de 25 $ la marchandise d'un magasin au détail dont le propriétaire s'était retiré du commerce. Par la suite, il se convertit en vendeur de charbon jusqu'à ce qu'en 1881 un ami, J. B. Martin, lui propose une association dans le commerce en gros des fruits et des légumes. Cette association devait assurer sa fortune puisque la maison Laporte et Martin devint l'une des plus grandes au Canada. Déjà en 1892, la firme réalisait un chiffre d'affaires dépassant le million de dollars.

Hormidas Laporte s'est aussi intéressé au secteur financier à titre de président de la compagnie d'assurances L'Alliance nationale et de membre puis de président du conseil d'administration de la Banque provinciale. Il sera également actif au sein de la Chambre de commerce du district de Montréal et de l'Association des épiciers en gros du Dominion. De même, il siégera à la Commission des écoles catholiques de Montréal et présidera pendant trois ans la Société Saint-Jean-Baptiste.

Pendant la Première Guerre mondiale, il accepta l'un des postes les plus délicats que pouvait lui confier le gouvernement: la présidence de la Commission des achats de guerre. En récompense de ses loyaux services, il fut nommé conseiller privé par le roi en 1917 et fait Chevalier bachelier en 1918. Il devait mourir le 20 février 1934, à l'âge de quatre-vingt-quatre ans.

C.-V. M.

SOURCES

AVM, Hormidas Laporte.

La Presse, 8 janvier 1904, 23 janvier 1904.

LINTEAU, Paul-André, *Histoire de Montréal depuis la Confédération*, Montréal, Boréal, 1992, p. 254-270.

RUMILLY, Robert, *Histoire de Montréal*, Montréal, Fides, 1974, t. IV, p. 324-348.

RUSSELL, Daniel J., *H.B. Ames as Municipal Reformer*, mémoire de maîtrise, Université McGill, 1971, p. 35-65.

The Gazette, 17 décembre 1920, 20 février 1934.

VACHON, Lucille, *La Patrie, La Presse et les questions ouvrières*, mémoire de maîtrise, UQAM, 1979, p. 99-109.

La Presse

29

Henry Archer Ekers confronté au mouvement ouvrier

Lorsque Henry Archer Ekers devient le 28ᵉ maire de Montréal en 1906, le paysage politique montréalais est en pleine effervescence. Les courants politiques s'y multiplient, sortent des murs et des officines de l'hôtel de ville, débordent même les limites traditionnelles du clivage «bleus-rouges» des partis conservateur et libéral qui conditionnent tant, et de tout temps, l'évolution de la ville.

La période du maire Ekers, c'est le moment d'affirmation d'une politique ouvrière aux orientations socialisantes, aux accents de plus en plus revendicateurs et radicaux. C'est la période où le réformisme municipal lui-même se retire des instances propres à la ville et commence à agir de préférence par l'intermédiaire du Parlement provincial.

Les nouveaux rouges

Le Québec, et notamment Montréal, possède depuis longtemps ses politiciens radicaux, ses «rouges». Mais ce rougisme-là est bien particulier. Au début du XXᵉ siècle, il se compose de partisans du Parti libéral portés plus que leurs confrères vers le laïcisme. Partisans d'un système d'éducation affranchi de la tutelle du clergé, volontiers anticléricaux, les rouges-libéraux n'en sont pas moins membres de la bonne société, convaincus de la qualité et de la légitimité du régime parlementaire de type britannique.

Or, en 1906 apparaissent à Montréal, conséquence de l'industrialisation accélérée, des rouges d'une toute autre espèce. On les voit défiler rue Sainte-Catherine et au Champ-de-Mars le premier jour de mai, lors de la Fête internationale des travailleurs. Les 600 participants à la manifestation déambulent en scandant le slogan «Travailleurs du monde, unissons-nous!» De quoi faire dresser les cheveux sur la tête de tous les gens bien, ou qui s'estiment tels. Les manifestants sont du Parti socialiste d'Albert Saint-Martin, sténographe et traducteur de

Albert Saint-Martin, chef du Parti socialiste.

(*La Presse*)

profession. Ils suscitent un grand émoi, on le devine, chez les clercs et les bourgeois de toutes catégories. Le parti de Saint-Martin prône le remplacement du système capitaliste, la collectivisation des moyens de production, l'abolition du salariat, bref le renversement complet de l'ordre social existant.

On pouvait s'y attendre, leur défilé soulève inquiétude et protestation. La levée de boucliers est quasi générale. À tel point que leur procession de 1907 est interdite par le maire Ekers. Le groupe passe outre l'interdiction et la répression, évidemment, suit de peu. Cavaliers et agents de police dispersent la foule à deux reprises, établissant du même coup le scénario du 1er mai des années suivantes, à ceci près qu'en 1909 et 1910 on ajoutera quelques arrestations au déroulement des événements.

L'année du Parti socialiste, c'est également et même surtout celle du Parti ouvrier, qu'on a récemment revivifié. Plus que son radicalisme, sa popularité et ses succès électoraux inquiètent, et pour cause. Fort de l'appui d'une large portion des travailleurs organisés, grâce à leurs syndicats et au Conseil des métiers et du travail de Montréal, le Parti ouvrier vient de faire élire son chef Alphonse Verville, au poste de député fédéral du comté de Maisonneuve. Fait inédit, le Parti a mené seul sa campagne contre le tout-puissant Parti libéral. C'est la première fois dans les annales politiques canadiennes que les travailleurs gagnent une représentation en Chambre sans rien devoir à l'un ou l'autre des partis traditionnels.

Le programme ouvrier y est pour quelque chose: la création d'un régime étatique d'assurance contre la maladie et les accidents, d'une cour des petites créances (comme il y en aura soixante ans plus tard), l'instruction gratuite et obligatoire, la journée de travail de huit heures, la suppression du droit de saisie sur salaires et biens meubles, et (question au cœur de notre propre actualité) l'abolition du Sénat canadien attirent facilement la sympathie de monsieur et madame tout-le-monde.

Aux yeux de nombreux bourgeois, l'orientation travailliste (à l'anglaise) du Parti ouvrier est tout aussi socialiste — et donc condamnable — que celle de Saint-Martin et de ses disciples. Mais pour beaucoup d'autres, il s'agit d'un socialisme rougeâtre, d'une tendance socialisante, selon les critères de l'époque, mais avec laquelle on peut composer. Après tout, le Parti ouvrier ne combat-il pas surtout les abus du système incarnés principalement par les capitalistes monopolistes et malhonnêtes, les usuriers trop rapaces et les corrupteurs de tout acabit?

Les premiers à faire alliance seront les rouges-libéraux qui, en collaboration avec le socialiste Joseph Ainey et Gustave Francq, le père du syndicalisme québécois, contribueront à doter Montréal de son École technique (rue Sherbrooke) et de son École des hautes études commerciales (rue Viger). Les deux institutions relèvent de l'État, dispensent un enseignement laïque soustrait à l'autorité cléricale. Voilà une réalisation bien au goût des rouges première manière et qui justifie amplement de telles fréquentations.

Contrairement au Parti socialiste, le Parti ouvrier montréalais déploie de sérieux efforts dans l'arène municipale. Pourtant, aucun de ses membres ne peut être candidat au conseil parce qu'aucun ne possède une propriété immobilière d'une valeur de 2000 $ comme l'exige la qualification foncière. On a supprimé cette règle pour les députés, mais pas pour les conseillers.

Évidemment, l'abolition de cette mesure discriminatoire est revendiquée avec la dernière énergie, à côté de l'étatisation des services publics, de la disparition des subventions municipales aux entreprises privées, toutes mesures qui ne sont pas exclusives au Parti, mais qui lui procurent des appuis additionnels parmi la population et jusque parmi les adeptes de la réforme municipale. Pour Ekers, réformiste de l'équipe d'Hormidas Laporte et d'Herbert B. Ames, arrivé en même temps qu'eux à l'hôtel de ville en 1898, porté par la vague de contestation de la clique des conseillers, cette évolution a de fâcheuses conséquences.

À cette époque, en Amérique du Nord, le culte de l'expertise et de la rationalité administrative et productive est très en vogue. Les experts apparaissent comme une panacée (politique) à la corruption administrative, à la politisation des instances municipales et à l'une de ses principales sources: la montée d'un mouvement politique ouvrier bien structuré. D'ailleurs, le gouvernement fédéral venait tout juste de modifier la composition de la Commission du port en fonction de ces conceptions — du moins le prétendait-il — en réduisant le nombre de commissaires de 11 à 3, et en les nommant plutôt qu'en les faisant élire.

Montréal emboîte le pas, puisque, significativement, c'est justement en 1907 que l'on commence à promouvoir le nécessaire recours à un bureau de contrôle des affaires municipales, un bureau créé d'autorité par l'État, composé de gens réputés pour leur compétence et placé au-dessus des élus de la cité... Les réformistes municipaux, de l'extérieur de l'hôtel de ville maintenant, continuent leur croisade pour une administration montréalaise centralisée, basée sur la compétence plutôt que sur les caprices de conseillers même démocratiquement élus et le favoritisme. Ce à quoi les représentants ouvriers ne peuvent décemment souscrire, pour l'instant...

À l'élection d'Ekers au poste de maire, les chefs de file du réformisme ont en effet délaissé tous deux la scène municipale: Laporte s'est retiré de la politique active et Ames s'affaire plutôt sur la scène fédérale. Des comités de citoyens ont été formés dans lesquels se rassemble l'essentiel des forces de la réforme. Comme cela avait été le cas pour Préfontaine par rapport à sa clique huit ans plus tôt, Ekers se retrouve à la tête d'un conseil dégarni de ses éléments réformistes, sa promotion coïncidant avec un retour en force des populistes dans les affaires de la cité. Ekers est donc en porte-à-faux, la lutte se déroulant selon les règles et dans des lieux échappant à son contrôle.

Quoi qu'il en soit, Henry A. Ekers est «homme d'opinions tranchées, dont on dit qu'il n'oublie jamais ni un ami ni un ennemi». C'est un homme direct, de gros bon sens, pas très diplomate, mais d'une franchise indéniable. Bref, c'est un homme d'action plutôt qu'un brillant discoureur, des qualités sans doute appropriées dans le contexte agité d'alors.

Brasseur d'affaires et de bière

Ce n'est d'ailleurs pas un hasard si Ekers représente le quartier Saint-Laurent depuis 1898 à titre de conseiller. En 1845, son père y exploitait une des plus importantes brasseries de la province, avec pignon sur la future *Main*, dans le quadrilatère Sherbrooke, Saint-Norbert et Saint-Dominique actuel. La chose est inusitée pour l'époque puisque la zone en question possède encore tout son caractère rural. Les limites de la ville se trouvent bien plus au sud, et les industries s'installent plus volontiers le long ou à proximité du port et du canal Lachine.

Natif de Montréal, Ekers a pris en main les affaires florissantes de son père en 1861 et les a fait fructifier avec succès pendant plus de trente ans. Henry A. Ekers voit grand et est excellent homme d'affaires. Bien de son époque, l'année même de son entrée en politique municipale active, il préside à la fondation de la Canadian Breweries Ltd. On le retrouvera en 1909 à la vice-présidence de la National Breweries Ltd., le lointain ancêtre de la brasserie O'Keefe, formée elle-même du regroupement en consortium d'une quinzaine de brasseries. La concentration d'entreprises, la monopolisation du capital sont alors le trait dominant, le fin du fin de l'organisation économique. Ekers y participe dans la mesure de ses moyens.

Son engagement dans l'industrie brassicole soulève quelques réserves dans certains quartiers, sans doute aussi parmi certaines sections du réformisme municipal où le souci de tempérance et de santé publique revêt autant d'importance que la saine administration! Mais il n'y a là rien d'assez répréhensible, ou contradictoire, pour que soit rejetée sa candidature.

L. D.

SOURCES

AVM, B44-D.026.28.

GERMAIN, Annick, *Les mouvements de réforme urbaine à Montréal au tournant du siècle*, Cahiers du CIDAR, Université de Montréal, 1985, p. 293-324.

LINTEAU, Paul-André, *Histoire de Montréal depuis la Confédération*, Montréal, Boréal, 1992, p. 253-265.

ROUILLARD, Jacques, «L'action politique ouvrière au début du xxe siècle», dans HARVEY, F., *Le mouvement ouvrier au Québec*, Montréal, Boréal, 1990, p. 185-213.

RUMILLY, Robert, *Histoire de Montréal*, Montréal, Fides, t. III, 1972, p. 301-378.

The Herald, 14 août 1908.

The National Breweries Ltd., 1909-1934, p. 28-29.

30

Louis Payette affronte une situation désespérée: un conseil corrompu

La Presse

Louis Payette pouvait attribuer son élection à la mairie en 1908 au fait que son adversaire, Philippe-Honoré Roy, député de Saint-Jean, était encore plus favorable aux trusts des services publics qu'il ne l'était lui-même et que le camp réformiste avait été incapable de se trouver un candidat. Il devait l'emporter par 14 710 voix contre 11 914.

En 1907, alors qu'il présidait le comité des finances au conseil municipal, Louis Payette avait proposé un contrat en or à la Montreal Light Heat and Power pour la fourniture du gaz et de l'électricité, contrat qui s'échelonnait sur trente ans, et cela malgré l'opposition des réformistes, des organisations patronales et de nombreux quotidiens.

Mais son séjour à la mairie de 1908 à 1910 connaîtra des rebondissements surprenants alors que le parlement de Québec ouvrira une enquête sur l'administration de Montréal, confiée au juge Lawrence-John Cannon. L'enquête devait conduire à la dénonciation de 23 conseillers trouvés coupables de corruption et à la création, après un référendum, d'un bureau de contrôle ou conseil exécutif chargé de mieux concilier les intérêts généraux de la ville plutôt que les seuls intérêts particuliers des quartiers.

En 1908, le favoritisme, encouragé par les piètres qualifications du personnel technique, règne en maître à l'hôtel de ville. Les travaux, adjugés à des partisans ou à des parents des conseillers, sont mal conçus, mal exécutés, souvent à recommencer. Les entrepreneurs anglophones n'ont plus d'emprise sur les contrats d'asphaltage. C'est la Compagnie de construction et de pavages modernes, dirigée par un ancien journaliste, Rodolphe Brunet, qui a la responsabilité des contrats. Sa propre compagnie ne dispose d'aucun outillage et ne tient aucune comptabilité; elle ne fait que transmettre les contrats en prélevant de fortes commissions.

Brunet tire les ficelles du «gang des 23» qui comprend le conseiller et député Médéric Martin, un futur maire. Il influence les nominations et les décisions du conseil: il fait substituer Napoléon Giroux à Émery Larivière, jugé trop inflexible, à la présidence du comité de la voirie. Et le système fonctionne aussi bien au sein d'autres comités, comme ceux de la police et des incendies. Le chef de police, Olivier Campeau, ne contrôle plus ses hommes puisque les postes et les promotions d'agents de police et de pompiers se vendent, comme sur le marché boursier, à l'hôtel de ville. Bref, 25 p. 100 des revenus de la ville, qui se chiffrent à plus de 5,2 millions, servent uniquement à enrichir des intermédiaires, ainsi que des amis ou des parents des conseillers.

Pour nettoyer ces écuries d'Augias, comme l'écrit Rumilly, l'ancien maire Hormidas Laporte, le notaire Victor Morin, l'entrepreneur S.-D. Vallières, le marchand de charbon Farquhar Robertson, le sénateur Dandurand et le député Honoré Gervais organisent un comité de citoyens, rassemblant le gratin de la bourgeoisie montréalaise. Le groupe exigera une enquête sur l'administration municipale et la création d'un bureau de contrôle composé de quatre membres élus par le peuple et qui assumerait le pouvoir exécutif.

Le conseil municipal est bien prêt à accepter l'idée d'une commission d'enquête, mais il refuse le projet d'un bureau de contrôle qui dépouillerait les conseillers d'une grande partie de leurs pouvoirs. Il préconise plutôt une commission des travaux publics dont les membres seraient des conseillers choisis par le conseil. Le premier ministre

Lomer Gouin tranche en décrétant une commission d'enquête qui se mettra à l'œuvre dès le 27 avril 1909 et décide de soumettre la question de la création d'un bureau de contrôle à un référendum le 30 septembre 1909.

Les électeurs montréalais, sans doute influencés par les révélations sur la corruption généralisée de l'administration municipale lors des audiences publiques de la commission d'enquête, accepteront à 88 p. 100 la création d'un bureau de contrôle et à 92 p. 100 la réduction du nombre de conseillers de deux à un par quartier. Le nouveau conseil comptera un maire, trente et un conseillers et un bureau de contrôle composé de quatre commissaires. Le maire perd les pouvoirs que la loi de 1899 lui accordait, notamment en matière de contrôle sur les comités municipaux et sur les fonctionnaires qui deviennent assujettis à l'autorité du bureau de contrôle.

Le juge Cannon remettra son rapport le 20 décembre 1909 et recommandera le changement du système d'élection par quartier qui serait la source du mal; cette proposition n'aura cependant pas de suite. Il flétrit le «gang des 23» et cita 8 échevins comme «sûrement coupables» de corruption. Ils seront d'ailleurs condamnés par le juge à payer une partie des frais de l'enquête, soit 1600 $ sur 19 926 $. Mais ils refuseront et personne ne les forcera à rembourser. D'ailleurs, l'administration Guerin, élue en 1910, et le Comité des citoyens qui l'appuyait abandonnèrent l'idée de poursuivre pour malversations et mauvaise administration les conseillers mentionnés par le rapport Cannon sous le prétexte que ces délits n'étaient pas inscrits distinctement dans le Code pénal.

La police

L'enquête Cannon avait révélé en outre que la prostitution à Montréal était tolérée depuis plus de trente ans et que l'adresse de certains bordels était demeurée inchangée pendant toute cette période.

Lors des rares descentes de police dans les maisons de prostitution, les agents n'obligeaient pas les clients à se rendre au poste de police et cette obligation n'était faite que le lendemain à la tenancière et à ses filles, qui étaient alors punies par une légère amende par la Cour du Recorder.

Malgré la tolérance affichée à l'endroit de ces maisons closes, les prostituées n'étaient pas tenues de subir un examen médical régulièrement; on avait tenté, en 1907, d'instaurer cette pratique, mais les autorités religieuses de l'époque s'y étaient opposées!

L'enquête révéla aussi que l'on faisait une utilisation politique du pouvoir policier. Un candidat au poste de conseiller dans le quartier Saint-Jean-Baptiste, Georges Vandelac, avait été piégé après les élections municipales de 1908 par son adversaire, le conseiller W. J. Proulx, président de la Commission de police.

Celui-ci s'était probablement arrangé avec un dénommé Lefebvre qui devait de l'argent à Vandelac, pour que la remise de la somme se fasse dans une maison de prostitution, sise au 704 de la rue Sanguinet.

Le 19 octobre 1908, ce Lefebvre donna rendez-vous à Vandelac qui ignorait que cette maison était un bordel. Vandelac s'y rendit et rencontra son débiteur, mais comme il s'apprêtait à partir, des policiers firent irruption dans la maison et l'arrêtèrent sous l'inculpation de s'être trouvé dans un lieu de débauche. La police le convainquit de plaider coupable à cette accusation afin d'éviter le scandale d'un procès. Vandelac cédera à ce chantage et compromettra ses chances d'être candidat aux élections suivantes.

Dans cette affaire, le juge Cannon avait démontré que des abus pouvaient être commis par des agents de police malhonnêtes ou malhonnêtement dirigés. Cette anecdote démontrait que si le policier dépendait du conseiller pour être promu, ce dernier dépendait aussi du policier pour être élu. Le juge recommandera l'abolition de la Commission de police, contrôlée par un conseiller, et son remplacement par un nouvel organisme dont les membres seraient nommés par le gouvernement.

De même, on apprit que le chef de police Campeau, à la demande du conseiller Lapointe, faisait souvent pression auprès de la Cour du Recorder pour que des poursuites contre des tenanciers, accusés d'enfreindre les règlements relatifs à la vente de l'alcool, notamment le dimanche, soient suspendues.

Dans son rapport, le juge Cannon, plutôt que de mettre en cause l'attitude des juges de la Cour du Recorder qui n'imposaient que des peines légères dans les cas d'infractions contre les mœurs (prostitution, pari et jeu, vente d'alcool non réglementaire), comme l'avait d'ailleurs souligné le chef de police Campeau, se contenta de rappeler l'impérative application de la loi telle qu'elle était écrite.

L'enquête démontra aussi que le détective en chef faisait payer 25 $ et plus les promotions dans son service et que le conseiller Proulx avait, à de nombreuses reprises, fait entrer des individus dans la police moyennant une redevance variant de 25 $ à 50 $.

Au Service des incendies, il en allait de même, mais les contributions étaient beaucoup plus élevées, de 100 $ à 300 $. Ainsi, Joseph Laberge, un pompier qui voulait un poste de contremaître, avait dû passer par un garçon de café, Joseph Désautels, à qui il avait remis 300 $. Ce dernier remettait la somme au capitaine des pompiers et au chef du Service, et la promotion du requérant était assurée.

On peut donc en conclure qu'aucun service essentiel n'était à l'abri des prébendes et des pots-de-vin de toutes sortes.

Ce qui est étonnant dans les conclusions du rapport Cannon, c'est qu'elles laissèrent l'impression que tout le mal venait des responsables politiques, donnant ainsi l'occasion à un nouveau regroupement politique de s'emparer du pouvoir municipal aux élections suivantes. N'était-ce pas le Comité des citoyens qui avait demandé l'enquête et certains changements au fonctionnement de l'administration municipale? N'était-ce pas lui qui saurait en profiter à quelques mois des élections municipales?

On s'attaqua peu aux racines du mal. Le maire Louis Payette avait indiqué dans son témoignage devant le juge Cannon que les problèmes résultaient du système d'élection par quartier, chaque conseiller défendant les intérêts locaux, les intérêts de sa faction, au détriment du reste de la ville.

Le juge Cannon adopta la thèse du maire en recommandant l'abolition du système d'élection par quartier. Mais cela ne fut jamais mis en pratique, probablement parce qu'un tel mode aurait éloigné encore plus les citoyens de la chose municipale.

La commission d'enquête a aussi échoué dans sa tentative de mettre au jour certaines relations louches entre des conseillers et des représentants de compagnies des services publics. Olivar Asselin s'en plaignait en disant que les procureurs avaient attrapé des petits escrocs dans l'administration, lesquels avaient été jetés en pâture devant l'opinion publique, mais qu'aucun effort sérieux n'avait été fait pour découvrir le versement de milliers de dollars par des trusts à des élus municipaux. Il en blâmait le Comité des citoyens qui, par ses procureurs, n'avait pas épuisé tous les recours.

C'est durant le mandat du maire Payette que fut inaugurée la gare-hôtel Viger, au coin des rues Berri et Saint-Antoine.

(CPCA)

Les origines du maire

Né à Montréal le 25 décembre 1854, Louis Payette avait fait ses études commerciales à l'académie des Frères des écoles chrétiennes. Il s'initia à la construction domiciliaire sous la direction de son père avant de s'illustrer à son tour comme entrepreneur en construction. Son entreprise a construit la gare Viger, le Collège de Saint-Laurent, l'édifice de *La Presse* (rue Saint-Jacques) en 1900 et le château Frontenac à Québec. Il a représenté le quartier Saint-Louis de 1902 à 1908.

C.-V. M.

SOURCES

ATHERTON, William Henry, *Montreal 1535-1914*, Montréal, S. J. Clark Publishing Co., 1914, p. 186-189.

AVM, Louis Payette.

BRODEUR, Jean-Paul, *La délinquance de l'ordre*, LaSalle, HMH, 1984, p. 55-71.

GAUVIN, Michel, «The reformer and the machine: Montreal civic politics from Raymond Préfontaine to Médéric Martin», *Revue d'études canadiennes*, vol. XIII, n° 2, été 1978, p. 20-21.

La Presse, 14 décembre 1909; 18 décembre 1909.

LINTEAU, Paul-André, *Histoire de Montréal depuis la Confédération*, Montréal, Boréal, 1992, p. 258-260.

RUMILLY, Robert, *Histoire de Montréal*, Montréal, Fides, t. IV, 1972, p. 396-412.

31

Le Dr James J. Guerin à la tête d'un conseil sans pouvoir

Profitant des retombées du rapport Cannon et des résultats du référendum du 30 septembre 1909 qui donnaient un appui très majoritaire à la création d'un bureau de contrôle formé de quatre commissaires, le Comité des citoyens choisit de présenter le Dr James J. Guerin comme candidat à la mairie le 1er février 1910.

Au bureau de contrôle, le Comité des citoyens présenta le chef ouvrier Joseph Ainey, le commerçant Louis-Napoléon Dupuis, le Dr Emmanuel-Persillier Lachapelle et l'ingénieur Frederick Lamb Wanklyn, représentant idéal des puissances industrielles et financières.

Les réformistes choisiront aussi des candidats nouveaux pour remplacer les 23 des 36 conseillers sortants trouvés plus ou moins coupables de corruption. La liste reçut l'appui de vastes segments de la population: les diverses associations d'hommes d'affaires, le mouvement ouvrier et même le mouvement nationaliste sous la direction d'Henri Bourassa.

Comme il fallait s'y attendre, les candidats du Comité des citoyens remportèrent une victoire éclatante; d'abord à la mairie, alors que Guerin l'emporta par 26 847 voix contre

16 165, puis au bureau de contrôle, où ils raflèrent les quatre postes; ils remportèrent enfin 19 sièges de conseillers sur 22. C'est ainsi que commença le régime des «honnêtes gens», note Paul-André Linteau.

Les commissaires du bureau de contrôle avaient un travail considérable à accomplir pour redresser la gestion de la ville et ils s'y emploieront pendant les quatre ans de leur mandat.

Comme on le sait, les conseillers, appelés échevins avec la réforme de la charte, avaient perdu tout contrôle sur les services municipaux. Ils pouvaient certes discuter d'un problème précis à l'intérieur d'une des commissions spéciales, voire même apporter des suggestions, mais leur pouvoir ne se résumait plus qu'à accepter les propositions des commissaires à la simple majorité du conseil ou de les refuser, mais cette fois à la majorité des deux tiers.

Les commissaires du bureau de contrôle entreprendront une réforme de la fonction publique municipale qui deviendra une organisation plus bureaucratique. Des fonctionnaires furent congédiés, notamment à la voirie, un très grand nombre, surtout ceux de quartiers nouvellement annexés, virent leur salaire être réajusté à la baisse tandis qu'un certain nombre obtinrent une augmentation. Ils instituèrent des examens pour les candidats à la fonction municipale et un bureau d'examinateurs. Mais ils ne firent pas le ménage parmi les chefs de service, croyant qu'ils seraient en mesure de les surveiller de très près.

Dans le but de réduire les répercussions des pratiques de favoritisme, un processus d'appels d'offres public fut mis en place pour l'attribution des contrats municipaux. Un service des achats fut créé de même qu'un poste d'ingénieur municipal dont la fonction sera de superviser les services de voirie, d'aqueduc et d'égout.

Montréal ne s'est jamais bien préoccupée du bon entretien de ses rues, et en 1910, la ville accusait un retard considérable sur Toronto en ce qui concerne l'asphaltage des rues. Cette dernière comptait déjà 440 kilomètres de rues pavées sur un total de 490, alors qu'à Montréal seulement 75 kilomètres de rues étaient pavées sur un total de 370. Avec les annexions de 1910, s'ajoutaient de 160 à 240 kilomètres de rues non pavées. Or, l'administration réformiste n'asphaltera que 19 kilomètres de rues la première année.

Afin de remédier à ce retard, ce qui exigeait des sommes considérables, l'Association des citoyens, qui avait succédé au Comité des citoyens, proposa de créer une taxe d'améliorations locales rétroactive. Cette taxe prévoyait le paiement par les propriétaires des deux tiers des coûts du pavage adjacent à leur terrain. Le bureau des commissaires épousa cette idée qui déplut aux conseillers qui se voyaient ainsi privés de la possibilité de jouer un rôle de bienfaiteur unique dans leurs quartiers respectifs. Le Parlement provincial donna son aval à cette proposition, mais l'amenda afin que la mesure n'entre en vigueur que pour les travaux futurs. Cela indigna les propriétaires de l'est qui y virent une injustice puisqu'un plus grand nombre de rues restaient à paver dans ce secteur.

La taxe fut si impopulaire que l'administration n'envoya aucun compte de taxe pour l'asphaltage. Les commissaires se tournèrent vers un autre moyen pour financer une partie des travaux de voirie en expropriant des terrains situés près des nouvelles rues et en les revendant avec une plus-value, une fois les travaux terminés. Mais comme ces expropriations étaient annoncées à l'avance et que le prix d'achat était établi à l'amiable, il en résulta un coût astronomique pour la ville.

En ce qui concerne l'approvisionnement en eau, le bureau de contrôle décida la construction d'une usine de filtration de l'eau, l'agrandissement de l'aqueduc et de son réservoir. Les échevins forcèrent les commissaires à réduire le taux de la taxe d'eau sur la valeur locative qui passa de 5 à 4 p. 100 en expliquant que l'augmentation de l'évaluation foncière avait fait hausser les loyers et obligé les locataires à payer trop cher un service de première utilité.

Les réformistes ne semblent pas s'être souciés de mettre les services de police et d'incendie à l'abri du favoritisme ou de l'influence indue, comme les avait mis au jour l'enquête Cannon. Ils se contentèrent d'augmenter les effectifs (le nombre de policiers passa de 672 à 890 et celui des pompiers de 333 à 463 en deux ans) et de hausser les salaires des policiers et des pompiers.

L'hygiène publique

Les Montréalais avaient probablement pensé qu'en portant le Dr Lachapelle, doyen de la faculté de médecine de la succursale de l'Université Laval à Montréal, au bureau de contrôle, la situation de l'hygiène publique aurait connu une amélioration considérable. Il n'en fut rien. On augmenta le nombre d'inspecteurs dans chacun des districts, mais les lois peu contraignantes en ce domaine ne pouvaient combler les lacunes. Et le budget dans ce secteur prévoyait à peine plus de 100 000 $ pour une population d'un demi-million de personnes.

Le taux de mortalité infantile qui était de 246,9 par 1000 en 1910 fut réduit à 208,1 en 1912. Mais, comparativement à New York (105) ou Londres (91), il démontrait une absence de sensibilité au problème. D'ailleurs, seule la ville de Calcutta avait un taux plus désastreux que Montréal, soit 242 par 1000.

Pour réduire le lourd endettement de la Ville et le fardeau additionnel engendré par l'annexion de 11 villes de banlieue au printemps 1910, les commissaires pouvaient compter sur la hausse considérable de la valeur de la propriété foncière, qui passera de 319 millions en 1910 à 611 millions en 1913, et sur un essor de l'activité économique en général, qui augmentait les rentrées fiscales. Mais leur intention de hausser la taxe foncière de 1 p. 100 à 1$^1/_4$ p. 100 fut bloquée par les conseillers.

Pour ce qui est de ses rapports avec les trusts, l'administration Guerin renouvela pour dix ans, en novembre 1910, le contrat d'éclairage avec la Montreal Light, Heat and Power à un coût de 72,70 $ par lampe, ce qui constituait une augmentation de 12,70 $ par rapport à 1908. Mais la ville avait obtenu la possibilité de municipaliser le service après cinq ans.

Avec la Montreal Street Railway Co., il en alla autrement puisque celle-ci fit part de son intention de fusionner avec la Montreal Terminal Tramway, la Public Service Corporation et la Montreal Park and Island. Il semble que la ville se donna corps et âme à la compagnie, qui était critiquée de toutes parts pour son mauvais service, en acceptant un contrat de quarante-deux ans et en biffant une clause du contrat qui obligeait la ville à tenir un référendum pour tout contrat de plus de dix ans avec la compagnie des tramways.

En matière d'éclairage et de tramway, il semble que la ville ait abdiqué ses pouvoirs et qu'elle n'ait même pas usé de son influence auprès du parlement de Québec pour faire infléchir une situation préjudiciable aux intérêts des Montréalais.

Au cours de ses deux premières années au pouvoir, l'administration réformiste déçoit, surtout en matière d'équipements collectifs et de voirie, en ne répondant pas aux attentes de la population. Elle ne tient pas compte de plusieurs des revendications des mouvements réformistes et n'arrive pas à s'opposer au poids des monopoles exploitant les services publics.

De plus, l'attitude autocratique des commissaires à l'endroit des conseillers leur sera nuisible à court terme. Leur conservatisme leur vaudra de nombreuses critiques de la part des journaux et de la population. De son côté, l'Association des citoyens, mentor des réformistes, n'a pas incité les commissaires à se montrer plus entreprenants. Au contraire, elle a consacré tout son temps à vouloir renforcer les pouvoirs du bureau de contrôle en présentant à la législature un nouveau projet de redécoupage des quartiers qui seraient réduits à cinq districts, élisant cinq conseillers chacun. Mais en 1911, Québec refusait de donner suite au projet, ce qui devait permettre aux conseillers de récupérer graduellement leurs pouvoirs.

Les origines du maire

Né à Montréal le 4 juillet 1856, le Dr James J. Guerin, le 30e maire de Montréal, s'est surtout illustré comme professeur de médecine clinique à la faculté de médecine de la succursale de l'Université Laval à Montréal où il a travaillé pendant près de quarante ans.

Irlandais catholique, il a fait ses études au Collège de Montréal et, par la suite, à l'Université McGill. Il a été un temps gouverneur du Collège des médecins de la province de Québec, député provincial de Montréal-Centre (1895-1904), député fédéral de Montréal-Sainte-Anne (1900 et

En 1910, le Congrès eucharistique réunit des milliers de personnes dans les rues de Montréal lors de la procession religieuse.

(*La Presse*)

1925), ministre sans portefeuille des cabinets provinciaux dirigés par Gabriel Marchand et S. N. Parent.

Il présidera, à titre de maire, le Congrès eucharistique international tenu à Montréal en 1910. Il est décédé en 1932 alors qu'il était au chevet d'une malade.

C.-V. M.

SOURCES

AVM, James J. Guerin.

GAUVIN, Michel, *Municipal Reform Movement in Montreal, 1886-1914,* mémoire de maîtrise, Université d'Ottawa, 1972.

LINTEAU, Paul-André, *Histoire de Montréal depuis la Confédération,* Montréal, Boréal, 1992, p. 260-268.

NAGANT, Francine, *La politique municipale à Montréal, de 1910 à 1914,* mémoire de maîtrise, Université de Montréal, 1982.

RUMILLY, Robert, *Histoire de Montréal,* Montréal, Fides, t. IV, 1974, p. 422-445.

32

Louis-Arsène Lavallée: le père du Grand Montréal

Le mandat du 31e maire de Montréal est à l'image de son titulaire: terne et sans relief. C'est du moins l'avis de ses contemporains, qui ne voient rien d'exceptionnel dans la vie de cet homme ordinaire, doté d'une intelligence moyenne, dont la carrière est sans éclat. Pourtant, s'ils avaient dû attribuer la paternité du Montréal que nous connaissons de nos jours, leur choix se serait sans doute porté sur Louis-Arsène Lavallée qui, de 1912 à 1914, dirigea les destinées de la métropole.

En fait, l'essentiel de la contribution de Lavallée à la vie montréalaise a été fait alors qu'il était conseiller et échevin. Et quelle contribution! Pendant douze ans, il a poursuivi inlassablement, comme une obsession, l'agrandissement des limites de la ville. Annexionniste zélé, Lavallée a consacré sa vie publique à la cause du Grand Montréal. Il fut l'homme fort, le conseiller des annexionnistes comme Préfontaine avait été celui des entrepreneurs. Dans son cas, la mairie fut une marque de reconnaissance, une gratification pour services rendus, en quelque sorte.

Le préféré des spéculateurs fonciers

Lavallée se faisait une haute idée de son rôle de conseiller et possédait un sens plus précis encore de ses devoirs et de ses pouvoirs comme titulaire de ce poste. Ce n'est pas peu dire, dans un contexte où, avant 1910, les membres du conseil ont une réputation de combinards et une mainmise sur toutes les questions d'ordre législatif, exécutif et administratif.

Conseiller depuis 1900 du quartier Lafontaine, où il a sa résidence près du parc, Lavallée occupe d'ailleurs une position stratégique dans l'appareil municipal. À titre de président du comité d'annexion et du comité législatif, lequel élabore les demandes de la ville et les achemine vers le gouvernement provincial, il est en mesure d'influer sensiblement sur les orientations du développement local. Ce dont il ne se prive pas.

Selon lui, la ville est à l'étroit dans ses limites du XIXe siècle. Montréal, en brisant son carcan, peut et doit rattraper New York, proclame-t-il à qui veut l'entendre. Et ses convictions font boule de neige parmi ses collègues de l'hôtel de ville. Les propositions d'annexion se multiplient à l'adresse de toutes les municipalités de l'île. Les riches s'en offusquent, comme Westmount et Outremont. Mais ailleurs, on tend une oreille attentive… et intéressée. En effet, toute une kyrielle de spéculateurs fonciers et immobiliers planifient littéralement l'annexion à Montréal de leurs municipalités respectives, lotissant ici, construisant là, réclamant souvent l'instauration d'un service de transport public les liant à la grande cité, endettant toujours sans sourciller, généralement à leur propre profit, les petites municipalités qu'ils contrôlent d'une façon ou d'une autre, escomptant faire porter le fardeau de cet endettement par les contribuables montréalais. On imagine facilement la popularité d'un Louis-Arsène Lavallée et de ses visions grandioses chez ces apôtres invétérés de l'urbanisation.

À bon rythme, le travail du comité des annexions porte fruit. Des paroisses ou parties de paroisses de la zone nord de l'île entrent dans le giron montréalais, en 1907 et 1908 notamment. En 1909, c'est au tour du village tout proche de DeLorimier de succomber, comme Saint-Henri et Sainte-Cunégonde l'avaient fait en 1905.

Mais en 1910, c'est véritablement le coup de maître: d'une traite, Montréal absorbe une dizaine de municipalités! Les villes de Saint-Louis, Côte-des-Neiges, Notre-Dame-de-Grâce, Côte-Saint-Paul, Émard, Bordeaux, Longue-Pointe, le village d'Ahuntsic, celui de Beaurivage, de la Longue-Pointe, de Tétreauville, de Rosemont deviennent du jour au lendemain quartiers montréalais.

Le Grand Montréal, un rêve qui semblait inaccessible en 1900 est maintenant un grand projet, un bel idéal, un rêve splendide en voie d'accomplissement. Lavallée en est l'artisan principal, le maître-d'œuvre, mais pas l'unique partisan. Pour l'heure (en 1911), on est tout disposé à lui en accorder le crédit. Le conseil municipal en délire salue emphatiquement ses succès annexionnistes, en attendant de le porter à la mairie l'année suivante.

L.-A. Lavallée n'est pas de l'équipe des réformistes, mais il leur semble moins suspect que bien d'autres. Il y a à cela de bonnes raisons. Lié très étroitement par affaires ou par amitié aux libéraux provinciaux, il est bien vu à Québec, là où les réformistes ont aussi leurs entrées. Cet avocat et homme d'affaires a également participé à la fondation de la compagnie d'assurance-vie L'Alliance nationale, aux côtés d'Hormidas Laporte, ex-maire montréalais et tête d'affiche réformiste. Laporte en assuma la présidence en 1892, tandis que Lavallée remplit cette fonction de 1908 à 1916. Nul doute que ces deux-là se connaissent bien et que leur association commune facilite «l'adoption» de Lavallée par le milieu réformiste municipal. Du reste, au moment de porter Lavallée à la mairie, les tenants d'une saine administration n'ont pas grand-chose à redouter.

Depuis l'enquête Cannon de 1909, les réformistes, surtout des financiers, détiennent la majeure partie des pouvoirs exécutifs rassemblés entre les mains des commissaires du bureau de contrôle. Lavallée, élu grâce à leur soutien, ne met pas le régime en question. S'il y a menace, c'est bien plutôt chez un certain échevin du nom de Médéric Martin qu'on la trouve. Lavallée, quant à lui, est essentiellement un maire de transition entre le règne serein des réformistes au bureau de contrôle et le retour, pour longtemps, des populistes franco-phones à la mairie.

Le port

Avec Lavallée, le père du Grand Montréal, comme premier magistrat, la métropole canadienne surclassera-t-elle New York, comme il le prétend? L'ambition semble plus démesurée que jamais. La ville est en effervescence. Une population de 500 000 habitants s'y active; 10 p. 100 d'entre eux sont déjà abonnés aux services téléphoniques (deux fois plus qu'en 1909), signe que le progrès, comme on dit alors, se répand. Le port, surtout, concourt à entretenir l'illusion d'un destin exceptionnel.

Depuis la résolution, en 1902, du différend opposant le Montreal Board of Trade et le ministre fédéral des Travaux publics, Israël Tarte, la quasi-paralysie des installations portuaires à laquelle on s'était presque habitué fait place à une incroyable fébrilité. Le départ de Tarte laisse les coudées franches au Board of Trade. La Commission du havre est réorganisée selon ses recommandations en 1906. Trois com-missaires, dont un recommandé par lui, tous nommés par le gouvernement avec mandats de durée variable, administrent la croissance du port. C'est le signal d'un développement accéléré, frénétique même. Le port de Montréal entre dans sa «moder-nité» au pas de course, pourrait-on dire.

Depuis 1899, on a réglé le problème des inondations printanières. On a haussé les vieux quais Jacques-Cartier, Alexandra et King-Edward au tournant du siècle et construit le quai Tarte, dans l'est, au pied du boulevard Pie-IX, en 1902. Mais ce n'est rien comparativement à ce qui suivra. Les hangars temporaires en bois qu'il faut monter au printemps, démonter à l'automne, sont remplacés par 21 hangars permanents entre 1904 et 1914.

On inaugure deux quais additionnels, le Victoria en 1910 et, en 1913, celui qui dessert les installations de la

Canada Cement Co. dans l'extrême est de l'île. La limite du port de ce côté a préalablement été repoussée de Longue-Pointe à Pointe-aux-Trembles. Les voies ferrées desservant les installations portuaires s'étendent sur 64 kilomètres; le nombre d'employés atteint 2393 en 1912, un maximum. Seulement pour satisfaire à l'exportation des céréales de l'Ouest canadien, par exemple 30 millions de boisseaux de blé en 1912, 61 millions en 1914 (autre record), la capacité des élévateurs à grains existants est portée à 5 millions de boisseaux entre 1910 et 1913. Un troisième est construit en hâte l'année suivante, mais parvient à peine à suffire à la demande.

Il va sans dire que ce rendement phénomènal rejaillit sur la Commission du port, devenue objet de l'admiration des hommes d'affaires et des réformistes municipaux qui souhaiteraient en accomplir autant avec le bureau des commissaires. La Commission du port n'aurait apparemment qu'un tort, celui d'être l'apanage exclusif des *Montrealers*, des anglophones. Le bureau des commissaires ne comporte pas cette légère imperfection, mais est perçu comme la chose des milieux aisés. Serait-ce l'une des sources de l'engouement des citoyens pour les maires à la fois populistes et franco-phones?

Quoi qu'il en soit, Louis-Arsène Lavallée sort de la vie publique en 1914 pour n'y refaire qu'une brève apparition en 1926. Mais on devrait entendre parler de lui en une autre occasion. Suite logique, ou du moins conforme, au tempé-rament qu'on lui reconnaît, il sera associé au scandale du parc Maisonneuve et à l'annexion de cette ville en 1918! Mai-sonneuve n'a pu résister à l'encerclement de 1910, comme Westmount et Outremont. Lavallée lui-même y est pour quelque chose, car l'endettement fatal de Maisonneuve découle principalement de l'achat à prix d'or des terrains du parc du même nom, décidé par des propriétaires fonciers et à leur profit, par l'intermédiaire du conseil de ville. Parmi eux, on compte un sénateur, un conseiller législatif, trois députés de l'Assemblée législative, le beau-frère du premier ministre Gouin, son ami intime (Oscar Dufresne) et Louis-Arsène Lavallée... L'ex-maire annexionniste avait la réputation de s'accrocher à ses objectifs jusqu'à ce qu'ils soient pleinement atteints. Légaliste, insistant et calculateur, *self-made-man* en toutes choses, il en donne ici un exemple patent.

L. D.

SOURCES

AVM, B45-D.026.31.
Biographies canadiennes-françaises, 1927, p. 267.
Le Petit Journal, 22 novembre 1936.
LINTEAU, Paul-André, *Histoire de Montréal depuis la Confédération*, Montréal, Boréal, 1992, p. 145-148.
LINTEAU, Paul-André, «Le développement du port de Montréal au début du XXe siècle», *SHC, Communications historiques*, Ottawa, 1972, p. 181-205.
RUMILLY, Robert, *Histoire de Montréal*, Montréal, Fides, t. III, 1972, p. 391-481.
The Gazette, 19 novembre 1936.
The Herald, 12 avril 1908.

La Presse

33

Médéric Martin (1): un nouveau «boss» politique à la mairie

Natif du quartier surpeuplé de Sainte-Marie, Médéric Martin grandira à une époque d'industrialisation sauvage, au cours de laquelle les conditions d'hygiène sont des plus primaires et les épidémies font des ravages incessants, tant parmi les enfants que parmi les personnes malades.

Ayant débuté comme apprenti-cigarier, Médéric Martin, qui hait sa condition sociale, décide qu'il s'en sortira. Joli garçon, il enjôlera bientôt la fille du patron, Clarinda Larochelle, qu'il épousera en 1893. Suivant les conseils de son beau-père, il se lance à son tour dans la fabrication d'un cigare bon marché, le «Martin», qu'il colporte dans les rues animées de Sainte-Marie. Il en vient peu à peu à connaître tout le monde. Beau parleur et serviable, il se construit rapidement une très bonne réputation auprès des ouvriers. Vers la fin du XIXᵉ siècle, il fréquente les clubs libéraux du quartier et décide qu'il sera un libéral-ouvrier.

Remarqué par les organisateurs d'élections, il est, en 1904, poussé à se présenter comme conseiller, poste qu'il remportera facilement en réclamant de meilleures conditions salariales et une diminution des heures de travail pour les fonctionnaires municipaux.

En 1906, il sera sollicité par le Parti libéral du Canada pour se présenter dans le comté fédéral de Sainte-Marie afin de faire opposition au candidat du Parti ouvrier, Joseph Ainey, qui jouit d'une grande popularité. Fortement appuyé par l'archevêché, qui craint le socialisme comme la peste, et par la caisse du Parti libéral de Laurier, il l'emportera le 21 novembre 1906 par 1272 voix de majorité.

Après Préfontaine, un nouveau «boss» populiste allait naître dont l'ascension s'appuierait sur les classes sociales longtemps exclues du système politique. Une fois bien installé à l'hôtel de ville, soit à compter de 1914, il en fera le bastion des classes moyennes, notamment en promettant l'adjudication des contrats de travaux publics aux petits entrepreneurs. Mais il parviendra aussi à se gagner la faveur de toutes les couches populaires, qui viennent de faire leur entrée sur la scène politique (grâce à l'abolition de la qualification foncière exigée du maire et des échevins) et qui restent en marge du mouvement ouvrier politique organisé, en émaillant ses campagnes de promesses, comme l'accès à son bureau de maire.

Mais, selon la sociologue Annick Germain, ce populisme, en dehors des campagnes électorales, n'a pas entraîné de mobilisation populaire importante, sauf pour lutter contre la conscription. Contrairement au modèle latino-américain, l'intégration des masses populaires semble l'emporter sur la négociation de nouveaux rapports avec la classe dominante. Les autorités municipales sont d'ailleurs tout à fait dépourvues de moyens et de ressources pour affronter les problèmes de chômage et de pauvreté qui s'accentueront entre 1914 et 1921. Mais le clivage ethnique servira les fins des maires populistes puisque la classe dominante est assimilée aux anglophones.

Le retour du cigarier

L'enquête Cannon en 1909 avait discrédité le cigarier Médéric Martin qui avait été accusé, avec sept autres conseillers, de malversations des fonds publics. Ils étaient tous passibles d'une amende qui servirait à payer une partie du coût de l'enquête.

En 1910, Médéric Martin se retira de la scène municipale, question de se refaire une virginité politique. En 1912, voyant que les réformistes au pouvoir commençaient à être critiqués, il en profita pour faire un retour à titre d'échevin, représentant le district de Papineau.

Aussitôt élu, il s'empressa de demander l'abolition pure et simple du bureau des commissaires. Mais l'opinion publique n'était pas disposée à revenir à l'ancien système de gouvernement où les comités dirigés par les échevins avaient plein pouvoir. La très grande majorité des quotidiens s'empressèrent de prendre position en faveur du maintien d'un exécutif municipal réduit. En fait, pendant ce mandat de 1912 à 1914, Martin utilisera la tactique de l'obstruction aux rapports des commissaires et exigera des enquêtes à propos de tout et de rien.

En 1914, il décide d'en finir avec la coutume de l'alternance entre un maire francophone et un maire anglophone en se présentant à la mairie contre George Washington Stephens III, le candidat réformiste, considéré par certains comme un administrateur des plus fiables.

En fait, Médéric Martin avait agi depuis 1912 comme s'il était en perpétuelle campagne électorale. Tout en se disant l'ami des ouvriers et en soulignant qu'il était membre du syndicat United Cigarworkers, il avait voulu multiplier les gestes populaires: défense de ses compatriotes de l'Est contre les administrateurs réformistes distants; appels à la population des quartiers de l'est et du nord de la ville pour rétablir le pouvoir francophone. Il proclama notamment le droit des francophones d'élire un maire de leur groupe à chaque élection, et non plus céder la politesse aux anglophones.

Son programme comprenait: l'autonomie de Montréal, une consultation de la population pour tout nouveau privilège consenti à la compagnie des tramways, un référendum sur le bureau des commissaires, la suspension des expropriations extravagantes, des améliorations à l'aqueduc, l'abolition de la taxe d'améliorations locales, l'établissement d'une administration à cinq commissions se partageant les services municipaux, et sa fameuse promesse de donner du travail aux chômeurs montréalais alors que le Canada traversait une crise économique.

Médéric Martin l'emportera sur Stephens par 40 733 voix contre 35 169. Au bureau des commissaires, Joseph Ainey est réélu et Duncan McDonald, président de la South Shore Land and Improvement Co., est élu sous l'étiquette réformiste. Mais deux nouvelles figures populistes sont élues: Napoléon Hébert, ancien conseiller de Notre-Dame-de-Grâce engagé dans le commerce immobilier, et Thomas Côté, ancien rédacteur à *La Presse*. Cette nouvelle division des commissaires au bureau de contrôle permettra au maire de faire alliance avec les deux commissaires populistes dans le cas d'égalité des voix. Il ne s'en privera d'ailleurs pas.

C'est dans la magnifique résidence d'été du maire Martin à Laval-des-Rapides qu'on célébra le 27 septembre 1914 son accession à la mairie.

(La Presse)

Pour ce qui est des échevins, le camp réformiste ne présentait plus que 9 candidats sur 31, dont 4 anglophones, aux élections de 1914, ce qui laissait une large place aux échevins populistes et au retour à la politique de quartiers. Henri Bourassa y verra un ressac contre l'élément anglophone à cause du retentissement qu'avait eu au Québec le Règlement n° 17 qui retirait aux francophones de l'Ontario le droit à l'instruction gratuite dans leur langue.

De par sa position, le maire de l'époque devait surtout accomplir des tâches de représentation. Dans ce rôle, rien n'était trop beau et trop grand pour lui. Ayant appris que le lord-maire de Londres ne se promenait jamais — du moins officiellement — que dans un somptueux landau attelé de deux chevaux richement caparaçonnés, il fit venir un carrosse de New York et partit ensuite faire l'acquisition d'une superbe paire de bêtes d'attelage à Woodstock, en Ontario.

Ce landau devait servir le 2 août 1914 à l'occasion d'une fête organisée en son honneur par la Fédération des Clubs ouvriers municipaux au terrain du National à Maisonneuve. Devant 5000 ouvriers rassemblés sur le site, le landau, transportant le maire et son épouse, fit une apparition remarquée. Le président de la Fédération, J. A. Guérin, se dirigea alors à sa rencontre, précédé de tambours et de clairons, et de deux jeunes filles vêtues de blanc et portant deux gerbes de roses à l'intention des invités. Puis, après la lecture d'une adresse, un des représentants ouvriers offrit au maire une riche coupe en argent et une paire de gants de boxe, sans doute pour lui rappeler qu'il devrait se battre pour eux. Par la suite, on entonna un chant composé pour la circonstance, *La Martinaise*, qu'exécutera une chorale de 60 voix.

Le lendemain, le Canada déclarait la guerre à l'Allemagne et le maire annoncera quelques jours plus tard que, la ville n'ayant plus que 2,86 $ en caisse, elle ne pouvait souscrire un sou pour les familles de volontaires qui s'enrôlaient. Il préviendra même qu'il pourrait être dans l'obligation de mettre à pied des milliers d'employés municipaux.

Mais l'esprit est encore à la fête. Un mois plus tard, un comité de fonctionnaires et d'entrepreneurs est mis sur pied pour organiser une nouvelle célébration en l'honneur du maire, cette fois à sa résidence d'été de Laval-des-Rapides, le 27 septembre 1914. Près de 2000 personnes et presque tous les échevins se rendront au domaine où l'on avait érigé des tentes et prévu des orchestres. À cette occasion, on remettra au maire Martin une somme de 10 000 $, ce qui provoquera une controverse parce qu'un entrepreneur en difficulté avec la ville avait souscrit une somme de 1000 $, un sabre et une canne à pommeau d'or!

La petite histoire raconte que le poids collectif du très grand nombre d'échevins présents avait fait s'écrouler l'estrade de fortune montée pour l'occasion et que le conseiller Denis de Sainte-Marie avait dû lire l'adresse au maire dans une position penchée.

Mais qui dit popularité ne veut pas dire probité. Le premier mandat du maire Martin est parsemé d'incidents. Le 10 juillet 1914, un ingénieur de la ville est arrêté et est accusé d'avoir obtenu un pot-de-vin de 75 000 $ d'un entrepreneur en égout. On apprenait quelques jours plus tard que des documents relatifs à cette affaire avaient été volés à l'hôtel de ville. L'année suivante, le maire fut condamné à 1000 $ d'amende pour mépris de cour pour avoir demandé un vote au conseil qui défiait une injonction. Mais une affaire plus grave éclatera, impliquant le commissaire Napoléon Hébert. Une enquête présidée par le juge Panneton révéla que l'expropriation de terrains pour l'élargissement de la rue Drolet avait coûté la somme astronomique de 184 368 $ à la ville et que le commissaire Hébert avait reçu des ristournes d'un courtier en immeubles ainsi que de la compagnie de tramways de Montréal. Il dut démissionner et fut remplacé par Napoléon Giroux, celui-là même qui avait été condamné en 1909 par la commission d'enquête Cannon pour avoir instauré un vaste régime de favoritisme au comité de la voirie.

C'en était trop. Le chef de l'opposition au parlement de Québec, Philémon Cousineau, les milieux financiers et Léonide Perron, président du Club de réforme, intervinrent auprès du premier ministre Gouin afin de réduire le nombre de quartiers et celui des échevins de 31 à 20. On pensait qu'ainsi, on pourrait mieux surveiller les activités des autorités municipales. Le projet fut adopté malgré l'opposition du maire Martin qui estimait que la mesure touchait davantage les quartiers francophones.

Mais le 3 avril 1916, il serait réélu; il dénonçait alors les politiciens anglophones de Montréal et s'en prenait au gouvernement fédéral de Borden qui menaçait d'imposer la conscription.

C.-V. M.

SOURCES

AVM, Médéric Martin.

GAUVIN, Michel, «The reformer and the machine: Montreal civic politics from Raymond Préfontaine to Médéric Martin», *Revue d'études canadiennes*, vol. XIII, n° 2, été 1978, p. 22.

GERMAIN, Annick, *Les mouvements de réforme urbaine à Montréal au tournant du siècle*, Les cahiers du CIDAR, Université de Montréal, 1985, p. 325-336.

La Patrie, 9 janvier 1955.

Le Devoir, 6 août 1979.

LINTEAU, Paul-André, *Histoire de Montréal depuis la Confédération*, Montréal, Boréal, 1992, p. 404-411.

RUMILLY, Robert, *Histoire de Montréal*, Montréal, Fides, t. IV, 1974, p. 453-482.

The Gazette, 13 juillet 1946.

34

Charles Duquette: entre l'enquête Coderre et la lutte pour obtenir plus de pouvoir

Ville de Montréal

Aux élections municipales du 17 avril 1924, une large coalition de citoyens montréalais voulait se débarrasser du «dictateur-démagogue» personnifié par Médéric Martin. Le député conservateur Esioff Patenaude, qui l'avait emporté sur Martin lors d'une assemblée contradictoire au cours de la campagne électorale provinciale de 1923, suggéra le nom de Charles Duquette, ex-président de la Société Saint-Jean-Baptiste et administrateur de la mutuelle L'Alliance nationale.

Cette candidature rallia instantanément tous les adversaires de Martin, soit les conservateurs, les anglophones, l'archevêché et *Le Devoir*. Voyant la menace, Médéric se lança à corps perdu dans la mêlée, mais perdit son sang-froid. Hué dans une salle de Maisonneuve, il sauta en bas de l'estrade et frappa un chahuteur. Cet incident se retournera contre lui et, le jour du vote, son adversaire l'emporta par 43 221 voix contre 40 125.

Duquette s'apercevra très tôt qu'il n'avait aucun pouvoir réel à l'hôtel de ville, le pouvoir demeurant aux mains des membres du comité exécutif et de son président J.-Adélard Brodeur. À la fin de l'année, il demandera au parlement de

Québec des pouvoirs additionnels, comme le droit d'agir à titre de membre du comité exécutif et le droit d'exercer une surveillance et de faire enquête sur tous les services et sur tous les officiers de la ville. Mais la législature, dominée par les libéraux, ne retint pas ses suggestions.

L'enquête Coderre

C'est l'un des plus gros vols commis en Amérique du Nord à cette époque qui fut à l'origine de l'enquête Coderre, chargée d'examiner la conduite des officiers du Service de police de Montréal.

Le 1er avril 1924, un attentat, rue Ontario, contre un camion blindé qui rapporta 142 000 $ à ses auteurs fit deux morts, le chauffeur du camion blindé et un comparse de la bande des voleurs. Quelques jours après cet attentat, deux hommes, Nieri et Serafini, et leur compagne furent appréhendés par la police dans un appartement de la rue de Coursol. Lors de leur procès, des témoignages révélèrent qu'après s'être partagé l'argent du vol, les complices avaient mis 13 000 $ dans un sac qui fut déposé à l'appartement de la rue de Coursol.

Or cet argent était disparu mystérieusement lors des perquisitions de police, et Nieri affirmera au procès qu'il était destiné à acheter la protection de la police et des hommes de loi.

Le 21 avril, on arrêta huit autres personnes soupçonnées d'avoir participé à l'attentat dont un ancien membre de la police de Montréal, Louis Morel, qui était en fait le véritable organisateur du vol. Ce dernier déclara même que plusieurs policiers avaient participé directement à l'attentat de la rue Ontario. Ces révélations ahurissantes justifiaient amplement la tenue d'une enquête sur le Service de police.

Le président du comité exécutif de la ville, J.-Adélard Brodeur, tenta de constituer une commission spéciale d'échevins qu'il aurait présidée et qui aurait mené l'enquête. C'était une façon de noyer le poisson, mais son plan fut contrecarré par le conseiller Magloire Dubreuil qui, avec l'appui de 150 citoyens, déposa une requête devant le juge Louis Coderre pour la tenue d'une enquête royale. Cette requête accusait le comité exécutif d'avoir tout fait pour empêcher la réalisation d'une enquête impartiale et de tolérer l'existence d'un système de protection à l'endroit des maisons de débauche.

Le juge Coderre non seulement approuva l'ouverture d'une enquête, mais il en assuma lui-même la direction. Elle se déroula du 6 octobre 1924 au 13 mars 1925.

Au cours de l'enquête, le chef de police, Pierre Bélanger, menaça de démissionner, mais il faudra attendre 1928 avant qu'il ne passe véritablement aux actes, à la suite d'un nouveau scandale.

L'autre événement de l'enquête fut la comparution du Recorder Amédée Geoffrion, à la fin du mois de décembre 1924. Celui-ci confessa qu'il était responsable de l'existence du «Red Light District» en n'imposant que de légères amendes aux tenanciers de bordels et aux prostituées. Il prétendit que l'élimination des bordels entraînerait une propagation incontrôlable du mal vénérien dans toute la ville. Bref, il considérait certains relâchements comme inévitables dans une grande ville et préconisait non pas la tolérance actuelle mais la réglementation, plutôt qu'une vaine tentative de répression.

Comme il avait dit que la prostitution n'était pas inconciliable avec la morale chrétienne, plusieurs théologiens vinrent contester cette interprétation et un médecin, le docteur Desloges, viendra affirmer que la visite médicale obligatoire des prostituées était illusoire et qu'elle inspirait une fausse confiance, susceptible de favoriser la propagation des maladies vénériennes plus que l'absence de toute surveillance médicale!

Le rapport Coderre publié le 15 mars 1925 concluait que le Service de police formait une organisation qui s'était enlisée dans des routines sclérosantes et que les cadres n'exerçaient que peu de contrôle sur leurs subordonnés.

Les causes internes de l'inefficacité de la force constabulaire étaient, selon le juge, la formation déficiente des agents, les lacunes d'encadrement, le manque de coordination et l'inconduite.

Par exemple, des policiers avaient conçu un système de «double rabattage». Un voleur vendait le produit de son délit à un receleur chez qui la victime du vol était ensuite amenée. Elle devait alors, conseillée en ce sens par les policiers, racheter du receleur les objets qu'on lui avait volés. Le receleur et les policiers se partageaient ensuite les bénéfices de l'opération. Il s'agissait en fait d'un vaste système de recel mis sur pied par les policiers Christopher McCann et Philippe Bélanger. Mais ils ne seront pas inquiétés par les révélations du juge Coderre.

Quant aux causes externes, le juge les attribua au fait que la police n'avait pas de chef autonome, le chef Pierre Bélanger n'étant en fait qu'un surintendant et l'homme lige du comité exécutif. Il ressortait de l'enquête que ce dernier s'était octroyé le pouvoir de recrutement et de promotion dans la police. Il en abusait tellement qu'il recrutait parfois d'anciens repris de justice, libérés sous condition. Il s'en prendra également au syndicalisme policier auquel il attribuera l'inefficacité de la police.

L'échevin Léon Trépanier était venu indiquer au juge Coderre que la police et le pouvoir politique étaient liés par une relation d'interdépendance, l'action des policiers étant en effet déterminante le jour du scrutin municipal. On voyait alors les agents séquestrer les officiers d'un candidat dont on désirait la défaite, passer de faux bulletins de vote et même empêcher les électeurs d'aller aux urnes.

Pourtant, toutes ces révélations n'empêcheront pas la réélection de J.-Adélard Brodeur au conseil en 1926, avec une majorité réduite, toutefois. Selon le criminologue Jean-Paul Brodeur, l'aide qu'apporta la police à sa réélection dut être considérable, car de son maintien au comité exécutif dépendait l'inapplication des sanctions recommandées par le juge Coderre contre plusieurs officiers de police. Ce ne sera qu'en 1928, un an après le décès du président du comité exécutif, que l'on nettoiera le corps policier.

Le juge Coderre avait recommandé la nomination d'un chef de police indépendant et responsable, et l'établissement d'une procédure qui assurerait que le chef ne puisse être renvoyé selon le bon plaisir du comité exécutif. Aucune suite ne sera donnée à cette recommandation.

Le rapport d'enquête recommandait aussi de dresser le «casier judiciaire des édifices», de sorte que les propriétaires des maisons de débauche soient connus. Le juge voulait que la prostitution soit réprimée tout en s'opposant au contrôle médical officiel de la prostitution. Il suggérait d'accroître la sévérité des sanctions contre les rabatteurs des maisons de prostitution, mais sans blâmer le Recorder Geoffrion qui était très libéral dans ses amendes et qui aurait voulu une réglementation officielle des bordels. Comme l'action de la police était sapée à la base par les amendes insignifiantes de la cour municipale, le fléau devait perdurer encore pendant des dizaines d'années et rendre le «Red Light District» toujours plus florissant.

Le maire Duquette inaugura en 1924 le nouvel Hôtel de ville qui prévoyait une nouvelle salle du conseil et une galerie pour les visiteurs.

(*La Presse*)

Si les recommandations du juge Coderre ne furent pas retenues, c'est que les détenteurs du pouvoir à l'hôtel de ville, le comité exécutif, y voyaient une machination visant à les expulser du conseil. Leur méfiance n'était pas dépourvue de fondement, puisque le juge Louis Coderre avait été candidat aux élections municipales de 1910 et qu'il avait été défait. De plus, il avait anticipé sur son jugement en contraignant la ville à lui fournir un dépôt couvrant une partie des frais. Un fait est aussi à noter: les promoteurs de l'enquête avaient présenté une requête au gouvernement provincial pour que la date des élections municipales soit devancée d'un an (avril 1925 au lieu d'avril 1926), tout de suite après le dépôt du rapport, ce qui aurait jeté un blâme sérieux sur l'administration municipale, de la même façon que le rapport Cannon à la fin de 1909 avait entraîné la chute du régime municipal de Louis Payette.

Les origines du maire

Charles Duquette est né à Montréal le 25 juillet 1869. Après des études commerciales au Collège Saint-Henri, il entre comme commis dans un commerce de la chaussure, poste qu'il abandonne en 1894 pour devenir employé de la mutuelle L'Alliance nationale. Après en avoir été directeur, puis inspecteur en chef et vice-président, il se hisse à la présidence en 1922. Deux ans plus tard, il se présente à la mairie et est élu. C'est sous son mandat, en février 1926, que fut inauguré en grande pompe le nouvel hôtel de ville qui avait été anéanti par les flammes en 1923. Il mourut à Montréal le 30 décembre 1937 à l'âge de soixante-huit ans.

C.-V. M.

SOURCES

AVM, Charles Duquette.

Biographies canadiennes-françaises.

BRODEUR, Jean-Paul, *La délinquance de l'ordre*, LaSalle, HMH, 1984, p. 75-116.

La Presse, 1er avril 1924.

Le Canada, 31 décembre 1937.

RUMILLY, Robert, *Histoire de Montréal*, Montréal, Fides, t. IV, 1974, p. 61-91.

The Gazette, 31 décembre 1937.

35

Médéric Martin (2) et la ville placés sous tutelle

La Presse

Malgré la popularité personnelle de Médéric Martin — il avait été réélu en 1916 — son administration faisait l'objet de critiques acerbes; on assistait à un glissement du pouvoir des commissaires du bureau de contrôle vers les conseillers. La priorité de ceux-ci était de poursuivre un coûteux programme de travaux publics, mais sans pour autant augmenter les taxes. Il en résulta une augmentation du déficit de la ville et de la dette à long terme.

À la fin de 1916, Montréal annexait Sault-au-Récollet et Cartierville, qui comprenait le quartier Ahuntsic-Bordeaux. Leurs dettes — Cartierville devait 653 000 $ et Sault-au-Récollet, 1 803 000 $ — s'additionnaient ainsi à celle déjà élevée des Montréalais.

La situation financière de Montréal à la fin de 1917 ne sera guère reluisante, la ville ayant accumulé un déficit de 2 millions en 1916 et un autre de 1,7 million l'année suivante. Mais la ville de Maisonneuve, qui s'est lourdement endettée, n'a plus un sou pour rencontrer un versement d'intérêts se chiffrant à 407 000 $ le 1er novembre 1917.

Banquiers, spéculateurs et hommes politiques concoctent alors en secret une solution finale que le premier ministre Lomer Gouin annonce: il oblige Montréal à annexer Maisonneuve, qui a une dette de 19 millions, et met Montréal en tutelle en lui imposant une commission administrative, composée de trois fonctionnaires municipaux et de deux autres membres nommés par le gouvernement. Bref, le maire et les échevins, dont le nombre est réduit de 31 à 21, se voient enlever leur autorité et en sont réduits à jouer un rôle honorifique.

La commission administrative gérera la ville de Montréal de 1918 à 1921. Ses membres nommés décidèrent de s'attaquer aux problèmes financiers de la ville en augmentant le taux de la taxe foncière et celle de l'eau, et en créant une nouvelle taxe de vente. Ils imposèrent à l'administration une politique d'austérité et entreprirent une réforme en profondeur à l'hôtel de ville en congédiant de nombreux fonctionnaires, en réorganisant les services municipaux et en procédant à une nouvelle classification du personnel. Ils créèrent aussi une commission municipale du service civil.

Mais la commission administrative eut le malheur de geler les salaires des employés dans une période de haute inflation. Il en résulta toute une série de grèves, à compter de l'automne 1918, dans les services de l'aqueduc, de la police et des incendies. Médéric Martin, qui ne détenait plus aucun pouvoir, put se permettre de jouer au conciliateur. Il s'érigea contre le saccage des magasins par les grévistes, mais il approuva leurs revendications, ce qui embarrassa la commission qui dut se résoudre à l'arbitrage. Lui qui n'avait jamais digéré l'annexion imposée de Maisonneuve, car il soupçonnait Lomer Gouin d'avoir voulu protéger ses intérêts fonciers personnels, ne se taira qu'au moment où le premier ministre le nommera au Conseil législatif à la fin de cette année-là.

La nouvelle commission administrative est vite honnie de tous. On lui reproche tout ou presque, notamment son refus d'utiliser le fond de 25 millions mis par le gouvernement fédéral à la disposition des municipalités pour la construction domiciliaire. Son mandat de quatre ans sera écourté, et c'est le successeur de Lomer Gouin, le premier ministre Alexandre Taschereau, qui trouvera une solution au problème.

Une nouvelle charte

Un référendum tenu en 1921 approuve la nouvelle charte qui prévoit l'élection de 35 échevins dans autant de quartiers. Dès la première séance du conseil, ils doivent former un comité exécutif en choisissant parmi eux cinq membres. Ce comité exécutif aura la haute main sur l'administration, le budget, les contrats ainsi que sur la nomination et le salaire des fonctionnaires. Le conseil perd à peu près toute initiative et ne peut se prononcer que sur les propositions soumises par le comité exécutif. Quant au maire, il n'a plus qu'un rôle de représentation et ne détient pas de pouvoir direct sur l'administration municipale.

Mais, comme les membres du comité exécutif sont choisis par leurs pairs, ils doivent en retour récompenser ceux qui les ont portés à ce poste en les faisant profiter de la manne municipale, de sorte que la corruption et les manœuvres politiques subsisteront. Un nouveau sobriquet sera inventé pour surnommer ces nouveaux puissants à l'hôtel de ville: «la clique».

Le premier ministre du Québec, Alexandre Taschereau, et son prédécesseur, Lomer Gouin, auraient bien voulu se débarrasser de l'encombrant Martin, mais sa popularité est telle qu'il sera réélu le 18 octobre 1921, l'emportant sur Luc Rochefort, un inconnu.

L'avocat J.-A. Brodeur devient le premier président du comité exécutif de la ville de Montréal. Il sera assisté de quatre autres conseillers: Alphonse-Avila Desroches, Napoléon Turcot, Joseph-Hercule Bédard et Thomas O'Connell, tous élus par le conseil.

Un projet menaçant pour le port

Le port de Montréal avait connu une année exceptionnelle en 1921 puisque le mouvement des marchandises avait totalisé 6 millions de tonnes. Mais sa prospérité est menacée par un projet venu des États-Unis: la canalisation du Saint-Laurent en amont de Montréal jusqu'aux ports américains des Grands Lacs.

Montréal y risque son rôle de tête de ligne: la canalisation produira pour Montréal ce que le creusage du chenal avait produit pour Québec, en permettant aux océaniques d'aller plus loin sans s'arrêter. Montréal proteste et Québec se range aux côtés de sa rivale.

Mais les Américains, appuyés par l'Ontario, n'en resteront pas là. Le projet refera surface en 1927 par l'intermédiaire de la Commission des eaux limitrophes. L'ingénieur du port, Paul Leclaire, estimera que la canalisation du Saint-Laurent ruinera la prospérité de Montréal en supprimant l'obligation d'un arrêt, d'un transbordement, à l'endroit fixé par la nature, les rapides de Lachine. Dans l'ensemble, les Montréalais, tant francophones qu'anglophones, appuient cette thèse. Les seules exceptions notables sont celles de William Laurier McDougald, président de la Commission du port, et Beaudry Leman, directeur général de la Banque canadienne nationale.

McDougald s'intéresse surtout aux projets hydroélectriques que la canalisation mettrait inévitablement en branle, tandis que Leman se dit d'avis que les océaniques ne pourront remonter le chenal. Mais ces arguments laissent sceptiques les Montréalais, de sorte que le premier ministre Taschereau s'y opposera. Il faudra attendre la fin des années 1950 avant que le projet ne devienne réalité, ce qui provoquera le déclin de Montréal.

L'incendie de l'hôtel de ville

Dans la nuit du 3 au 4 mars 1922, un incendie détruit l'hôtel de ville. Alerté dès le début par les policiers, Médéric Martin accourt sur les lieux et tente de pénétrer dans l'édifice afin de sauver le fameux collier d'office du maire et des papiers personnels. Mais les flammes le repoussent.

Toutefois, le constable Lafleur décide de tenter le coup. Se frayant un chemin à travers la fumée, il revient, à moitié brûlé et écorché, ramenant le symbole de l'autorité municipale et une poignée de documents appartenant au maire. À huit heures, il ne reste plus que les murs de pierre.

Le lendemain, il faut penser à reconstruire, mais la ville n'a plus d'argent. Il lui faut quêter à Québec. Devant la réticence du gouvernement à accorder une subvention, Martin demande le droit d'emprunter 3 millions de dollars. Il n'obtiendra que 1,5 million, remboursable par une surtaxe foncière. On construira le nouvel immeuble en utilisant les mêmes murs de pierre, mais on y ajoutera un étage. Lors de son inauguration en février 1926, Médéric Martin ne sera plus le premier magistrat de la ville.

Aux élections provinciales du 5 février 1923, les conservateurs avaient raflé toutes les circonscriptions de Montréal, sauf deux. Ce succès devait les inciter à se débarrasser du libéral Martin en 1924, qui avait eu l'imprudence de prendre position pour les unions internationales et contre les syndicats catholiques, appuyés, il va sans dire, par tout le clergé. De plus, mauvais présage, aux élections fédérales, Martin avait été hué lors d'une assemblée contradictoire à Saint-Laurent et sur d'autres tribunes.

En 1924, on lui oppose Charles Duquette, un homme sans panache, mais qui administre la mutuelle L'Alliance nationale avec conscience et succès. Ce dernier, profitant d'une large coalition des adversaires du maire «dictateur», l'emporte par 43 221 contre 40 125.

Mais la défaite des conservateurs à Ottawa le 29 octobre 1925 réjouit Médéric Martin qui songe à un retour à la mairie l'année suivante. Il fera mordre la poussière à Joseph-Victor Desaulniers par 53 744 voix contre 29 086, d'une part, en s'appuyant sur les ouvriers et, d'autre part, en approuvant le projet de la compagnie des tramways de construire un funiculaire sur le mont Royal

Ce sera sa dernière victoire. En 1928, il a soixante-sept ans et pense accomplir un sixième et dernier mandat. Mais cette fois, il affronte un candidat plus jeune, Camillien Houde, aussi populiste que lui et, par surcroît, du même quartier (Sainte-Marie), qui s'est construit toute une notoriété dans l'opposition à la législature de Québec. L'affaire de l'achat, en 1927, de la Montreal Water and Power au prix exorbitant de 14 millions, alors qu'un groupe ne l'avait payé que 10 millions quelques mois auparavant, achève de détruire sa réputation. Il

L'achat de la Montreal Water and Power, dont nous voyons ici l'usine de pompage, au prix exorbitant de 14 millions de dollars acheva de détruire la réputation de Médéric Martin.

(*La Presse*)

est finalement défait par 62 349 voix contre 40 550 et le rideau tombe sur la carrière politique du cigarier, qui aura tout de même enregistré le plus long règne à la mairie depuis 1833, record qui sera à son tour battu plus tard.

C.-V. M.

SOURCES

AVM, Médéric Martin.

GERMAIN, Annick, *Les mouvements de réforme urbaine à Montréal au tournant du siècle*, Les cahiers du CIDAR, n° 6, Université de Montréal, 1985.

Le Devoir, 6 août 1979.

LINTEAU, Paul-André, *Histoire de Montréal depuis la Confédération*, Montréal, Boréal, 1992.

MINVILLE, Esdras (dir.), *Montréal économique*, Montréal, Fides, 1943, p. 365-368.

RUMILLY, Robert, *Histoire de Montréal*, Montréal, Fides, t. III et IV, 1972 et 1974.

36

Camillien Houde (1): théâtralité, pragmatisme et passion politique

La Presse

Traiter des mandats de Camillien Houde à la mairie montréalaise, c'est aborder une légende faite de rebondissements, d'avancées et de reculs, de coups d'éclat d'un homme politique incomparable et d'une époque bouleversée. L'une comme l'autre demeurent encore de nos jours largement méconnues, insaisissables dans leur complexité et leur originalité même. Sur fond de catastrophe économique et sociale, adulé par les uns, honni par les autres, Houde évolue, déploie son talent, exploite toutes les possibilités de son rôle, occupe à lui seul une large partie de la scène et capte l'attention des spectateurs, «car nous sommes au théâtre, le public est au théâtre, sans payer», comme l'écrit Robert Rumilly.

Camillien Houde, maire de Montréal en 1928-1932, 1934-1936 et 1938-1940, a eu droit à tous les qualificatifs, de la part tant de ses contemporains que de ses biographes et des historiens. Il est tour à tour «le p'tit gars de Sainte-Marie», «l'imprévisible monsieur Houde», «le tribun», «le Mussolini canadien», «Houde le magnifique», «le bouffon», «monsieur Montréal», «le chum à tout le monde», «le populiste», etc.

Communiste en puissance pour les tenants du corporatisme social, il est au contraire fascisant pour la gauche et les milieux bourgeois, anglophones et libéraux surtout. Les conservateurs et les libéraux se l'attachent selon leurs intérêts du moment. Les gens bien lui trouvent une allure de rustre; les gens d'instruction et de profession le croient inculte.

Pour ceux qui souhaiteraient l'identifier à une logique de parti, voire l'enfermer, Houde est politiquement inclassable. Les gens du peuple, les gagne-petit reconnaissent en lui l'un des leurs, qui réussit à force d'acharnement, qui nargue les grands et les puissants sur leur propre terrain.

Le «p'tit gars» au provincial

Camillien Houde fait ses premières armes en politique au début des années 1920. Issu d'un milieu ouvrier très pauvre du quartier Saint-Henri, Houde est le seul enfant survivant d'une famille de 10: ses frères et sœurs sont tous décédés avant l'âge de deux ans. Né en 1889 dans une petite rue sans nom, son origine plus que modeste n'indique en rien un grand destin.

Camillien, comme ses électeurs l'appelleront familièrement, suit néanmoins son cours commercial, auprès du frère Marie-Victorin entre autres, et parvient à décrocher un poste de commis à la Banque d'Hochelaga (1912). Il en devient directeur en 1916, puis délaisse cette situation bien vue à l'époque pour se lancer dans les affaires (marchand de biscuits, de charbon, de whisky et courtier d'assurances) où il ne rencontre que déboires.

Mais Georgette Falardeau, sa deuxième femme — qu'il a épousée en 1919 —, l'avait mis en contact avec Joseph Dufresne, cet important biscuitier de Joliette, pour qui elle avait travaillé comme secrétaire. Or Dufresne est un pilier du Parti conservateur et devient bientôt le protégé politique de Houde.

Poussé par son épouse, Houde se porte candidat conservateur dans le comté de Sainte-Marie aux élections provinciales de février 1923 et, à la surprise générale, il est élu à l'Assemblée législative. Pour un inconnu, la victoire est notable puisque le candidat défait, Joseph Gauthier, était le protégé du maire Médéric Martin et des libéraux, alors maîtres de la scène politique depuis des décennies. Ce qui fit la différence, c'est le style de Camillien: campagne à l'emporte-pièce, ascendant irrésistible sur les foules, et un «léger» coup de pouce de lord Atholstan, le richissime propriétaire du *Star*.

Et l'ascension continue. Défait aux élections de 1927, mais réélu l'année suivante après la mise au jour de fraudes électorales, Camillien devient en 1929 chef du Parti conservateur et de l'opposition jusqu'aux élections générales du 24 août 1931, où il est battu dans son comté. Après avoir vainement tenté de contester judiciairement les élections, il cède alors la place à Maurice Duplessis.

Gérer la crise

Dans l'intervalle, Camillien a pris pied à l'hôtel de ville, battant Médéric Martin lui-même en 1928, dans un Montréal encore animé de l'euphorie des années folles. C'est l'époque de la fièvre boursière, des fortunes faites en un jour, des Dominion Stores et des premiers Steinberg, magasins à succursales en concurrence directe avec le petit commerce canadien-français, l'époque du parachèvement du pont Jacques-Cartier, un projet vieux d'un demi-siècle, des débuts de l'aviation canadienne et de la venue du R-100 à Saint-Hubert. À ce propos, on raconte que 50 000 automobiles auraient franchi les deux ponts de la rive sud pour se rendre sur les lieux de l'événement, créant sans doute le premier et le plus spectaculaire des embouteillages!

La frénésie, cependant, se change bientôt en panique. Aux fortunes en un jour succèdent les faillites en une heure. La fameuse et éprouvante crise économique frappe de plein fouet à compter de 1930. Camillien, qui s'était fait un point d'honneur de rendre ses bureaux de l'hôtel de ville accessibles aux simples citoyens comme aux mieux nantis, voit s'allonger la file de ses commettants venus demander aide et secours contre le chômage. Il entreprend sa tâche la plus ardue: soulager la misère de sa ville et assurer tant bien que mal un équilibre budgétaire que ses prédécesseurs, dans des circonstances moins difficiles, avaient été incapables d'instaurer.

Le défi est de taille et Camillien y consacre son énergie en exclusivité. Malgré l'avis de créanciers au sens social plutôt douteux, il fait distribuer 100 000 $ aux gens dans le besoin par l'intermédiaire des Conférences de Saint-Vincent-de-Paul. Lors de son second mandat, mais alors qu'il est toujours désavantagé par la quasi-inexistence de ses pouvoirs à la mairie, ses initiatives prennent effet grâce à l'équipe de conseillers élus en même temps que lui au conseil de ville.

Contrôler le conseil, c'est contrôler le comité exécutif, véritable lieu de décision de l'appareil municipal. Le nouveau comité exécutif parviendra ainsi à mettre en branle de multiples travaux publics: le Jardin botanique, les chalets du mont Royal et du parc Lafontaine, des viaducs, des bains publics, etc. On s'assure, par une commission échevinale, de la rotation des bénéficiaires de cette forme de secours. Mais on doit bientôt cesser les travaux, faute d'argent pour l'achat des matériaux. Tous ceux qui sont affectés par le manque de travail — ils seront 62 000 en 1934 (soutiens de famille pour un total de 242 000 personnes), soit le tiers de la main-d'œuvre —, sont ravalés au rang de nécessiteux, de mendiants.

Houde y va de ses propres deniers, distribuant son allocation de maire aux plus démunis; son logement de la rue Saint-Hubert devient presque un centre d'entraide où l'on va chercher qui un habit, qui une paire de souliers, qui un manteau d'hiver. Houde, d'ailleurs, n'accumulera aucune fortune, ne tirera aucun avantage pécuniaire de sa position. Chaque fois qu'il quitte son poste, dans les années trente comme dans les années quarante, il se retrouvera sans le sou! S'il y a corruption et favoritisme dans l'administration municipale, ce n'est certes pas en faveur du maire qu'ils s'exercent.

Quoi qu'il en soit, ses mesures demeurent aussi populaires qu'impuissantes. D'autant plus que le maire se bute périodiquement aux menaces des banques de Montréal, Royale et Canadienne nationale, les principales créancières de la ville, et que les gouvernements des paliers supérieurs maintiennent une attitude attentiste, déplorable et coûteuse.

Afin de soulager la misère qui s'abattait sur les Montréalais, la Ville entreprit en 1932 de grands travaux comme la construction d'un égout collecteur.

(*La Presse*)

Camillien voudrait imposer les banques, les brasseries, les agents de change, les compagnies d'assurances, idéalement. Il doit plutôt se contenter d'une taxe générale de vente de 2 p. 100 (les aliments y sont soustraits). Le remède est impopulaire, on s'en doute, mais efficace. Il coûtera cependant deux ans de mandat au maire, lequel reviendra en force en 1938.

Vers l'arrestation

La situation demeure critique, financièrement et socialement. La dette municipale et scolaire atteint maintenant

110 millions de dollars, vingt fois plus qu'à Toronto! La dette a augmenté quatre fois plus vite que l'évaluation municipale. Pour comble, les tensions politiques ne cessent de s'accentuer, alimentées aux clivages idéologiques nouveaux ici du fascisme et du communisme, aux préjugés ethniques et racistes, aux nationalismes étroits et aux rumeurs de guerre mondiale imminente. C'est l'occasion pour Camillien de faire des sorties comme lui seul peut les faire, éblouissantes pour les uns, scandaleuses pour les autres.

En 1939, alors que la venue du roi George VI et de la reine Elizabeth est dans l'air et que le bataillon McKenzie-Papineau des brigades internationales est de retour d'Espagne où il a combattu les troupes de Franco, le maire déclare que la menace fasciste est bien plus à craindre que le communisme car, dit-il, les Canadiens français ont le fascisme dans le sang! Hauts cris parmi les fidèles de Sa Majesté, condamnations de la part des milieux clérico-nationalistes profranquistes. Le tollé est général.

Et Houde de s'expliquer: par ses propos, il entend que la culture latine et la religion catholique, le respect de l'autorité et de l'ordre sont, qu'on le veuille ou non, des points d'ancrage d'une sympathie réelle des Canadiens catholiques et français à l'égard de l'Italie, et c'est vers elle qu'ils iraient sans doute en cas de guerre. C'est pourquoi la menace fasciste est plus insidieuse ici, et plus dangereuse. En outre, dit-il, il faut se méfier d'un certain courant qui, sous prétexte d'unité nationale et d'ordre social, tend à l'extrémisme et à la sécession du Québec! Houde avait déjà dit en 1934 que les années à venir exigeraient des mesures radicales et catégoriques, ce qui à ses yeux désignait des choses bien différentes. Il réaffirmait maintenant l'importance de cette nuance. D'ailleurs, les 100 000 manifestants pro franquistes de 1936, rassemblés par l'École sociale populaire, catholique, corporatiste et nationaliste, pouvaient inquiéter bien plus que les 15 000 sympathisants communistes réunis l'année suivante.

Camillien Houde s'est toujours tenu à l'écart des courants menant à la xénophobie, par conviction sans doute, par intérêt politique probablement aussi. Ce qui ne l'empêchera pas de dénoncer le réarmement du Canada dès le début, ni même de lancer un appel à la désobéissance civile au moment de la campagne d'enregistrement décidée par le gouvernement fédéral en 1940. Houde y perdra sa liberté, pendant quatre années. Était-ce un mauvais calcul politique de sa part ou une décision indissociable de ses convictions profondes? Bien peu de gens, parmi les anticonscriptionnistes, se sont hâtés de réclamer sa libération.

Était-ce un autre de ses coups de théâtre dont il croyait se sortir tel Cyrano de Bergerac de ses duels? Le rideau s'est abaissé, il n'y eut pas de rappel. Camillien cependant n'abandonnait pas pour toujours son rôle de maire; il y reviendra en 1944, mais sur une scène et dans un décor tout autres que ceux qu'il avait connus.

L. D.

SOURCES

COMEAU, Robert et Bernard DIONNE, *Les communistes au Québec 1936-1956*, Montréal, Presses de l'Unité, 1980.
HAMELIN, Jean et Nicole GAGNON, *Histoire du catholicisme québécois*, t. I: 1898-1940, Montréal, Boréal Express, 1984.
LA ROQUE, Hertel, *Camillien Houde, le p'tit gars de Ste-Marie*, Montréal, Éditions de l'Homme, 1961.
LÉVESQUE, Andrée, *Virage à gauche interdit*, Montréal, Boréal Express, 1984.
LÉVESQUE, Robert et Robert-Maurice MIGNER, *Camillien et les années vingt*, Montréal, Éditions des Brûlés, 1978.
LINTEAU, Paul-André, *Histoire de Montréal depuis la Confédération*, Montréal, Boréal, 1992, p. 283-426.
RENAUD, Charles, *L'imprévisible monsieur Houde*, Montréal, Éditions de l'Homme, 1964.
ROBERTS, Leslie, *Montreal. From Mission Colony to World City*, Toronto, Macmillan, 1969.
RUMILLY, Robert, *Histoire de Montréal*, Montréal, Fides, t. IV, 1974.

37

Fernand Rinfret ou la digne abstention

La Presse

Les élections municipales de 1932 constituent la ligne de démarcation de mandats contrastés. Autant Camillien Houde intervenait avec succès dans les affaires de la ville, autant son successeur, Fernand Rinfret, a agi en spectateur. Leurs personnalités comme leurs administrations sont aux antipodes les unes des autres. En regard des circonstances tragiques d'alors, on ne peut que constater l'entière inadéquation d'un Rinfret à la mairie, tout homme cultivé et politicien d'expérience qu'il fût.

Le slogan de la campagne électorale, «Fernand Rinfret pour la dignité!» en dit long sur le jugement porté en certains milieux sur Camillien Houde et l'équipe houdiste. Rinfret, certes, n'est pas le premier venu. Membre de la Société royale du Canada et député de Saint-Jacques aux Communes depuis 1920, membre du Conseil privé, secrétaire d'État de 1926 à 1930, ex-rédacteur en chef du *Canada*, journal libéral, de 1909 à 1926, il évolue dans les plus hautes sphères politiques du pays.

Sa carrière à Ottawa, ce Montréalais de naissance (1883), fils d'avocat, l'a commencée aux côtés d'un vieux routier de la scène politique montréalaise, l'ex-maire et ex-«boss» Raymond Préfontaine, ministre de la Marine sous Laurier dont il est secrétaire adjoint.

Le nouveau maire a, de fait, tout ce qu'il faut pour assumer sa charge dignement. Grand amateur d'art, de musique, de littérature, ayant beaucoup d'entregent, il correspond sans contredit aux critères d'une bonne société, ce qui ne l'aurait pas empêché de déclarer qu'un Houde «devait retourner à ses poubelles d'où il n'aurait jamais dû sortir!» On le dit sympathique, d'une belle éloquence, ayant des amitiés dans tous les groupes. Bien sûr, la manifestation d'une prestance indéniable est perçue par certains plutôt comme de la froideur, et par d'autres comme une attitude hautaine.

Le protégé de Taschereau

La venue de ce gentilhomme, on la doit au premier ministre Taschereau, son inventeur et patron comme l'écrit Robert Rumilly. Titulaire simultanément du poste de maire et d'un siège de député aux Communes, le protégé offrirait, dit-on aux électeurs, une opposition beaucoup plus efficace à la canalisation du Saint-Laurent, une réalisation très redoutée par la presque totalité des intérêts montréalais, lesquels y voyaient une menace directe à la prospérité de la métropole. Un semblable cumul de fonctions par Houde soulevait le scandale chez les libéraux, constituait un abus impardonnable; mais dans le cas de Rinfret, c'était un atout indispensable!

Plus inquiétant était l'engagement de Rinfret de réaliser le vieux rêve, la vieille utopie des réformistes du début du siècle, désormais l'idée fixe des milieux d'affaires, à savoir l'abolition de toute politique à l'hôtel de ville. Il entendait être maire selon la charte. Or, à cette époque, le maire n'a, à strictement parler, que des fonctions de représentation, des fonctions protocolaires à remplir. Agir selon les dispositions de la charte signifiait ne pas agir. Le très digne Rinfret ne désirait aucunement mettre le gouvernement provincial dans l'embarras et se satisferait amplement d'une influence morale, dont on devine la portée amoindrie, sur le conseil municipal. Et Rinfret devenu maire tint promesse, celle-là tout au moins.

Le Devoir de l'époque, ironique, souligne la chaleur et le charme du premier magistrat... et son programme plutôt éthique. Rinfret «a parfaitement le droit de se retirer dans sa bibliothèque et de ne paraître à l'hôtel de ville que pour présider aux séances du conseil et donner [...] des avis fermes mais discrets à l'administration». Et le journal de mettre en évidence le contraste du mandat précédent d'un Houde qui, selon les termes même de l'auteur, en dépit des entraves de la charte, soigneusement filées, nouées, pour ligoter un personnage politique aussi robuste que Médéric Martin, a joué un rôle plus considérable qu'aucun maire, même au temps où ces entraves n'existaient pas.

Et la crise, monsieur Rinfret?

Rinfret, de son propre aveu, a surtout essayé de maintenir un climat, une atmosphère et des habitudes vraiment parlementaires dans les séances du conseil. Faut-il préciser qu'en ces années de crise, les pires de la décennie, la ville et surtout ses habitants avaient droit à bien autre chose, qu'ils appelaient désespérément plus d'action.

Montréal allait de mal en pis. Montréal était un chantier déserté. Les travaux de construction de l'Université de Montréal restaient en plan, ceux du Jardin botanique, entrepris grâce à l'administration houdiste, connaissaient le même sort. Faute d'argent en ce qui concernait la municipalité, faute de clients dans le cas des entreprises privées, l'économie ralentissait au point de laisser craindre l'arrêt total.

La Montreal Light, Heat and Power procédait à des coupures de service dans des dizaines de milliers de foyers; gaz et électricité étaient refusés à ceux qui ne pouvaient acquitter la facture, mais on continuait à verser leurs dividendes aux actionnaires, sans jamais en abaisser le montant! On habitait les garages, les hangars, les entrepôts désaffectés; les refuges étaient envahis de sans-abri, et ceux qui en avaient encore un devaient se contenter d'un taudis. Montréal n'avait que la taxe d'amusement, perçue sur les spectacles et jeux de toutes sortes, pour pallier la misère. Mais qui, dans les circonstances, avait encore les moyens de dépenser pour se divertir?

C'était l'époque de fondation du mouvement Jeune-Canada (1933) par de jeunes et fougueux nationalistes, de la formulation du «Programme de restauration sociale» par l'École sociale populaire soutenant l'idée d'un corporatisme social, distinct mais inspiré tout de même de l'expérience italienne et mussolinienne, de la création d'un nouveau parti, l'Action libérale nationale, qui reprenait l'essentiel des groupements fascistes d'Adrien Arcand, de la Ligue de reconstruction sociale de Frank Scott et de la Canadian Cooperative Federation (CCF). Les chômeurs même s'organisaient, avec l'aide de dirigeants aux tendances radicales, de gauche ou de droite.

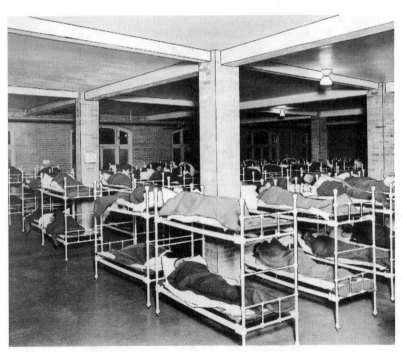

Pendant les années de la crise économique, le dortoir du refuge Meurling affichait complet tous les soirs.

(La Presse)

Mais il semble que bruits et fureurs du monde extérieur parvenaient aux oreilles du maire comme un lointain écho qui ne devait à aucun prix troubler la sérénité des délibérations à l'hôtel de ville. Le conseil de la cité forme bien une commission municipale du chômage, comme souhaitée par les milieux d'affaires, mais c'est surtout une mesure consécutive au désistement de la Société Saint-Vincent-de-Paul (1933), submergée par les besoins de la population, incapable de répondre aux demandes même les plus pressantes.

En 1934, alors que les élections approchent et que l'on redoute probablement le retour de Camillien Houde à la mairie, les créanciers demandent pour la énième fois au gouvernement du Québec de mettre la ville sous tutelle. Ce que Taschereau, pour des considérations politiques évidentes, se gardera bien de faire.

Houde, effectivement, reprend son poste cette année-là et reprend la tâche là où il l'avait laissée. Rinfret, quant à lui, s'éclipse sitôt le transfert des pouvoirs effectué selon la procédure prescrite. Après sa petite visite en politique municipale, il retourne à Ottawa, dans le gouvernement King (1935), et au poste de secrétaire d'État qu'il occupera jusqu'à sa mort en 1939.

Parlant du départ de Rinfret de l'hôtel de ville, Le Devoir, encore, ne mâche pas ses mots: «Fernand Rinfret est parti de loin... il n'est arrivé nulle part!» Il lui manquait la conviction de ses positions, et l'engagement passionné et entier nécessaire à une action énergique, voire à la promotion d'une cause, lui était par surcroît parfaitement étranger. Montréal, à n'en pas douter, sera heureuse de retrouver Camillien Houde.

L. D.

SOURCES

AVM, B45-D.026.35.
Biographies canadiennes-françaises, 1932, p. 375.
Club Saint-Denis, 1874-1974.
JOHNSON, J. K., *The Canadian Directory of Parliament*, 1968, p. 492.
La Petite Revue, 15 décembre 1934.
La Presse, 27 mars 1934; 16 mai 1964.
Le Devoir, 5 avril 1932; 1er décembre 1934.
LINTEAU, Paul-André, *Histoire de Montréal depuis la Confédération*, Montréal, Boréal, 1992, p. 313-342.
RUMILLY, Robert, *Histoire de Montréal*, Montréal, Fides, t. IV, 1974, p. 160-203.

La Presse

38

Adhémar Raynault,
l'homme à l'œillet,
répare les pots cassés

Adhémar Raynault aurait bien voulu laisser aux Mont-réalais de grandes œuvres tel un métro tout neuf, comme il le rappelle dans ses Mémoires, mais il fut toujours élu à des moments où la situation financière de la ville était en crise ou dans une période où tout l'effort était concentré sur la guerre. Il dut donc se contenter de redresser l'administration de Montréal en attendant des jours meilleurs, qui ne vien-dront que pour ses successeurs.

La présidence de la Ligue des propriétaires de l'est, organisation mise sur pied en 1932 pour venir en aide aux propriétaires et aux locataires aux prises avec la crise, consti-tua le tremplin politique d'Adhémar Raynault sur la scène municipale. Aux élections municipales du 16 avril 1934, on le pressa de se présenter comme échevin dans le quartier Préfontaine. Il l'emporta facilement sur son adversaire, Georges Lalancette, malgré que sa campagne ne lui ait coûté que 413 $.

Il agit, durant le mandat 1934-1936 du maire Camillien Houde, comme le chef de l'opposition à l'hôtel de ville. Nommé à la Commission métropolitaine, il constata que cet organisme mis sur pied par le gouvernement Taschereau n'avait d'autre but que de faire supporter par les contribuables montréalais le fardeau des déficits des autres villes de l'île, comme Pointe-aux-Trembles ou Montréal-Nord. Pendant cette période, il fut l'un des premiers à revendiquer des soins médicaux gratuits pour les nécessiteux.

À compter de 1935, il milite activement au sein de l'Action libérale nationale, aux côtés de son chef Paul Gouin et de son programme de restauration sociale qui visait à corriger les abus du capitalisme. Il aidera Gouin à se faire élire dans le comté de L'Assomption. L'année suivante, aux élections générales, comme Gouin avait décidé de ne pas se représenter à la suite d'une brouille avec Duplessis, c'est lui qui se présenta sous l'étiquette de l'Union nationale et qui ravit le comté par 240 voix de majorité, le 17 août 1936.

En 1935, Camillien Houde se débat comme un diable dans l'eau bénite afin de répondre aux banques qui exigent l'équilibre budgétaire avant de consentir un prêt à la ville. Or la ville assure la subsistance de 162 000 assistés publics, ce qui lui coûte 6,5 millions. Houde demande à Ottawa d'augmenter son effort, mais le premier ministre fédéral, R. B. Bennett, refuse d'en entendre parler. Montréal doit instituer une taxe de vente de 2 p. 100. Adhémar Raynault qui, avec un groupe d'échevins, s'y oppose, dira que Houde en fera son cercueil politique.

Le 27 août 1936, une bombe éclate lorsque l'impulsif Houde annonce qu'il démissionne en expliquant que ses mauvaises relations avec Duplessis (celui-ci vient d'être élu premier ministre) risquent de nuire à Montréal et en dénonçant le sentiment d'intense nationalisme incarné par l'Union nationale. Quelques jours plus tard, Adhémar Raynault annonce sa candidature à la mairie: il promet d'abolir la taxe de vente et de redonner à Montréal son autonomie.

Mais Duplessis, qui n'aime pas les concurrents, lui jette dans les pattes la candidature de Candide Rochefort, député de Sainte-Marie à Québec. Puis, deux semaines avant les élections du 16 décembre 1936, Camillien Houde annonce sa candidature. Dans cette bataille à trois, Houde mord la poussière et se retrouve à près de 4000 voix derrière le meneur, Adhémar Raynault.

Raynault peut dès lors s'atteler à la réalisation de son programme, mais il n'obtiendra pas la disparition de la taxe de vente. Par contre, il obtient pour le maire de Montréal les mêmes pouvoirs que ceux dont disposent les maires des autres municipalités, c'est-à-dire le droit de surveillance, d'investigation et de contrôle de tous les services et officiers de la municipalité ainsi que des revenus et dépenses de la Ville. Il mettra aussi sur pied pendant ce mandat l'office d'initiative économique afin d'inciter les industriels et les financiers à investir à Montréal. Enfin, il crée un bureau de révision de l'évaluation.

Sur le plan des travaux publics, la ville poursuit l'aménagement du Jardin botanique et construit le pont Pie-IX. Elle acquiert également pour un dollar l'île Sainte-Hélène où un chalet sera érigé. Québec impose à la ville la suppression des secours directs, notamment aux couples vivant en concubinage. Enfin, Raynault nomme Léon Trépanier président de la Commission du troisième centenaire de Montréal, responsable d'organiser des fêtes dignes de ce nom en 1942. En le nommant à ce poste, Raynault se débarrasse d'un dangereux adversaire éventuel à la mairie.

Vers la fin de 1938, Raynault oubliera une de ses promesses de municipaliser la Montreal Light, Heat and Power et s'apprête à renouveler son contrat. Philippe Hamel de l'Action libérale nationale le soupçonnera d'avoir obtenu des fonds du trust pour se représenter à la mairie. Devant la clameur populaire, le maire annonce qu'il ne se représentera pas aux élections du 11 décembre 1938, laissant ainsi le champ libre à un retour de Houde.

Le retour de Houde ne sera pas très bénéfique pour Montréal, puisque le 15 mai 1940, la ville se trouve incapable de rembourser des obligations échues. Aussitôt, elle est mise sous tutelle par la Commission municipale et le gouvernement Godbout en profite pour imposer une nouvelle charte divisant la ville en 11 districts électoraux et créant 3 catégories de conseillers pour un total de 99. De nouvelles taxes seront imposées sur les automobiles, les appareils de téléphone et de radio.

Houde, comme pour conjurer la malédiction qui s'abat sur Montréal, y va d'une déclaration intempestive et sans doute mal calculée en disant qu'il s'oppose à l'enregistrement obligatoire qu'il considère comme une mesure de conscription. Pour le Canada anglais, il s'agit d'un acte de sédition, un appel au soulèvement. Le 5 août, Houde est arrêté par des agents de la Gendarmerie royale du Canada et envoyé au «goulag» à Petawawa.

L'emprisonnement de Houde permet à Adhémar Raynault d'effectuer un retour à la mairie, mais il ne l'emportera le 9 décembre 1940 qu'avec 1000 voix de majorité sur son principal adversaire, Léon Trépanier, qui avait abandonné la présidence de la Commission du troisième centenaire. Appuyé par le Parti libéral, celui-ci doit se battre contre Raynault et contre une certaine confusion dans l'esprit de l'électorat puisque deux autres Trépanier, Raoul, président du Conseil des métiers et du travail, et Léonard, un lieutenant de Houde prêt à s'effacer au moment de sa libération, sont également en lice.

Raynault n'a plus qu'un rôle honorifique de représentation. Il ne peut même pas remplacer la femme de ménage de son bureau sans l'approbation de la Commission municipale. Il réussit néanmoins à convaincre le comité exécutif de créer un service de bien-être social dont l'utilité n'est plus la même, l'effort de guerre ayant réduit presque à zéro le nombre de nécessiteux.

Oisif dans ce rôle, il voyage dans les autres villes canadiennes à la recherche d'idées nouvelles pour Montréal. Il s'occupe aussi des fêtes du troisième centenaire qui seront plutôt modestes, le comité exécutif ne disposant que de 35 000 $.

Le Saint-Laurent canalisé

Montréal s'était toujours opposé au projet américain de canalisation du Saint-Laurent vers les Grands Lacs, craignant de perdre son rôle de métropole et de grand centre portuaire.

Or, voilà qu'à la faveur de la guerre, Ottawa et Londres, désirant une aide financière des États-Unis, se préparent à sacrifier les intérêts de Montréal. En janvier 1941, le maire

Raynault a beau confier à un comité l'étude des répercussions économiques de ce projet pour la ville, le premier ministre canadien Mackenzie King signe, le 20 mars 1941, un accord avec les États-Unis sans que le premier ministre québécois Adélard Godbout n'ait soulevé aucune objection. Et pour cause, puisque la combine prévoit la nationalisation de la Beauharnois Light, Heat and Power, qui deviendra l'Hydro-Électrique de Québec, et le versement d'une somme de 7 972 500 $ de l'État fédéral.

Le chef de l'opposition, Maurice Duplessis, tentera par tous les moyens de contrecarrer le projet de loi à cet effet, mais Godbout fera jouer tout le poids de sa majorité. Cependant, le président Roosevelt ajournera le projet lors de l'entrée en guerre des États-Unis, et ce n'est que dix-sept ans plus tard que l'ouverture officielle de la voie maritime du Saint-Laurent (1959) aura lieu.

En 1943, le gouvernement Godbout annoncera la nationalisation des services du gaz et de l'électricité de la Montreal Light, Heat and Power, qu'il fusionnera avec la Beauharnois Light, Heat and Power pour former Hydro-Québec. Le projet sera réalisé le 15 avril 1944. En même temps, Québec lève sa tutelle sur la ville de Montréal tout en lui conservant son régime de 99 conseillers.

En septembre 1941, Montréal hérite d'un aéroport tout neuf, de classe internationale. Tout près de l'aéroport de Dorval, on construit les installations de Canadair qui seront vouées à un grand avenir.

Mis à part le fait que les femmes ont pour la première fois le droit de vote sur la scène municipale, les élections du 8 décembre 1942 se font sans histoire pour Raynault (il l'emporte par plus de 12 000 voix de majorité) qui entame ainsi un troisième mandat. Celui-ci sera plutôt tranquille, les administrations municipales étant pour ainsi dire paralysées par la guerre qui prend toute la place et qui mobilise tout l'argent disponible. Ce qui n'empêche pas l'armée d'intervenir à Montréal dans un domaine délicat: celui de la prostitution.

La prostitution arrêtée

Au cours de l'hiver 1944, des officiers supérieurs de l'armée canadienne convoquent le maire Raynault, le directeur de la police, Fernand Dufresne, et le président du comité exécutif, Omer Asselin, à une rencontre. Seul le maire s'y rendra et y apprendra que Montréal est devenue le repaire des prostituées qui transmettent des maladies vénériennes aux soldats.

Les officiers demandent la fermeture des maisons de prostitution, sinon Montréal sera déclarée zone interdite aux soldats. Le maire réalise le drame pour sa ville, un port de mer qui accueille à la fois des marins et des soldats qui y dépensent leur solde.

Le lendemain, il convoque le chef de police et le somme d'arrêter les tenanciers de bordels. Aussitôt dit, aussitôt fait.

Durant les années de la Seconde Guerre, le «Red Light» prospéra comme jamais avec le passage des nombreux soldats et marins en transit mais la Direction de l'armée menaça de boycotter Montréal si on ne fermait pas les maisons de débauche.

(*La Presse*)

Le commerce de la prostitution disparaît pour un temps à Montréal, juges de la Cour du Recorder, tenanciers et policiers craignant comme la peste l'armée qui doit faire soigner ses vénériens à grands frais dans les hôpitaux.

Dans ses Mémoires, Adhémar Raynault soutient que sa répression des maisons de prostitution lui a valu sa défaite aux élections municipales du 11 décembre 1944 contre Camillien Houde, car la pègre aurait financé la campagne de son adversaire. Pax Plante reconnaîtra le courage de Raynault, mais en y plaçant un bémol: «Raynault aurait bien pu faire la même chose pour les maisons de jeu et de pari.» Et d'expliquer qu'il s'était probablement ménagé une porte de sortie pour sa réélection en ne voulant pas se mettre à dos toute la pègre puisque celle-ci jouait un rôle très actif en période électorale.

Les origines du maire

Adhémar Raynault est né le 12 juillet 1891 à Saint-Gérard-de-Majella près de L'Assomption. Après ses études primaires, ses parents l'envoyèrent à l'École des frères de L'Assomption mais, à l'âge de treize ans, souffrant de lithiases rénales (ce n'est qu'en 1934 qu'il sera opéré pour l'ablation d'un rein), il dut abandonner ses études. À dix-sept ans, il se rendit à Montréal où il s'engagea comme commis de magasin, poste qu'il quitta bientôt pour ouvrir un commerce de tabac. La maladie le força à vendre son commerce et il se lança dans la vente d'assurances, situation qu'il devait occuper toute sa vie, nonobstant ses charges officielles. Il mourut le 11 avril 1984 à l'âge de quatre-vingt-douze ans.

C.-V. M.

SOURCES

La Presse, 28 avril 1937, p. 1; 7 mars 1974, p. C1; 12 avril 1984, p. A1.

LINTEAU, Paul-André, *Histoire de Montréal depuis la Confédération*, Montréal, Boréal, 1992, p. 336-411.

RAYNAULT, Adhémar, *Témoin d'une époque*, Montréal, Éditions du Jour, 1970.

RUMILLY, Robert, *Histoire de Montréal*, Montréal, Fides, t. IV, 1972, p. 208-276; t. V, 1974, p. 8-172.

STANKÉ, Alain et Jean-Louis MORGAN, *Pax. Lutte à finir avec la pègre*, Montréal, Éditions La Presse, 1972, p. 48-49.

La Presse

39

Camillien Houde (2): le retour de Cyrano

La Seconde Guerre mondiale tire à sa fin. En Europe, les armées alliées achèvent le démantèlement du IIIe Reich. Le mot libération court sur toutes les lèvres, pour célébrer un fait accompli ou soutenir l'espoir de son proche accomplissement.

Montréal, malgré les préoccupations de temps de guerre et à cause de la perspective d'une paix restaurée, se souvient de plus en plus vivement de son entrée en guerre, en 1940. On se rappelle, et on dénonce de plus en plus fermement l'incarcération en cours de mandat du maire Camillien Houde, toujours détenu sur ordre du gouvernement fédéral non pour un délit précis mais par mesure de sécurité; on garde en mémoire l'interdiction par législation fédérale de sa candidature à la mairie aux élections de 1940.

On sait bien aussi que, sous prétexte d'assainissement des finances municipales, la tutelle et le régime antidémocratique des 99 conseillers imposés à Montréal par le pouvoir provincial visait Houde et son équipe bien plus sûrement que la correction de prétendues lacunes administratives. On sait également, pour l'avoir subi depuis quatre ans, que la grande majorité des 99 conseillers ne représentent aucunement, voire les ignorent complètement, les besoins et les volontés des 90 p. 100 de locataires résidants de la ville. Ces 99 sont plutôt les porte-parole des milieux d'affaires et des 75 000 propriétaires, représentants d'anglophones dans une bonne proportion, régissant la cité selon leur bon vouloir et leurs intérêts. Le comité exécutif de six membres, son président J.-O. Asselin (de 1940 à 1954) et son vice-président Georges Marler (du Montreal Board of Trade) sont les véritables maîtres de l'hôtel de ville. Le maire, perdu dans cette mer de conseillers municipaux, exclu des instances vraiment décisionnelles, est relégué aux fonctions protocolaires et présidentielles.

Pourtant, le retour dans l'arène municipale d'un Camillien Houde dont la popularité est décidément tenace, d'autant plus d'ailleurs qu'il s'entête depuis quatre ans à ne rien céder de sa liberté de pensée et d'expression à ses geôliers d'Ottawa, soulève encore des inquiétudes. Houde, de son camp, aurait écrit: «Je n'ai pas eu besoin jusqu'ici, je n'ai pas besoin présentement et je n'aurai pas besoin demain de me mettre à la remorque politique de qui que ce soit.» La légende du «p'tit gars de Sainte-Marie» en redingote, pourfendeur invétéré des bien pensants, se double assurément de celle d'un héros... à la manière canadienne-française de l'époque.

Mais, comme partout ailleurs, l'année 1944 est synonyme de libération: celle de Montréal dont on lève la tutelle; celle de son maire, de l'avis populaire sinon en titre, le 16 août. Cyrano rentre en scène, retrouve son public. On a pu lui retirer sa mairie, le priver de sa liberté de mouvement et de parole, lui réserver le sort d'un traître ou d'un ennemi, mais on n'a pu lui enlever sa superbe. Une foule chaleureuse l'accueille à la gare Windsor, l'accompagne jusqu'à sa résidence de la rue Saint-Hubert. De son balcon, Houde doit offrir un discours à sa manière, en attendant qu'on lui offre une tribune à l'hôtel de ville.

Six mois plus tard, c'est chose faite. La mairie d'une ville libérée en même temps que lui est de nouveau entre ses mains, pour trois ans. Au terme de ce deuxième mandat, il est réélu par acclamation, un exploit inédit depuis cinquante ans, et il occupera le poste jusqu'à ce qu'il opte lui-même pour la retraite en 1954. Ses succès sont personnels; dans une très large mesure, il lui est inutile de faire appel à une lourde, et influente, machine politique. Les citoyens l'ont baptisé «monsieur Montréal», Houde et Montréal ne font qu'un dans l'esprit de la majorité.

Même si la guerre lui rappelait de mauvais souvenirs le maire Houde n'hésitait pas à enfiler le casque d'acier et le masque à gaz lors des exercices de la défense civile au début des années cinquante.

(*La Presse*)

Anciennes et nouvelles règles du jeu

Houde lui-même n'a pas beaucoup changé, le conseil non plus. Malgré la réforme de 1940, la politicaillerie, le favoritisme et les luttes de factions, quand ce ne sont pas les conflits de personnalité, définissent encore la règle. Houde avait débuté dans l'euphorie des années 1920; il avait travaillé ensuite durant les pires années de la crise économique; il travaillait maintenant dans la prospérité d'après-guerre, face à un conseil de ville qui lui échappe.

En 1949, Duplessis remet tout de même certains pouvoirs au maire, lequel redevient membre d'office du comité exécutif, de tous les comités ou commissions du conseil; il a droit de regard sur les services municipaux, droit de veto sur certaines résolutions, le conseil ayant quant à lui droit d'appel. Ce qui semble tout de même insuffisant pour le rétablissement d'une influence comparable à celle de la décennie précédente. La création des premiers partis politiques municipaux est dans l'air — Ligue d'action civique des Drapeau, Desmarais et Plante —, tandis que les croisades pour le respect de la moralité captivent l'électorat et donnent lieu à des règlements de compte. Camillien reste en retrait et n'est pas touché par la fameuse enquête Caron, de laquelle sortira un jeune avocat et futur maire, Jean Drapeau.

Houde, franc-tireur, se place difficilement sur le nouvel échiquier, mais il s'acquitte avec brio de ses fonctions protocolaires. Ne lui fournissent-elles pas une scène à sa mesure, parmi les plus vastes du pays? Houde l'inculte, Houde le sans éducation impressionne, comme il l'avait fait pour Sa Majesté britannique en 1939, durablement la princesse Elizabeth et le duc d'Édimbourg lors de leur visite de 1951. Aucune tribune ne lui résiste ou ne peut se passer de lui, même pas celle de CKAC à l'occasion du premier radiothon au profit de l'hôpital Sainte-Justine. Neuf heures d'affilée, le maire se fait animateur de radio, commentateur et chroniqueur, tour à tour. On devine le résultat.

Montréal prospère, Montréal décline

La ville, elle, est méconnaissable. Au chômage massif qui avait signifié la faillite de la ville succédait le plein emploi. Il y a bien crise aiguë du logement, puisqu'il en manquait 50 000 en 1943, mais le développement des banlieues favorisé par la vogue de l'automobile fournit un certain palliatif. Les citoyens possèdent réfrigérateur, salle de bains, chauffage central; la télévision est sur le point d'envahir les foyers.

Montréal dépasse le million d'habitants; elle achète l'hôtel Viger (1950) pour y loger ses services. Il y a construction du Palais du commerce et du terminus d'autobus sur la rue Berri. L'École polytechnique et l'hôpital Sainte-Justine préparent leur déménagement sur la montagne; on inaugure l'hôpital Maisonneuve, dans l'est. On entreprend l'élargissement du boulevard Dorchester et de la rue Sherbrooke, le prolongement de la rue University pour faciliter la circulation automobile; on envisage la construction d'une autoroute est-ouest et d'un métro.

L'année 1944 avait vu la fondation d'Hydro-Québec et l'étatisation de la Montreal Light, Heat and Power qui avait tant influencé la politique municipale et résisté opiniâtrement à la municipalisation, tant qu'il y avait eu profits en vue. En 1951, la Commission de transport de Montréal voit le jour et acquiert la compagnie des tramways devenue, elle aussi, moins rentable.

L'accentuation de la vocation régionale de Montréal fait envisager la participation des banlieues au financement des services. Houde laisserait volontiers leur autonomie aux municipalités, contre contribution de leur part. Mais certains ont des visées plus centralisatrices. Ironiquement, la municipalisation des services publics tant réclamée depuis le début du siècle coïncide avec la perte de pouvoir des élus au profit des technocrates: victoire, on l'a dit, des réformistes et des gens d'affaires. Montréal assume des fonctions métropolitaines alors même qu'elle est en voie de perdre son titre de métropole aux mains de Toronto!

Le temps est venu pour Houde de quitter définitivement la scène municipale. À sa retraite (1954), ses dix-huit ans de mairie lui valent le record de longévité parmi tous les maires de Montréal, y compris devant Médéric Martin. Autre différence d'avec ses prédécesseurs, comme chaque fois qu'il a délaissé la mairie, Houde se retrouve sans fortune, sans revenu; le conseil de ville et le gouvernement provincial lui consentent 12 000 $ par an à titre de rente, pour services rendus. Il meurt le 11 septembre 1958. On avait songé, de son vivant, à donner son nom au boulevard Dorchester; on le donnera plutôt en son honneur et après sa mort, le 11 septembre 1958, à l'ancienne voie des tramways menant au sommet du mont Royal.

Une foule immense de 100 000 personnes assista à ses funérailles. C'était bien moins, dix fois moins (!), que pour le frère André en 1937, mais on n'avait et on ne reverra jamais telle affluence pour un autre homme politique. Voilà sans doute une preuve qu'aucune administration n'aura été plus près des citoyens, plus humaine, que celle de Camillien durant la Crise. L'identification au maire de Montréal, l'estime et l'admiration populaire sont reconfirmées une dernière fois.

La suburbanisation «sérieuse» est commencée: Montréal se dépeuple tandis que l'agglomération dans son ensemble prend des proportions gigantesques. La ville devient synonyme d'anonymat; Houde s'y serait senti mal à l'aise, lui qui aimait tant le contact direct avec ses électeurs. Bientôt, le Canadien National construira l'hôtel Queen Elizabeth en bordure du boulevard Dorchester; on y érigera aussi la place Ville-Marie et ses boutiques, symbole du nouveau Montréal, de la montée du secteur tertiaire et de la société de consommation. Les travaux de la voie maritime du Saint-Laurent et ceux de l'autoroute métropolitaine débuteront sous peu. Montréal perd progressivement ses atouts géographiques et sa bourgeoisie qui ont fait sa fortune pendant deux cents ans. L'ère des «purs» débute, celle des mégaprojets, grandioses comme aucun autre, celle d'une métropole qui ne l'est déjà plus, celle de Jean Drapeau.

Avec Camillien Houde, une ville avait son maire; avec Jean Drapeau, un maire aura sa ville.

L. D.

SOURCES

LA ROQUE, Hertel, *Camillien Houde, le p'tit gars de Ste-Marie*, Montréal, Éditions de l'Homme, 1961.

LÉVESQUE, Robert et Robert-Maurice MIGNER, *Camillien et les années vingt*, Montréal, Éditions des Brûlés, 1978.

LINTEAU, Paul-André, *Histoire de Montréal depuis la Confédération*, Montréal, Boréal, 1992, p. 283-554.

RENAUD, Charles, *L'imprévisible monsieur Houde*, Montréal, Éditions de l'Homme, 1964.

RUMILLY, Robert, *Histoire de Montréal*, Montréal, Fides, t. IV et V, 1974.

La Presse

40

Jean Drapeau (1): l'ascension et la gloire

Lorsque Jean Drapeau préside les cérémonies de clôture de l'Exposition universelle le 29 octobre 1967 à la Place des Nations, son ami le caricaturiste Robert LaPalme ne peut que s'exclamer: «Le pays est à ses pieds.»

En effet, l'Exposition universelle sur les îles enchanteresses du Saint-Laurent a été une telle réussite pour Montréal, le Québec et le Canada, que Drapeau devient instantanément un géant sur la scène nationale. Tout l'été, il a accueilli les chefs d'État des pays représentés, charmé la reine Elizabeth, et il a rectifié dans un discours le cri de «Vive le Québec libre» du général de Gaulle, ce qui lui vaut l'estime du Canada anglais.

Pour en arriver à cette apothéose, il a fait beaucoup de chemin depuis qu'il a quitté les bancs de l'université en 1941.

Imbu des idées conservatrices qui prévalaient à la fin des années trente et qui étaient largement inspirées par le corporatisme et le fascisme, membre de l'Ordre Jacques-Cartier, du moins jusqu'en 1944 alors qu'il intenta un procès contre le communiste Fred Rose pour diffamation, autoritaire, dur à la peine, un des fondateurs de la Ligue pour la défense du Canada (anticonscriptionniste), il se disait «destiné au pouvoir». Messianique, il voulait laisser dans l'histoire du Québec une marque indélébile, qu'il s'agisse d'institutions, de systèmes ou de monuments.

Luttant contre la conscription, il avait tenté de se faire élire à titre de candidat indépendant dans la circonscription d'Outremont lors de l'élection partielle du 30 novembre 1942 contre le candidat libéral, le général LaFlèche, un héros de la Première Guerre (le Bloc populaire n'avait pas osé présenter de candidat officiel par crainte de se discréditer). Il en était sorti avec une victoire morale et la gratitude des milieux nationalistes, remportant 7000 voix et terminant bon second.

En 1944, on le retrouve encore candidat du Bloc populaire au provincial dans la circonscription de Jeanne-Mance, mais il est défait par le candidat libéral. En 1948, contre l'avis de tous, il se représente au fédéral pour le Bloc mais, cinq jours avant le vote, il retire sa candidature en raison de l'extrême polarisation des électeurs entre les deux principaux partis. L'année suivante, il s'illustre comme procureur des grévistes de l'amiante à Thetford Mines, lesquels avaient été arrêtés par la Police provinciale le 16 mai 1949. Au cours du procès, il se fera un ennemi mortel de Duplessis en menaçant ce dernier, qui agissait à titre de procureur de la province, de porter plainte au barreau pour obstruction et déni de justice. Bref, ses contemporains le perçurent rapidement comme un opportuniste qui tentait de se mettre en valeur en appuyant des causes qui avaient une très grande répercussion médiatique.

Mais son ascension à la mairie n'aurait pas été possible s'il ne s'était pas tant illustré comme adjoint de Pax Plante dans l'enquête Caron sur la moralité publique à Montréal.

Pax Plante avait eu des démêlés avec la police. Il avait commencé sa carrière comme greffier de la Cour du Recorder, poste qu'il occupa jusqu'en 1946 alors qu'il est nommé conseiller juridique de l'escouade de la moralité de la police de Montréal. Le 9 août 1946, il est choisi chef de cette escouade à la suite de l'assassinat du présumé parrain de la pègre, un dénommé Davis. En juillet 1947, Plante est candidat au poste de chef de police, mais c'est Albert

Langlois qui l'emporte. Comme prix de consolation, il obtient le poste de chef adjoint, mais la rivalité entre les deux hommes finira par le congédiement du second le 8 mai 1948.

Pendant plus d'un an, on n'entendra plus parler de Plante, jusqu'à ce que *Le Devoir* commence, à la fin de novembre 1949, une série d'articles de Plante intitulée: «Montréal sous le règne de la pègre». Cette série d'articles eut un tel retentissement que les Ligues du Sacré-Coeur partirent en croisade contre la tolérance du vice. Un comité de moralité publique fut mis sur pied et une enquête est officiellement demandée le 11 mai 1950 par Me Plante et Me Drapeau, procureurs du Comité. Le juge O. S. Tyndale autorisa l'enquête qui devait porter sur la situation de la prostitution et du jeu à Montréal. En fait, elle portera plutôt sur la conduite de certains policiers entre 1940 et 1945.

L'enquête fut confiée au juge Caron, et chose étonnante, il acceptera que Pacifique Plante, l'adjoint du chef de police dégommé, agisse comme procureur de l'enquête. En acceptant ce fait, constate le criminologue Jean-Paul Brodeur, le juge Caron donnait prise au soupçon qu'il pouvait être persuadé d'avance de la culpabilité du chef de police en exercice, le directeur Langlois. Jusqu'à la fin de l'enquête, le 5 juin 1952, Drapeau et Plante se disputèrent la première place devant les projecteurs.

En septembre 1954, à la veille des élections municipales, le comité de moralité publique qui s'était transformé en parti politique municipal, la Ligue d'action civique, se cherchait désespérément un candidat. Pierre Desmarais, son président, réussit à faire taire les réticences de Drapeau qui se voyait mal combattre Camillien Houde, et la pègre à qui il avait fait tant de tort. Or, deux événements heureux vinrent modifier le cours des événements. D'une part, le 18 septembre, Camillien Houde, l'humaniste, annonça qu'il ne se représentait pas et, le 8 octobre, le juge Caron rendit public son rapport, qu'il avait retenu dix-sept mois (une première sans exemple dans l'histoire des enquêtes), et qui condamnait sans appel le chef de police Langlois et 17 officiers supérieurs, tout en disculpant les conseillers municipaux. Lors du scrutin du 24 octobre, les révélations du rapport ne furent pas sans conséquence sur l'issue du scrutin, puisque Drapeau l'emporta par 75 809 voix contre 21 546 sur son plus proche adversaire, Adhémar Raynault.

Mandat difficile

Drapeau devait vite réaliser que lui et les 27 conseillers de la Ligue d'action civique ne pesaient pas lourd à l'hôtel de ville dans un conseil de 99 conseillers dont un tiers non élus. Ce modèle très corporatiste, imposé en 1940 par le ministre T. D. Bouchard du gouvernement Godbout, était antidémocratique et inefficace.

De ce premier mandat, il y a peu à dire, l'administration Drapeau-Desmarais se contentant de rayer de la liste de paie les journalistes attitrés à la couverture municipale (100 $ par mois) et les subventions aux organismes de charité qui s'élevaient à 634 000 $ sous le prétexte que cela relevait des gouvernements supérieurs. Le chef de police Langlois fut remplacé par Pax Plante et le maire proposa de résoudre le problème de la circulation en construisant une autoroute qui passerait au-dessus du mont Royal, ce qui souleva l'indignation populaire.

Cependant, en 1956, il s'attaqua directement à Duplessis en s'opposant au plan Dozois, financé par les gouvernements d'Ottawa et de Québec, qui prévoyait la construction d'habitations à loyer modique (HLM) dans le quadrilatère formé par les rues Sanguinet, Ontario, Saint-Dominique et Sainte-Catherine, car il voulait y aménager une cité des ondes.

Aux élections municipales du 28 octobre 1957, Duplessis assouvit sa vengeance en mettant tout le poids de sa caisse électorale pour faire élire Sarto Fournier, un sénateur libéral. Celui-ci l'emporta par 82 860 voix contre 78 549 pour Drapeau, mais la Ligue d'action civique fit élire 33 des 65 candidats aux postes électifs. Bien qu'amer dans la défaite, Drapeau résolut de poursuivre la lutte après avoir reçu une lettre d'encouragement du chanoine Lionel Groulx.

Le nouveau Drapeau

En janvier suivant, il commença à donner des conférences publiques où il déclarait avoir été volé par une meute de loups qui avaient émis 20 000 faux bulletins de vote pour le faire battre. En 1959, il publia un livre intitulé *Jean Drapeau vous parle* traitant de constitution et d'économie. Puis, à titre de président honoraire de la Ligue d'action civique (il n'en était même pas membre), il se mit à parcourir la province pour donner des causeries publiques dans le but évident de créer un nouveau parti provincial. Mais l'échec d'un candidat de la Ligue dans une élection partielle au Lac-Saint-Jean mit fin prématurément à ce projet.

Après l'élection du gouvernement libéral en juin 1960, Jean Drapeau et Lucien Saulnier persuadèrent Jean Lesage d'amender la charte de la ville de Montréal afin de prévoir un référendum demandant aux citoyens de se prononcer quant au maintien des 33 conseillers de classe C nommés par le gouvernement. C'est à compter de ce moment que des dissensions apparurent au sein de la Ligue d'action civique et qui devaient déboucher, le 25 septembre, sur la scission de la faction Drapeau-Saulnier qui alla fonder le Parti civique de Montréal. Le nouveau parti promit la construction d'un métro et d'une voie rapide sur Décarie, l'érection d'un stade sportif au parc Maisonneuve et des HLM dans Saint-Henri. S'opposant à l'idée d'un gouvernement régional, on proposait plutôt d'annexer toutes les villes de banlieue et de faire «une île, une ville».

Deux jours avant les élections, Drapeau avait préparé, avec l'aide de René Lévesque, alors ministre provincial des Richesses naturelles, et des agents de la Sûreté du Québec, une descente dans une maison de la rue du Fort afin d'y saisir des plans, des fichiers et des cartes qui avaient été utilisés lors des élections de 1957! Cette descente fit la manchette des journaux le lendemain et discrédita les adversaires de Drapeau, mais nul n'entendit jamais parler des personnes arrêtées car les accusations tombèrent mystérieusement. Il l'emporta finalement par 75 000 voix contre 46 000 à Sarto Fournier, mais pour deux ans seulement puisque Québec attendait les recommandations du rapport Champagne afin de réformer le système municipal.

Québec opte finalement pour un conseil de ville de 45 membres, élus dans 15 districts électoraux. Le maire jouit maintenant de pouvoirs étendus: il soumet au conseil la liste de ses candidats au comité exécutif dont il est membre d'office ainsi que de tous les comités et commissions du conseil; il exerce le droit de surveillance, d'investigation et de contrôle de tous les services municipaux et des fonctionnaires; il préside le conseil tout en jouissant d'un vote prépondérant en cas d'égalité des voix.

De 1960 à 1962, l'administration Drapeau-Saulnier mit en branle une série de projets, notamment la construction du métro, le développement immobilier du quartier des affaires, en particulier l'érection de la place Ville-Marie au-dessus du «trou» des voies ferrées du Canadien national, et la restructuration du service de police. Le favoritisme flagrant s'atténua, mais le Parti civique créa bientôt un comité interne occulte chargé d'accélérer le traitement des demandes d'emploi des candidats provenant des fidèles du parti.

L'exposition universelle

En 1960, l'administration Fournier avait proposé Montréal comme site de l'Exposition universelle de 1967. Mais le Bureau international des expositions (BIE) avait opté pour Moscou qui avait obtenu plus de voix. En avril 1962, la capitale de l'URSS fait savoir qu'elle se désiste. Drapeau télégraphie aussitôt à Ottawa pour indiquer que la ville de Montréal est toujours intéressée à sa tenue. Mais il devra se battre contre Toronto. Finalement, il l'emporte en obtenant l'appui du gouvernement canadien, mais la décision du BIE ne sera connue que deux semaines après les élections municipales du 28 octobre 1962. Cela ne l'empêche pas de remporter une écrasante victoire par 130 000 voix contre 13 572 pour Sarto Fournier.

L'Exposition universelle de 1967 consacra Montréal comme ville internationale et permit à son maire d'atteindre des sommets de popularité et
de puissance.

(*Ville de Montréal*)

    À compter de ce moment, Drapeau se concentre sur
l'organisation de cette exposition qui devait coûter 430 millions $, sans compter les autres travaux d'infrastructure
comme la construction d'autoroutes par Québec au coût de
500 millions $, la ligne de métro sous le fleuve, la cons-
truction d'une estacade par le gouvernement fédéral.
Montréal en profite aussi pour s'agrandir en annexant
Saraguay et Rivière-des-Prairies. Des élections municipales
ont lieu en novembre 1966 et Drapeau l'emporte par 112 000
voix de majorité sur son plus proche adversaire, Gilbert
Croteau.

Le 27 avril 1967, l'Exposition s'ouvre sous le thème de «Terre des Hommes», et les Montréalais y découvrent le site enchanteur des îles magiques au milieu du Saint-Laurent où le monde entier (50 millions de visiteurs) s'est donné rendez-vous. Pour Drapeau, ce sera la gloire; les honneurs déferleront sur lui, de l'Ordre du Canada au doctorat honorifique.

C.-V. M.

SOURCES

BRODEUR, Jean-Paul, *La délinquance de l'ordre*, LaSalle, HMH, 1984, p. 141-188.

LINTEAU, Paul-André, *Histoire de Montréal depuis la Confédération*, Montréal, Boréal, 1992, p. 531-536.

PATENAUDE, J. Z. Léon, *Le vrai visage de Jean Drapeau*, Montréal, Éditions du Jour, 1962.

PURCELL, Susan et Brian McKENNA, *Jean Drapeau*, Montréal, Stanké, 1981, p. 11-184.

RUMILLY, Robert, *Histoire de Montréal*, Montréal, Fides, t. V, 1974, p. 135-267.

41

Sarto Fournier: émule de Rinfret ou paradoxe d'une scène politique

«J'ai commencé dans l'insignifiance volontaire pour ne pas effrayer mes adversaires.» Voilà comment l'Honorable sénateur Sarto Fournier explique le relatif oubli dans lequel est tombé son passage sur la scène municipale montréalaise. Souvent passé sous silence en effet, le régime de Sarto Fournier, maire de la ville de 1957 à 1960, est à vrai dire noyé dans l'ère Jean Drapeau. L'administration Fournier fut pourtant assez saine pour permettre le début de la construction du métro, assez visionnaire pour voter les premiers crédits et mousser jusqu'à l'étape ultime la candidature de Montréal pour la tenue éventuelle de l'Exposition universelle de 1967.

Deux facteurs expliquent le peu de relief de l'administration Fournier. Le premier tient à sa propre conception des devoirs du premier magistrat de la ville; le second découle de la présence à l'hôtel de ville, pour la toute première fois de l'histoire montréalaise, de partis politiques dûment constitués. De l'un a résulté une situation s'apparentant à celle d'un gouvernement minoritaire; de l'autre, une fâcheuse tendance à la prudence excessive, voire à l'inaction totale.

Sous des dehors sociables et conciliants, Fournier aurait, paraît-il, caché l'un des caractères les plus indépendants qui soient; il aurait été doté d'une intelligence subtile, intuitive, d'un esprit pénétrant, capable par ailleurs d'impulsions violentes. Quoi qu'il en soit, le profil effacé du maire, qu'il soit feint ou non, n'en a pas moins été très réel.

Nous voulons la paix

Fournier avait tenté à quelques reprises de se ménager un poste dans l'arène municipale. En 1950, il avait pour l'occasion utilisé la tactique du dénigrement, taxant Camillien Houde de «pauvre fainéant, prototype du démagogue». Houde l'avait battu par 30 000 voix. Mais dans la course à la succession de Houde en 1954, Fournier avait au contraire recouru à l'éloge, comme il se doit lorsqu'on parle d'un ancien adversaire, ancien vainqueur par surcroît, désormais inoffensif. À sa deuxième course à la mairie, donc, Fournier est encore défait, par 60 000 voix cette fois, et par un nouveau venu, posant sa toute première candidature, un dénommé Jean Drapeau. Sarto Fournier allait le rencontrer bien souvent sur son chemin.

Dans le discours inaugurant sa campagne électorale de 1957, Fournier déclarait que le temps des chicanes, des petites enquêtes à n'en plus finir, des procès, de la dictature d'un ou deux hommes, des borne-fontaines qui se prennent pour la tour Eiffel (!), était révolu. Son slogan, «administrer sans opprimer», en disait long sur la réputation déjà acquise en certains milieux par le maire sortant. Sarto Fournier se faisait fort d'ailleurs de dénoncer le culte de la personnalité en train de se constituer autour de son «très moral» adversaire.

Drapeau, fidèle à lui-même et à sa pratique des dernières années, évoquait quant à lui le «relâchement sans précédent» des mœurs qui succéderait inévitablement à l'élection de l'équipe Fournier.

En fait, Fournier se retrouvait à la tête de tous les courants anti-Drapeau-Desmarais regroupés dans le Ralliement du Grand Montréal, de fondation récente. Fournier lui-même pouvait compter sur une majorité des 50 000 électeurs du comté fédéral Maisonneuve-Rosemont qui l'avaient porté aux Communes à vingt-sept ans en 1935, jeune étudiant en droit admis au barreau seulement trois ans plus tard, et qui lui avaient renouvelé leur confiance sans interruption depuis lors, aux scrutins de 1940, 1945 et 1949. Élevé au rang de sénateur en 1953, il était le plus jeune membre de la Chambre haute de l'époque.

Tout libéral qu'il était, il bénéficiait en plus de l'appui de l'Union nationale de Maurice Duplessis. Car Jean Drapeau représentait une opposition déclarée au premier ministre provincial, constituait même un concurrent potentiel et sérieux. Drapeau, durant ces années, avaient gardé un œil braqué sur le parlement de Québec et, c'était un secret de polichinelle, il n'aurait pas dédaigné devenir chef à la place du Chef. Dans le milieu libéral provincial, les prétentions d'un Drapeau recevaient un accueil assez favorable, tandis que les accointances d'un Fournier et d'un Duplessis mécontentaient grandement. Au point qu'on finit par exclure le sénateur-maire Fournier de la Fédération libérale du Québec en 1958, le déclarant traître à la cause libérale, facilitant du même coup un rapprochement avec Drapeau, ce «trublion et cette peste politique», selon Fournier.

Paralysie d'un régime parlementaire

Sa victoire de 1957 n'est, en comparaison de ses évidentes défaites antérieures, rien de moins que décisive, même si l'annonce tardive de sa candidature six semaines avant le scrutin et les rares (six) assemblées publiques auxquelles il participa conféraient à son succès un caractère étonnant. «Finie la dictature, déclara-t-il après l'élection. J'instaurerai la démocratie dans la métropole.» Toutefois, sa maigre majorité de 4000 voix sur Drapeau ne lui permettait certes pas de clamer trop haut son avantage. D'autant plus que la répartition des forces à l'hôtel de ville laissait perplexe.

Fournier avait obtenu la mairie et avec lui 26 candidats du Ralliement du Grand Montréal étaient entrés au conseil. Drapeau et la Ligue d'action civique en avaient cependant 33, ce qui rendait difficile le fonctionnement de l'administration, d'autant plus que l'appui des conseillers représentant les associations (classe C) faisait défaut et que Joseph-Marie Savignac, membre du Ralliement, avait été nommé à la présidence du comité exécutif. Savignac était ce vieux collaborateur de Camillien Houde, président du comité exécutif à plusieurs reprises qui, depuis 1928 représentait le quartier Saint-Denis.

À partir de 1957, l'ère des conseillers indépendants est bel et bien révolue. Mais la vie politique municipale n'est pas plus sereine pour autant, il s'en faut de beaucoup. L'historien Paul-André Linteau écrit qu'elle prend plutôt «l'allure d'une bataille perpétuelle entre les deux grands partis».

Assez étonnamment, et erronément, le maire Fournier voyait une source d'espoir dans l'instabilité des rapports de force. D'après lui, la situation politique à l'hôtel de ville pouvait faire disparaître les coteries et l'esprit partisan. Aucun groupe n'ayant véritablement le pouvoir d'imposer sa volonté, on ne pouvait qu'assister à la disparition de l'esprit étroitement partisan au profit d'un souci général de bonne administration! Et il réitérait candidement ses vœux de paix, de calme et de discrétion dans l'exécution des tâches municipales, administratives, politiques ou simplement protocolaires. La devise de son administration devait être: silence et tranquillité.

Les fonctions strictement représentatives, il faut dire, avaient à ses yeux autrement plus d'importance que ses devoirs administratifs, lesquels étaient laissés volontiers au président du comité exécutif. Le maire Fournier ne connaissait pas ses dossiers et l'avouait. Au fond, la Ligue d'action civique était confrontée à un digne émule de Fernand Rinfret que Fournier avait du reste côtoyé, contribué à faire élire et qu'il admirait. Fournier se disait d'ailleurs durablement impressionné par celui «qui se préoccupait beaucoup de la forme»… Évidemment, on pouvait s'attendre à ce que cette attitude attentiste, presque timorée , ne fasse pas le poids très longtemps devant le volontarisme affirmé de Drapeau.

Fin de l'intermède

L'administration Fournier eut tout de même quelques réalisations à son actif. Au premier chef, elle avait poussé très loin la candidature de Montréal comme hôte de l'Exposition universelle de 1967. Le conseil municipal avait adopté une résolution sur le sujet, obtenu l'appui des gouvernements supérieurs. Le maire Fournier avait aussi présidé à l'ouverture, puis à l'inauguration officielle de la voie maritime du Saint-Laurent, en 1959. C'était un événement d'envergure et la présence de la reine Elizabeth II, du président américain Eisenhower, du premier ministre Diefenbaker et du chef de l'opposition aux Communes, L. B. Pearson, donne une idée des répercussions économiques escomptées.

Au printemps suivant, c'est au tour du boulevard Métropolitain d'être inauguré. Vient ensuite le viaduc de la rue Berri, attendu depuis trente ans. L'administration Fournier souhaitait faire de la rue Berri une des artères de circulation les plus importantes de la métropole. Mais, pour l'heure, de méchantes langues font remarquer que son viaduc ne mène nulle part...

Remords tardifs

Les jours à la mairie de Sarto Fournier sont désormais comptés, et pour cause. De l'aveu même du maire, Montréal est en retard sur tous les plans (surtout en comparaison avec Toronto). Par crainte de l'opposition, on s'est abstenu d'agir. «Il est mieux de faire quelque chose et de perdre ses élections que de les gagner et de ne rien faire», concède Fournier. Voilà un soubresaut d'activisme, d'énergie, qui arrive bien tard et semble dicté en partie par le nouveau contexte politique.

La ville, en effet, éprouve quelques difficultés administratives; le premier ministre de la province a jugé bon d'instituer une enquête sur la question. Le maire est en brouille avec le président du comité exécutif, sur qui il fait retomber toutes les responsabilités, et décide de se présenter comme candidat indépendant aux prochaines élections. Le mal

Vers la fin de 1958, les travaux de canalisation du Saint-Laurent allaient rondement puisqu'on y terminait l'aménagement de l'écluse de Saint-Lambert.

(*La Presse*)

viendrait selon lui de la politique de parti qui règne encore en maître à l'hôtel de ville. Vieux refrain qu'on n'est pas prêt d'abandonner si l'on considère que Jean Drapeau, de son côté, vient de fonder son propre parti, le Parti civique de Montréal, en rupture avec Pierre Desmarais et sa Ligue d'action civique. Fournier lui-même, malgré sa profession de foi «indépendantiste», sera à nouveau candidat d'un parti en 1962, celui du Parti des citoyens.

Au scrutin de 1960, le maire Fournier accusera une infériorité de 30 000 voix, encore une fois. Au fil de ses cinq courses à la mairie, de 1950 à 1962, il aura connu quatre défaites dont une, finale et retentissante, avait assuré une majorité de 117 000 votes à Jean Drapeau! Après aussi cuisante défaite, que faire sinon se replier sur ses fonctions de sénateur. Il devait décéder à Ottawa le 23 juillet 1980 à l'âge de soixante-douze ans.

L. D.

SOURCES

JOHNSON, J. K., *The Canadian Dictionary of Parliament*, 1968, p. 214.
La Patrie, 30 octobre 1957; 14 septembre 1958.
La Presse, 1957-1960.
Le Devoir, 1957-1959, 24 juillet 1980.
LINTEAU, Paul-André, *Histoire de Montréal depuis la Confédération*, Montréal, Boréal, 1992, p. 531-554.
RUMILLY, Robert, *Histoire de Montréal*, Montréal, Fides, t. V, 1974, p. 114-238.

42

Jean Drapeau (2): les années tourmentées, les Jeux olympiques

La Presse

Après le beau temps, l'orage! Pendant l'Exposition universelle de 1967, le maire Jean Drapeau avait convaincu la plupart des entreprises et des pays de donner à la ville leurs pavillons d'exposition afin d'en faire «la plus grande manifestation de culture universelle de tous les temps». Il voulait, avec «Terre des Hommes», poursuivre la fête de façon permanente, mais le temps des comptes était aussi arrivé.

La ville avait contracté une énorme dette avec la construction du métro et l'aménagement des îles sur le Saint-Laurent. Dès avril 1968, Montréal se retrouvait avec un déficit de 28 millions de dollars. C'est alors que le magicien Drapeau sortit de son chapeau la loterie municipale, la «taxe volontaire» afin de combler le déficit sans hausser les taxes. En même temps arrivait l'heureuse nouvelle que Montréal avait été choisie pour obtenir une franchise de la Ligue nationale de baseball.

Mais l'exposition culturelle «Terre des Hommes» avait besoin, pour se renflouer, de la venue de 15 à 20 millions de visiteurs. Il ne s'en présenta que 12,5 millions, ce qui mit en péril sa poursuite. À l'automne 1968, Lucien Saulnier décréta que Montréal n'avait plus les moyens de maintenir «Terre des Hommes», qui avait engendré un déficit de 8 millions, à moins que Québec n'en assume une part. Mais le gouvernement Bertrand refusa.

Le 29 janvier 1969, Saulnier le réaliste se leva au conseil pour déclarer que «Terre des Hommes» ne rouvrirait pas ses portes. Au cours de la même séance, Drapeau annonça qu'il pensait sérieusement à remettre sa démission. Sa menace lui valut un torrent de sympathie, et un sondage de *The Gazette* démontra que 98,3 p. 100 des Montréalais désiraient qu'il reste en fonction. Ce calcul du maire réussit à merveille puisque, peu après, les gouvernements provincial et fédéral décidèrent de participer à «Terre des Hommes», permettant à Montréal d'y allouer une somme de 24 millions.

L'agitation sociale

À vouloir mettre de l'avant des politiques de prestige axées sur le tourisme et les jeux, on en vient à oublier les besoins les plus élémentaires des gens. Les années qui suivirent l'Expo 67 furent marquées par un certain ralentissement économique qui mit en évidence les problèmes du chômage et de l'insalubrité des taudis. Indice de l'état de santé général des Montréalais, le taux de mortalité infantile atteignait 30 sur 1000 dans le comté de Saint-Jacques en 1970 comparativement à 18 sur 1000 au Canada.

La jeunesse étudiante était en ébullition un peu partout dans le monde, se révoltant contre le pouvoir établi. Au Québec, les revendications nationalistes prenaient le dessus, mais certains groupes révolutionnaires œuvraient dans le domaine du taxi et au sein des comités de citoyens de quartiers.

Qui dit agitation dit manifestations. Le corps policier, composé de recrues et se voyant dans l'obligation de protéger le pouvoir établi sans que celui-ci n'envisage de réformes sérieuses, se mit à son tour à revendiquer. Le «lundi de la matraque», le 24 juin 1968, avait démontré que la police abusait de la force brutale mais elle parvint à éviter le saccage de l'Université McGill lors de l'Opération McGill français le 28 mars 1969 en s'assurant le concours de la Gendarmerie royale du Canada et de la Sûreté du Québec.

Le différend commença lorsque l'administration municipale décida de geler ses contributions à la caisse de retraite des policiers en raison de sa situation financière. Lors d'une réunion, le 29 décembre 1968, la Fraternité des policiers menaça même de faire un coup d'État. En janvier 1969, les pompiers, sous le coup des mêmes mesures, s'allièrent aux premiers et menacèrent de faire la grève si Montréal ne versait pas dans leur caisse de retraite les cinq millions dus. Finalement, le 25 janvier, la ville céda.

Mais ce n'était que partie remise pour les policiers qui exigeaient la parité de salaire avec Toronto. Or le dévoilement du rapport d'arbitrage le 7 octobre 1969 qui prévoyait un écart salarial assez important avec la Ville Reine mit le feu aux poudres. Tous les policiers quittèrent leur travail; les voleurs s'en donnèrent à cœur joie, commettant 456 vols avec effraction; des vandales brisèrent les vitrines des magasins rue Sainte-Catherine, le Mouvement de libération du taxi se rendit saccager le garage de la Murray Hill, accusée de détenir le monopole du transport entre Montréal et Dorval, opération qui se solda par un mort.

Quelque temps plus tard, une nouvelle convention collective était signée et accédait presque point par point aux revendications de la Fraternité. Le gouvernement Bertrand sauvera l'administration Drapeau en créant la Communauté urbaine de Montréal (CUM) de qui relèvent tous les services de police de Montréal et dont les coûts seront partagés entre les villes.

Lucien Saulnier deviendra le premier président de la CUM. Il aurait voulu que le poste devienne électif, mais ni Drapeau ni Bourassa ne voulaient courir le risque de voir quelque éventuel adversaire menacer leur autorité. Le 20 avril 1971, Drapeau lui portera un coup mortel en nommant son jeune frère, Jean-Jacques, un simple inspecteur au passé douteux, chef de police de Montréal. Celui-ci, en plus d'avoir accepté un téléviseur couleur d'un hôtelier impliqué dans le commerce de la prostitution, avait été accusé après les élections municipales de 1962 de s'être servi illégalement de l'écoute électronique pour le compte du Parti civique, un véritable Watergate avant la lettre. En 1972, Jean-Jacques fut obligé de démissionner.

À l'automne 1970, les policiers allaient être sur les dents pendant quelques semaines lorsque le Front de libération du Québec (FLQ) enleva James Cross, l'attaché commercial de la Grande-Bretagne à Montréal, puis Pierre Laporte. Mais comme Drapeau n'avait pas confiance en sa police, il convainquit Québec et Ottawa d'envoyer l'armée et de faire décréter la Loi sur les mesures de guerre, ce qui fit ressembler Montréal à une de ses lointaines homologues d'Amérique du Sud.

Comme les élections municipales étaient prévues pour le 25 octobre 1970, Drapeau, qui a toujours su profiter des circonstances, utilisa une déclaration maladroite de Jean Marchand pour insinuer que le principal parti en liste, le Front d'action politique (FRAP), n'était qu'un ramassis de terroristes et de révolutionnaires. Dans ce qui constitue l'un des épisodes les plus noirs de sa carrière, Drapeau, tel un Godzilla hystérique, reprit ses accusations partout comme pour créer une psychose collective. Comme il se doit, le Parti civique remporta tous les sièges et il fut élu avec 92,5 p. 100 des votes. Il s'empressa de nommer son fidèle exécutant, Gérard Niding, président du comité exécutif.

Les Jeux olympiques

Camillien Houde avait tenté sans succès à deux reprises d'obtenir les Jeux olympiques, ceux de 1932 et ceux de 1956. Drapeau reprit l'idée dès 1966 en vue d'obtenir les Jeux de 1972, mais c'est Munich qui l'emporta. Mais ce n'était que partie remise puisqu'en mai 1970 Montréal obtint les Jeux de 1976 contre Los Angeles et Moscou.

Drapeau avait maintenant l'occasion de réaliser le rêve de sa vie: bâtir à Montréal un monument exceptionnel qui dépasserait les limites de la technologie moderne. Pour réaliser ce chef-d'œuvre qui comportait une tour, il croyait avoir trouvé l'homme tout indiqué: Roger Taillibert. Le 6 avril 1972, lors du dévoilement de la maquette du complexe, le maire déclara que les Montréalais n'auraient pas un cent à débourser: «Il est tout aussi impossible pour les Olympiques d'avoir un déficit que pour un homme d'avoir un bébé.» Une première estimation en août 1972 prévoyait que le coût total des Jeux serait de 310 millions dont 250 millions pour les installations.

Ce n'était qu'un début, et la saga de l'inflation phénoménale des coûts allait durer plusieurs années et endetter les Montréalais et les Québécois pendant une génération. En effet, en mai 1976, les analyses du gouvernement provincial démontrèrent que le coût total atteindrait 1416 millions et un déficit net de 995 millions.

Le parc olympique au moment de l'inauguration des Jeux de 1976.

(COJO)

La commission Malouf révéla plus tard que plusieurs facteurs avaient provoqué la hausse foudroyante des coûts: le retard de l'architecte Taillibert à fournir des plans définitifs et les nombreuses modifications apportées en cours de réalisation, l'incompétence de la firme d'ingénieurs Régis Trudeau enr., les grèves des travailleurs de la construction et le laisser-aller du gouvernement Bourassa qui, tout en ayant un droit de regard sur le choix des entrepreneurs, laissa le champ libre à la Ville jusqu'en novembre 1975 alors qu'il s'aperçut que les installations ne seraient jamais prêtes à temps pour les Jeux. Il créa alors la Régie des installations olympiques et devint maître-d'œuvre du chantier.

Entre-temps, le maire Drapeau et son parti s'étaient fait réélire le 10 novembre 1974. Mais le mécontentement des contribuables quant aux coûts olympiques, le fameux samedi rouge de la grève des pompiers, qui avait vu une partie du «faubourg à m'lasse» brûler, écorchèrent la popularité du maire qui ne l'emporta que par 142 205 voix contre 101 146 pour son adversaire Jacques Couture. Le Rassemblement des citoyens de Montréal (RCM) faisait quant à lui une entrée remarquée au conseil avec 18 candidats élus sur 52.

Le Stade olympique, sans son toit, fut terminé à temps pour l'ouverture des Jeux en juillet. Drapeau connut un moment de gloire aussi bref que délirant lorsqu'il hissa le drapeau olympique sous les applaudissements d'une foule de 75 000 personnes. Il avait enfin son monument, bien qu'à demi-décapité même si ce n'était pas lui qui l'avait rendu à terme.

L'arrivée au pouvoir du Parti québécois en novembre 1976 refroidit considérablement les relations entre le maire et le nouveau gouvernement. Une gaffe de Claude Charron qui refusa la nomination de Drapeau à un comité chargé de recommander la construction du mât olympique engagea le maire à commencer une série de discours de nature fédéraliste. Mais en juillet 1977, le gouvernement Lévesque créa la commission Malouf chargée d'enquêter sur le coût exorbitant des Jeux olympiques. Pendant un moment, Drapeau songea à succéder à Bourassa, mais il ne voulait pas passer par un congrès à la direction.

Aux élections municipales de 1978, profitant de la division des voix entre le RCM et le Groupe d'action municipale (GAM), Drapeau fut réélu avec 60,9 p. 100 des voix et le Parti civique rafla 52 des 54 sièges du conseil, malgré les révélations voulant que la maison de campagne de Gérard Niding ait été payée par l'entrepreneur olympique Régis Trudeau. Quelques jours plus tard, Niding démissionnait; il fut remplacé à la présidence du comité exécutif par Yvon Lamarre.

Avec Lamarre, l'administration Drapeau amorce un virage important qui met fin aux grands projets. Dorénavant, les politiques seront axées sur l'habitation — l'«Opération 20 000 logements» —, afin de mettre un frein à l'exode des Montréalais en banlieue, sur la création de la Commission d'initiative et de développement économique de Montréal (CIDEM) et sur l'aménagement de parcs industriels. Un effort spécial sera accompli pour ranimer la vie de quartier avec l'aménagement des maisons de la culture et la création des Sociétés d'initiative et de développement des artères commerciales (SIDAC).

Mais avec les révélations de la commission Malouf qui attribua au maire la hausse faramineuse du coût des Jeux olympiques, la popularité du Parti civique et du maire commença à décliner. En 1982, le RCM fit élire 15 conseillers, le GAM trois, sur un total de 54. Ce sera le dernier mandat de Drapeau.

Bien qu'il ait fait montre d'autoritarisme et de démesure, les Montréalais voueront à Drapeau une reconnaissance éternelle pour ce qu'il a fait pour la ville, en particulier en ce qui a trait à son rayonnement international. Ils se souviendront toujours de l'idéaliste et imaginatif Drapeau comme du bâtisseur du Montréal moderne, tout comme ils n'oublieront sans doute jamais Camillien Houde, l'humaniste.

C.-V. M.

SOURCES

ADAM, Marcel, *La démocratie à Montréal ou le vaisseau dort*, Montréal, Éditions de l'Homme, 1972, p. 49-143.

DAGENAIS, Michèle, *La démocratie à Montréal. De 1830 à nos jours*, Montréal, Ville de Montréal, 1992, p. 38-42.

LINTEAU, Paul-André, *Histoire de Montréal depuis la Confédération*, Montréal, Boréal, 1992, p. 535-548.

PURCELL, Susan et Brian McKENNA, *Jean Drapeau*, Montréal, Stanké, 1981, p. 185-363.

RUMILLY, Robert, *Histoire de Montréal*, Montréal, Fides, t. V, 1974, p. 269-280.

43

Jean Doré:
le maire du 350ᵉ
anniversaire de
Montréal

Quand, le 17 mai 1992, des centaines de milliers de personnes descendirent dans la rue Saint-Laurent pour célébrer
le 350ᵉ anniversaire de Montréal, le maire Jean Doré, le 39ᵉ
maire, pouvait se dire: Mission accomplie, la ville dispose
maintenant de legs permanents pour l'avenir.

En effet, au cours des cinq années précédentes, il s'était
engagé personnellement afin de doter Montréal de nouvelles
installations culturelles, de parcs et de places publiques qui
soient dignes d'une grande ville internationale. Au bas mot,
quelque 400 millions de dollars obtenus des gouvernements
de Québec et d'Ottawa ont été investis à cette fin.

Que l'on songe au réaménagement du Vieux-Port qui
permet enfin aux Montréalais de redécouvrir le fleuve Saint-
Laurent, à la réfection des anciennes écluses du canal
Lachine, à l'aménagement du parc des Îles dans la partie sud
de l'île Sainte-Hélène, à l'ouverture de nouveaux squares et
espaces publics, le square Berri et la place Charles-de-Gaulle,
le jardin de l'hôtel de ville qui a remplacé l'affreux stationne-
ment, à l'inauguration du Biodôme, un musée de sciences
naturelles unique au monde, au nouveau Musée d'art con-

temporain et à celui d'histoire et d'archéologie de la Pointe-à-Callières, à l'agrandissement du Musée des beaux-arts et du musée McCord, toutes ces réalisations viennent consolider le caractère culturel et international de Montréal.

Le seul regret du maire est de ne pas avoir pu concrétiser encore son projet d'une place de la musique pour y accueillir l'Orchestre symphonique et l'Opéra. Mais après trois cent cinquante ans d'existence, la ville de Montréal peut s'enorgueillir à juste titre de ces nombreux acquis.

Jean Doré a commencé à militer tôt sur la scène municipale de Montréal. Dès 1974, il est l'un des fondateurs du Rassemblement des citoyens de Montréal (RCM) dont il sera le trésorier. Le programme de ce parti de type social-démocrate est centré sur les besoins immédiats de la population en matière de logement, de transport en commun, de loisirs et de santé. Il propose aussi d'accroître la participation populaire au processus politique par la création de conseils de quartier. Le nouveau parti favorisera le regroupement des réformistes francophones et anglophones. En 1974, le RCM effectuera une percée significative en faisant élire 17 conseillers et en permettant à son candidat à la mairie, Jacques Couture, d'obtenir 39 p. 100 des voix.

Après ce succès, des dissensions entre l'aile gauche et l'aile social-démocrate éclatent au sein du parti, ce qui nuit considérablement à sa popularité. En 1978, le RCM et le Groupe d'action municipale (GAM) ne réussiront qu'à faire élire 2 conseillers sur 54. Il faudra attendre 1982 avant que le RCM ne regagne le terrain perdu et fasse élire 15 conseillers. Jean Doré, qui avait mené une belle lutte à la mairie contre Drapeau en remportant 36 p. 100 des suffrages, réussira à se faire élire conseiller en 1984, lors d'une élection partielle. À compter de ce moment, plus aucun obstacle ne pouvait l'empêcher de remporter la victoire contre un Parti civique décadent et usé. C'est ainsi qu'en 1986, le RCM raflera 55 des 58 sièges et Jean Doré obtiendra les deux tiers des voix contre son adversaire, Claude Dupras.

Sous la direction de Michael Fainstat, le premier anglophone à occuper la présidence du comité exécutif, la nouvelle équipe s'attaquera d'abord à la réforme de l'administration municipale dont les services sont réorganisés selon les principes et les méthodes de la technocratie moderne. Elle lance aussi une entreprise de planification de l'aménagement de l'espace urbain qui se fera à long terme. Elle cherche à définir des stratégies de développement économique en favorisant une concertation élargie avec les milieux d'affaires, les syndicats et les universités. La création des conseils de quartier est abandonnée au profit des comités-conseils d'arrondissement, ce qui mécontente l'aile radicale du RCM et plusieurs conseillers s'en vont fonder la Coalition démocratique de Montréal.

La réforme administrative n'est d'ailleurs pas terminée au moment où sont écrites ces lignes, puisque le maire a déclaré récemment qu'il voulait faire de Montréal 10 villes de 100 000 habitants, avec leur propre arrondissement afin de se rapprocher des citoyens. On sait que des coordonnateurs d'arrondissement ont été nommés, mais on ignore jusqu'où ira la décentralisation administrative. Ira-t-on aussi loin que la création de mairies d'arrondissement comme à Paris?

Si l'on excepte l'abolition de la taxe d'eau et l'aménagement de la plage «Doré» à l'île Notre-Dame, le caractère peu spectaculaire des réalisations de l'administration Doré-Fainstat peut avoir contribué à la légère chute de popularité aux élections de 1990 (50 p. 100 des voix et 42 conseillers sur 50). La promesse de créer une «zone d'entreprises» entre le parc industriel Moreau, l'autoroute 25, la rue Sherbrooke et le port de Montréal n'a pas été réalisée. Par contre, l'administration Doré a aménagé un parc de haute technologie sur l'ancienne piste de l'Adacport, mais le ralentissement économique et la crise n'ont pas permis d'y implanter des industries, mis à part Téléglobe. Les promesses concernant la fluoration de l'eau potable et l'élimination du sabot de Denver sont aussi restées lettre morte.

Montréal a connu un certain succès sur la scène internationale avec l'établissement en 1989 des bureaux du Fonds multinational sur la couche d'ozone, la conclusion de l'entente culturelle Montréal-Shangaï qui a permis la création du jardin chinois au Jardin botanique et la tenue en 1991 du troisième sommet des Grandes villes du monde.

Le nouveau Musée d'archéologie et d'histoire de Montréal, situé à la Pointe-à-Callières, a été inauguré en 1992, l'année du 350ᵉ anniversaire de fondation de Montréal.

(*La Presse*)

Des ratés économiques

En se faisant élire en 1986, le maire Doré avait indiqué son intention d'insuffler un nouveau dynamisme à l'économie de la ville. L'année suivante, il se fit représentant de commerce et rapporta de France une usine de moutarde et une autre de boulons pour l'aéronautique. Au total, de 7 à 8 millions d'investissements et 120 emplois.

Son administration a aussi mis au point, en vue de freiner l'exode des jeunes ménages, un programme de crédit d'impôt foncier de 1000 $ par an, pour une durée de cinq ans, destiné aux acheteurs de maisons neuves.

Mais l'administration a refusé de s'engager dans le projet de faire de Montréal un centre bancaire et financier international, si bien que l'opposition des milieux financiers torontois a réussi à vider de sa substance ce projet ambitieux. En fait, le maire Doré a toujours voulu faire de Montréal la métropole internationale du Canada, laissant à Toronto le titre de métropole intérieure du pays. En ce sens, il s'est toujours éloigné de l'idée de rivalité entre les deux villes pour lui substituer la notion de concertation.

La recherche de la concertation tant nationale que régionale — n'écrivait-il pas en 1986 qu'il est vain de maintenir une rivalité locale, qu'il valait mieux, pour une grande ville, promouvoir son intérêt économique sur une base régionale — lui jouera un mauvais tour lorsque des politiciens réussiront dans les coulisses à ravir à Montréal le siège de l'Agence spatiale canadienne. La petite municipalité de Saint-Hubert s'est faite David contre Goliath. Et Montréal s'est retrouvée gros Jean comme devant, même si elle était prête à céder pour la somme de un dollar les terrains qu'elle possède sur l'ancien site de l'Adacport au gouvernement fédéral.

Après cet échec, de nombreux observateurs ont mis en relief le peu de poids politique dont disposait Montréal, tant à Ottawa qu'à Québec. En effet, en 1988, le plan de transport de la région de Montréal du ministre Marc-Yvan Côté avait soulevé la colère des autorités montréalaises parce qu'il privilégiait les banlieusards au détriment des Montréalais. Tout était prévu pour les faire entrer à Montréal mais rien pour les y retenir.

Le même scénario se répétera en 1992 lorsque Marc-Yvan Côté, cette fois ministre des Affaires sociales, annoncera sans consultation le déménagement de l'Hôtel-Dieu de Montréal à Rivière-des-Prairies. Ce quartier se trouve dans les limites de la ville, mais les retombées du projet profiteront surtout aux spéculateurs lavallois.

On évoque déjà le «trou de beigne» de Montréal, toute l'activité économique la plus dynamique se retrouvant à sa périphérie et la ville connaissant tous les problèmes des mégalopoles américaines: pauvreté et violence au centre, richesse à son pourtour.

Ce n'est pas d'hier que Montréal éprouve des difficultés avec les gouvernements supérieurs. L'histoire de Montréal, tant au XIXe qu'au XXe siècle, est parsemée d'anecdotes sur les relations tendues avec Québec ou Ottawa. Que l'on songe aux difficultés du maire Camillien Houde avec les gouvernements Taschereau et Duplessis, à Québec, et King, à Ottawa, dans les années 1930; celles de Drapeau avec le gouvernement Duplessis dans les années 1950. Mais de 1960 à 1986, le maire Drapeau était assez puissant pour faire courber l'échine aux deux gouvernements. Force est de constater que l'administration Doré n'a pas établi cette espèce de complicité d'antan avec Québec. Certains l'attribuent à un clivage politique (plusieurs membres de l'administration ayant travaillé dans le gouvernement péquiste de 1976 à 1985), mais il faut signaler qu'aucun ministre important dans les cabinets Bourassa et Mulroney, élu dans les limites de la ville, ne représente les intérêts de la grande ville.

Nul doute qu'avec les difficultés financières grandissantes que connaît la ville — en raison notamment de la fermeture d'entreprises ce qui a pour effet une diminution des recettes de Montréal et, corollairement, une augmentation substantielle des taxes résidentielles, commerciales et industrielles, sans compter le désengagement de Québec en matière de transport en commun — l'administration Doré-Cousineau devra mettre l'accent sur des projets économiques au cours des prochaines années.

Les origines du maire

Jean Doré est né le 12 décembre 1944 dans un quartier du centre-sud. Poursuivant des études en droit à l'Université de Montréal, il sera élu en 1967 président de l'Association générale des étudiants de l'Université de Montréal. En 1970, il commence une nouvelle carrière de journaliste à Radio-Canada, poste qu'il abandonne rapidement pour devenir attaché de presse de René Lévesque. De 1972 à 1975, on le retrouve directeur général de la Fédération des associations d'économie familiale, puis il y occupe en 1975 le poste de président. Tout en œuvrant à la Ligue des droits de la personne, il poursuit sa carrière d'avocat au bureau de Lavoie, Groleau, Marchand, Lagueux et Doré, ce qui ne l'empêche pas d'être actif en politique municipale.

C.-V. M.

SOURCES

DAGENAIS, Michèle, *La démocratie à Montréal*, Montréal, Ville de Montréal, mars 1992.
DORÉ, Jean, *Pour Montréal*, Montréal, VLB éditeur, 1986.
Le Devoir, 1986-1992
La Presse, 1986-1992.
Le Journal de Montréal, 18 juillet 1992.
LINTEAU, Paul-André, *Histoire de Montréal depuis la Confédération*, Montréal, Boréal, 1992, p. 540-554.

Bilan de 160 ans
de mairie à Montréal

Lorsqu'en 1833 Jacques Viger est élu le premier maire de Montréal par les conseillers municipaux, la ville est majoritairement anglophone. Même s'il y eut alternance entre maires francophones et anglophones jusqu'en 1912, le groupe anglophone sera majoritaire au conseil municipal de 1833 à 1880; puis, reflétant les mouvements démographiques qui caractérisent la ville et qui avantagent les francophones à compter de 1873, ces derniers forment par la suite le groupe le plus nombreux au conseil.

Sous le règne des hommes d'affaires

De 1840 à 1873, Montréal est dirigée par une équipe d'hommes d'affaires car, à cette époque, le pouvoir politique est lié à la puissance financière. Dix des onze maires qui ont gouverné la ville au cours de cette période ont fait leur marque dans le commerce et l'industrie; le onzième, Wolfred Nelson, était médecin. Peu scolarisés (huit maires sur onze n'ont pas de formation scolaire dépassant les études secondaires), la plupart d'entre eux sont originaires de l'extérieur de la ville ou de l'étranger. Leur réussite en affaires a été durement gagnée et leur succès leur a ouvert les portes de la direction de la chose publique. Ils entretiennent des liens étroits avec la politique provinciale ou fédérale et ils passent aisément d'un palier à un autre ou même cumulent divers postes.

Cette période est caractérisée par l'expansion du port et des chemins de fer ainsi que par le début de l'industrialisation de la ville. Au cours de ces trente ans, la ville déborde largement les limites du Vieux-Montréal et les faubourgs se développent. Mais ce sont les quartiers du centre et de l'ouest qui bénéficient davantage des nouvelles infrastructures: aqueduc et égout, rues pavées, etc.

Une période de transition: 1873-1914

La période comprise entre 1873 et 1914 peut être considérée comme une ère de transition alors que l'élément francophone accapare de plus en plus le contrôle de l'hôtel de ville, ce qui profitera aux quartiers de l'est et aux nouvelles entités administratives annexées.

On constate que le bassin de recrutement des candidats à la mairie est plus diversifié: ce sont autant des membres de professions libérales (avocats, médecins, journalistes) que des financiers ou des hommes d'affaires.

La prise de contrôle du conseil municipal par les francophones, avec tous les avantages que cela comporte — contrats, pots-de-vin, nominations —, soulèvera très rapidement l'opposition du côté anglophone. Cette opposition prendra la forme d'un mouvement réformiste qui dénonce le gonflement de la dette municipale et l'extravagance des travaux publics. Mais comment mettre un frein au développement d'une ville qui se construit à pas de géant? Les élus francophones croient qu'ils peuvent financer les travaux d'infrastructure à même les nouveaux revenus engendrés par la hausse du rôle d'évaluation et par les emprunts.

Pour leur part, les réformistes, lorsqu'ils prendront le pouvoir, tenteront d'imposer un temps d'arrêt à l'intensification des travaux publics en assainissant les finances publiques (introduction des demandes de soumissions publiques), en professionnalisant la fonction publique municipale et en améliorant l'hygiène publique. Toutefois, ils seront eux aussi critiqués pour leur manque d'efficacité et leur inaptitude à répondre aux besoins de nouveaux services toujours grandissants.

Aucun des deux groupes, populiste et réformiste, n'osera s'attaquer de front au problème de la taxation municipale dont le taux était ridiculement bas pour une ville en expansion constante (1,25 $ à Montréal comparativement à 1,75 $ à Toronto). De plus, les réformistes échoueront dans leur tentative de municipaliser les services publics assurés par des monopoles: ainsi en est-il du gaz, de l'électricité, du transport en commun et de certaines parties de l'aqueduc qui coûtaient exagérément cher aux Montréalais.

L'absence de solution à ces problèmes fera qu'au lendemain de la Première Guerre mondiale de nombreuses crises secoueront les finances municipales, obligeant le gouvernement provincial à imposer à quelques reprises sa tutelle sur l'administration municipale.

La période 1914-1992

L'année 1914 coïncide avec la fin de l'alternance entre un maire anglophone et un maire francophone. Dorénavant, il n'y aura plus que des maires francophones à Montréal. Ceux-ci sont pour la plupart issus des professions libérales (avocats, agents d'assurances, journalistes). Ils sont plus populaires et doivent compter, depuis le milieu des années cinquante, sur un parti pour se faire élire. Les Camillien Houde et les Jean Drapeau marqueront plus que tous les autres l'histoire de cette période.

C'est aussi pendant ces quatre-vingts ans que Montréal perdra peu à peu son titre de métropole économique et financière canadienne, titre qui passera à sa rivale, Toronto. Celle-ci amorcera sa montée au lendemain de la Première Guerre en accaparant un plus fort pourcentage des investissements américains qui supplanteront dorénavant les investissements britanniques ou européens. Avec l'ouverture de la voie maritime du Saint-Laurent en 1959, le rôle de Toronto devient prédominant.

Montréal a traversé plus difficilement la crise économique des années trente en raison de sa structure industrielle articulée sur la construction et les transports. Camillien Houde prend fait et cause pour les démunis, et la ville paie une part importante de l'aide aux chômeurs que les gouvernements supérieurs ne veulent pas fournir. Pour cela, la ville doit recourir à des emprunts massifs. Or les institutions financières se montrent de plus en plus réticentes, si bien que l'administration municipale se trouvera dans l'obligation d'instaurer une taxe de vente, un précédent au Québec. Et même avec ces revenus additionnels, Montréal ne pourra rembourser un emprunt venu à échéance en 1940, de sorte que Québec imposera à nouveau sa tutelle jusqu'en 1944.

Après la Seconde Guerre mondiale, l'essor de Montréal se poursuit, mais la ville ne dispose bientôt plus de territoires pour s'étendre de sorte que ce sont les banlieues qui en profiteront. À compter des années soixante, la ville mettra plutôt l'accent sur les grands projets de prestige à caractère international, comme l'Exposition universelle de 1967 et les Jeux olympiques de 1976. Enfin, dans les années quatre-vingt, l'administration municipale se préoccupera davantage de la qualité de vie des citoyens par la valorisation des artères commerciales, la création de pistes cyclables ou l'aménagement de nouvelles places et squares. Mais en même temps, on sent que Montréal se cherche un second souffle, de nouvelles ambitions à concrétiser. La désindustrialisation accélérée des dernières décennies constitue le principal défi que la ville aura à relever dans le futur.

Les premières armoiries de Montréal.

Régimes administratifs municipaux de Montréal

1833	Entrée en vigueur de la première charte de la corporation de la Cité de Montréal. Montréal compte alors huit quartiers, représentés chacun par deux conseillers élus pour deux ans. Le maire est choisi parmi les membres du conseil municipal et par eux pour un mandat d'un an. Le droit de vote et l'éligibilité au poste de conseiller sont accordés aux seuls hommes de vingt et un ans et plus, propriétaires immobiliers et résidants montréalais depuis au moins douze mois.
1836	En raison de l'agitation politique, la charte venue à échéance n'est pas renouvelée. Montréal retourne à l'administration par les magistrats de la Cour des sessions de la paix.
1840	Entrée en vigueur de la deuxième charte municipale. Le Conseil spécial nommé par l'autorité royale britannique pour répondre aux rébellions de 1837-1838 nomme les membres du conseil municipal. La ville compte six quartiers représentés par trois conseillers chacun, lesquels choisissent parmi eux le maire lui-même ainsi que six échevins responsables des services municipaux.

Le cens d'éligibilité est fixé à 1000 livres pour les échevins et à 500 pour les conseillers. Tous doivent «tenir maison» dans leur quartier depuis un an.

Le vote se fait oralement et seuls ceux qui ont acquitté leurs taxes municipales peuvent exercer leur droit de vote. Il n'existe aucun mécanisme de contrôle de l'identité des électeurs.

1852   Premières listes électorales, toujours sans contrôle d'identité. Les mises en candidature se font lors d'assemblées publiques et le vote est, lui aussi, public.

Le maire est élu pour la première fois par l'ensemble des électeurs.

1860   Les locataires contribuables obtiennent droit de vote à condition d'avoir acquitté leurs taxes et la corvée (taxe annuelle de un dollar pour l'approvisionnement en eau).

1874   Refonte de la charte municipale. Montréal devient la Cité de Montréal. La distinction entre échevin et conseiller est abolie. On ne garde que la seconde dénomination. Création de commissions administratives.

Mises en candidature par dépôt d'un bulletin de présentation à l'hôtel de ville. Chacun des neuf quartiers a droit à trois conseillers. Leur mandat est de trois ans tandis que celui du maire de un an.

La qualification du maire est portée à 4000 $, celle des conseillers à 2000 $. Le maire n'a aucun pouvoir administratif.

1883   Abolition de la taxe de corvée.

1889   Les élections se font désormais au scrutin secret.

Les filles majeures et les veuves, propriétaires, obtiennent le droit de vote.

Douze quartiers.

Première reconnaissance officielle du comité des finances et précision de son rôle.

1894   Le mandat des maires est porté à deux ans.

1899   Dix-sept quartiers. Le nombre de conseillers est ramené à deux par quartier et leur mandat, comme celui du maire, est limité à deux ans. Ce dernier acquiert de nouveaux pouvoirs: droit de surveillance, d'investigation et de contrôle, droit de faire des recommandations au conseil et droit de suspension du personnel des services municipaux.

La qualification foncière du maire est portée à 10 000 $. Les pouvoirs du comité des finances sont précisés. Il a la haute main sur toute décision à portée financière. Seul le vote contraire des trois quarts des membres du conseil peut renverser ses décisions.

Les fonctionnaires municipaux ont désormais droit de vote.

1910   Refonte de la charte. La Cité compte 31 quartiers. Le conseil comprend le maire, un échevin (nouvelle appellation de conseiller) par quartier. S'y ajoutent les quatre membres, eux aussi élus, du bureau des commissaires nouvellement créé. Le comité des finances est aboli.

Le membres du bureau des commissaires sont élus pour quatre ans, les membres du conseil et le maire pour deux. Le bureau possède des pouvoirs analogues à ceux du comité exécutif actuel. Le bureau est le véritable détenteur des pouvoirs exécutifs et administratifs, le législatif demeurant du ressort du conseil. Le maire préside ses séances, mais il est dépouillé de tous ses pouvoirs antérieurs.

1911   La qualification foncière de 10 000 $ exigée du maire et des commissaires est abolie.

1912   La qualification foncière de 2000 $ exigée des échevins est abolie.

1918   Mise en tutelle de la ville de Montréal par le gouvernement provincial. Le maire et le conseil sont pour ainsi dire soumis aux décisions de la Commission administrative créée par le gouvernement et dont les cinq membres sont directement nommés par lui.

1921   Fin de la tutelle. Nouvelle refonte du régime administratif municipal.

Création d'un comité exécutif composé de cinq échevins nommés par le conseil municipal. Le comité exécutif devient le siège du pouvoir administratif et l'instance décisionnelle dans le domaine législatif.

Un échevin pour chacun des 35 quartiers. Mandats de deux ans.

Le maire préside le conseil et le comité exécutif, dont il n'est toutefois pas membre d'office, et fait des recommandations.

1934   Le droit de vote est accordé aux femmes mariées propriétaires et mariées en régime de séparation de biens.

1940   Nouvelle tutelle du gouvernement provincial par l'intermédiaire de la Commission municipale. Mise en place du «régime des 99».

Le conseil se compose désormais de 99 conseillers répartis en trois catégories:

Classe A: élus par les propriétaires.

Classe B: élus par les propriétaires et les locataires.

Classe C: nommés par treize associations et organismes (syndicats, universités, hommes d'affaires, etc.).

La ville est découpée en 11 districts électoraux représentés chacun par 6 conseillers. Deux représentants par classe de conseillers composent le comité exécutif.

1944   Fin de la tutelle. Le mandat du maire passe à trois ans.

1949   Le maire redevient membre de plein droit du comité exécutif.

1960   Abolition de la classe C.

Le comité exécutif se compose de trois représentants des classes A et B.

1962   Abolition de la classe A.

Le conseil est élu par l'ensemble des électeurs. Il y a 15 districts électoraux comptant 3 conseillers chacun. Leur mandat ainsi que celui du maire sont de 4 ans.

Le droit de vote des électeurs est limité à un seul quartier même s'ils se qualifient dans plusieurs. Les locataires doivent payer un loyer d'au moins 200 $ par an pour être électeurs.

Le maire peut suggérer les noms des conseillers qu'il souhaiterait voir siéger au comité exécutif.

Le maire et le président du comité exécutif sont les véritables dirigeants de l'appareil municipal.

1968   L'élection des conseillers et du maire se fait dorénavant au suffrage universel.

1978   Un représentant pour chacun des 54 districts électoraux.

Le mode de scrutin est calqué sur celui en vigueur aux niveaux provincial et fédéral.

Réglementation du mode de financement des partis politiques: pas de contribution des corporations et des entreprises; limitation des contributions individuelles; chaque parti doit fournir un rapport annuel.

1980   Reconnaissance officielle des partis politiques municipaux.

Élections ou nominations à la mairie de Montréal

3 juin 1883	VIGER, Jacques	Nommé par le conseil
2 juin 1834	VIGER, Jacques	Nommé par le conseil
1er juin 1835	VIGER, Jacques	Nommé par le conseil
1840-1842	MCGILL, Peter	Nommé par le conseil spécial
1er décembre 1842	BOURRET, Joseph	Nommé par le conseil
1er décembre 1843	BOURRET, Joseph	Nommé par le conseil
2 décembre 1844	FERRIER, James	Nommé par le conseil
2 mars 1846	FERRIER, James	Nommé par le conseil
11 mai 1846	MILLS, John Easton	Nommé par un jugement de la Cour
1er mars 1847	MILLS, John Easton	Nommé par le conseil
12 novembre 1847	BOURRET, Joseph	Nommé par le conseil

6 mars 1848	BOURRET, Joseph	Nommé par le conseil
5 mars 1849	FABRE, Éd.-Raymond	Nommé par le conseil
4 mars 1850	FABRE, Éd.-Raymond	Nommé par le conseil
3 mars 1851	WILSON, Charles	Nommé par le conseil

16 février au
4 mars 1852   WILSON, Charles   Élu: 2463 voix
N.B.: Première élection populaire du maire.

Homier, Jean-Baptiste	4
Thompson, Edouard	4
MacFarlane, Archibald	3
Valois, Narcisse	2
Marchand, Louis	2
Ennis, John-H.	1
Campbell, John	1
McNeice, Peter	1
Samuel, Arthur	1
Dougall, John	1
McGill, Peter	1
Campbell, Rollo	1
Peacock, John	1
Orr, John	1
Adams, Austin	1
Smith, James	1
Barber, John-Ennis	1

15 février au
10 mars 1853   WILSON, Charles   Élu: 1 656 voix

Campbell, Rollo	111
Sandham, John	45
Moore, William	1
Workman, William	1
Beaudry, Jean-Louis	1
Dufresne, F.	1

22 au
28 février 1854   NELSON, Wolfred   Élu: 1 482 voix

Fabre, Édouard-Raymond	1 413

22 au
28 février 1855   NELSON, Wolfred   Élu par acclamation

22 au 29 février 1856	STARNES, Henry	Élu par acclamation
23 au 28 février 1857	STARNES, Henry	Élu par acclamation
22 au 27 février 1858	RODIER, Ch.-Séraphin Day, John James	Élu: 3 132 voix 2 329
22 au 28 février 1859	RODIER, Ch.-Séraphin Cherrier, Côme-Séraphin	Élu: 1558 voix 194
23 au 29 février 1860	RODIER, Ch.-Séraphin Holmes, Benjamin	Élu: 1 899 voix 1 875
22 au 29 février 1862	BEAUDRY, Jean-Louis Rodier, Ch.-Séraphin	Élu: 1 235 voix 903
23-28 février 1863	BEAUDRY, Jean-Louis Holmes, Benjamin Montmarquet, Alexis	Élu: 1529 voix 43 désistement
23 au 29 février 1864	BEAUDRY, Jean-Louis	Élu par acclamation
22 au 28 février 1865	BEAUDRY, Jean-Louis Doherty, Marcus	Élu: 2 450 voix 1 846
22 au 28 février 1866	STARNES, Henry Beaudry, Jean-Louis	Élu: 2 333 voix 12
25 au 28 février 1867	STARNES, Henry	Élu par acclamation
26 au 29 février 1868	WORKMAN, William Beaudry, Jean-Louis	Élu: 3 134 voix 1 862
24 au 27 février 1869	WORKMAN, William	Élu par acclamation

24 au 28 février 1870	WORKMAN, William	Élu par acclamation
24 au 28 février 1871	COURSOL, Ch.-Joseph	Élu par acclamation
26 au 29 février 1872	COURSOL, Ch.-Joseph	Élu par acclamation
24 au 28 février 1873	CASSIDY, Francis	Élu par acclamation

N.B.: décès de F. Cassidy
le 14 juin 1873. Aldis Bernard le remplace.

25 au 28 février 1874	BERNARD, Aldis Devlin, Owen Joseph Barsalou, Joseph Cassidy, John L. Rodden, William Stephens, George W.	Élu: 2 808 voix 465 35 10 9 8
1er mars 1875	HINGSTON, William H. Beaudry, Jean-Louis	Élu: 5 013 voix 658
2 mars 1876	HINGSTON, William H.	Élu par acclamation
1er mars 1877	BEAUDRY, Jean-Louis David, Ferdinand	Élu: 2 780 voix 812
1er mars 1878	BEAUDRY, Jean-Louis	Élu par acclamation
1er mars 1879	RIVARD, Sévère Beaudry, Jean-Louis	Élu: 2 283 voix 1 993
1er mars 1880	RIVARD, Sévère	Élu par acclamation
1er mars 1881	BEAUDRY, Jean-Louis Nelson, Horatio Ad.	Élu: 2 891 voix 2 657
1er mars 1882	BEAUDRY, Jean-Louis Leprohon, John Lukin	Élu: 3 189 voix 2 284
1er mars 1883	BEAUDRY, Jean-Louis Bulmer, Henry	Élu: 3 382 voix 3 170

1er mars 1884	BEAUDRY, Jean-Louis	Élu: 2 643 voix
	Bulmer, Henry	2 378
	Ouimet, Aldéric	désistement
2 mars 1885	BEAUGRAND, Honoré	Élu: 3 327 voix
	Beaudry, Jean-Louis	2 928
1er mars 1886	BEAUGRAND, Honoré	Élu: 5 055 voix
	Décary, Alphonse Clovis	3 100
1er mars 1887	ABBOTT, John J. C.	Élu: 9 225 voix
	Rainville, Henri Benj.	7 453
1er mars 1888	ABBOTT, John J. C.	Élu par acclamation
1er mars 1889	GRENIER, Jacques	Élu par acclamation
1er février 1890	GRENIER, Jacques	Élu par acclamation
2 février 1891	McSHANE, James	Élu: 10 297 voix
	Grenier, Jacques	5 166
1er février 1892	McSHANE, James	Élu par acclamation
	Drapeau, Louis A.	désistement
1er février 1893	DESJARDINS, Alphonse	Élu: 8 818 voix
	McShane, James	8 702
	Rolland, J. Damien	désistement
1er février 1894	VILLENEUVE, J.-O.	Élu: 11 898 voix
	McShane, James	11 722
1er février 1896	WILSON-SMITH, R.	Élu par acclamation
1er février 1898	PRÉFONTAINE, Raym.	Élu par acclamation
1er février 1900	PRÉFONTAINE, Raym.	Élu: 6 217 voix
	Doran, William	3 095
1er février 1902	COCHRANE, James	Élu: 11 409 voix
	Wilson-Smith, Richard	10 545
	Préfontaine, Raymond	désistement
	Lachapelle, Persillier	désistement
1er février 1904	LAPORTE, Hormidas	Élu: 17 110 voix
	Dandurand, Ucal-Henri	4 551
	Cochrane, James	2 499

1er février 1906	EKERS, Henry Archer	Élu: 16 199 voix
	Doran, William E.	12 721
3 février 1908	PAYETTE, Louis	Élu: 14 710 voix
	Roy, Philippe	11914
1er février 1910	GUERIN, J. J. Edmund	Élu: 29 212 voix
	Casgrain, J. P. B.	16 258
1er février 1912	LAVALLÉE, Louis-A.	Élu: 29 260 voix
	Marcil, Georges	16 828
6 avril 1914	MARTIN, Médéric	Élu: 40 733 voix
	Stephens, George W.	35 169
3 avril 1916	MARTIN, Médéric	Élu: 33 348 voix
	McDonald, Duncan	23 429
	Lapointe, Louis-Audet	16 604
2 avril 1918	MARTIN, Médéric	Élu: 42 720 voix
	Ainey, Joseph	35 654
18 octobre 1921	MARTIN, Médéric	Élu: 55 905 voix
	Rochefort, Luc	23 383
7 avril 1924	DUQUETTE, Charles	Élu: 43 221 voix
	Martin, Médéric	40 125
	Petit, Joseph Henri	1 318
	Rochefort, Luc	désistement
12 avril 1926	MARTIN, Médéric	Élu: 53 744 voix
	Desaulniers, Joseph-Victor	29 086
	Baillargeon, J.-Baptiste	13 543
2 avril 1928	HOUDE, Camillien	Élu: 62 349 voix
	Martin, Médéric	40 550
7 avril 1930	HOUDE, Camillien	Élu: 77 395 voix
	Mathewson, James Arthur	36 497
	Mercure, Joseph	1 901
8 avril 1932	RINFRET, Fernand	Élu: 67 544 voix
	Houde, Camillien	54 718
	Ouimet, Séraphin	7 777
	Gingras, Onil Léonide	1 914
9 avril 1934	HOUDE, Camillien	Élu: 89 603 voix
	Plante, Anatole	37 840
	Lavery, Salluste	12 740
	Desrosiers, Pierre	2 840
	N.B.: C. Houde démissionne	
	le 28 août 1936	

15 décembre 1936	RAYNAULT, Adhémar	Élu: 56 212 voix
	Houde, Camillien	52 332
	Rochefort, Candide	18 913
12 décembre 1938	HOUDE, Camillien	Élu: 82 800 voix
	Gascon, Charles Auguste	62 244
	Rochefort, Candide	4 124
9 décembre 1940	RAYNAULT, Adhémar	Élu: 16 643 voix
	Trépanier, Léon	15 636
	Trépanier, Raoul	9 359
	Rochon, David	8 895
	Trépanier, Léonard	7 167
	Penverne, Jean Joseph	3 336
	Bélisle, Oscar	2 981
	Landry, Charlemagne	1 922
	Mercure, Joseph	544
	Hamelin, Edmond	désistement
	N.B.: C. Houde	
	est emprisonné.	
14 décembre 1942	RAYNAULT, Adhémar	Élu: 31 084 voix
	Dupuis, Hector	18 113
	Benoit, Joseph	1 709
	Périllard, Raoul	678
11 décembre 1944	HOUDE, Camillien	Élu: 63 117 voix
	Raynault, Adhémar	48 154
9 décembre 1947	HOUDE, Camillien	Élu par acclamation
11 décembre 1950	HOUDE, Camillien	Élu: 60 040 voix
	Fournier, Sarto	30 111
25 octobre 1954	DRAPEAU, Jean	Élu: 75 809 voix
	Raynault, Adhémar	21 546
	Rochon, David	18 583
	Fournier, Sarto	16 843
	Lafontaine, Charles	8 061
	Dupuis, Hector	7 255
	Dionne, Camille	2 715
	Bousquet, Charles Omer	919
	Sauriol, Jacques	910
28 octobre 1957	FOURNIER, Sarto	Élu: 82 860 voix
	Drapeau, Jean	78 549
	Lafontaine, Charles	désistement

24 octobre 1960	DRAPEAU, Jean	Élu: 75 455 voix
	Fournier, Sarto	46 434
	Cohen, Ralph A.	9 829
	Tremblay, Lucien	7 900
	Albert, Gérard A.	3 167
28 octobre 1962	DRAPEAU, Jean	Élu: 130 207 voix
	Fournier, Sarto	13 572
	Lambert, Paul	3 713
	Parent, Louise	784
23 octobre 1966	DRAPEAU, Jean	Élu: 117 450 voix
	Croteau, Gilbert	4 926
	Parent, Louise	2 086
25 octobre 1970	DRAPEAU, Jean	Élu: 339 215 voix
	Desmarais, André	11 072
	Léger, Mlle Gagnon	7 189
	Abraham, Joseph	3 831
	Robillard, Jean-Guy	3 492
	Longtin, Claude	3 442
	Monette, Lucien	1 269
10 novembre 1974	DRAPEAU, Jean	Élu: 149 643 voix
	Couture, Jacques	106 217
	Brisebois, Jacques	10 557
	Métivier, Patricia	3 114
	Kouri, Paul	2 218
12 novembre 1978	DRAPEAU, Jean	Élu: 212 345 voix
	Joyal, Serge	89 173
	Duquette, Guy	43 522
	Gervais, Louise	1 963
	Lapierre, Mariette	1 755
14 novembre 1982	DRAPEAU, Jean (PC)	Élu: 174 306 voix
	Doré, Jean (RCM)	129 706
	Vignola, Henri-Paul (GAM)	54 890
	Gervais, Gilles	1 397
	Métivier, Patricia	1 222
	Le Rougetel, Katy	892
9 novembre 1986	DORÉ, Jean (RCM)	Élu: 230 025 voix
	Dupras, Claude (PC)	99 739
	Cheung, Kenneth (ADMM)	4 108
	Desroches, Marie-Claire	2 282
	Côté, Gilles	1 676
	Moscovith, Philip	1 235
	Dmytryshyn, Ned	708

4 novembre 1990	DORÉ, Jean (RCM)	Élu: 129 209 voix
	Gagnon-Larocque, N. (PC)	45 221
	André, Alain (PMM),	22 732
	Melançon, Pierre-Yves (CDM)	10 282
	Bédard, Michel (PEBM)	5 025
	Dugré, Michel	2 098
	Métivier, Patricia	1 858
	Weizfeld, Abraham	1 831

Bibliographie

ADAM, Marcel, *La démocratie à Montréal ou le vaisseau dort*, Montréal, Éditions de l'Homme, 1972.

ANONYME, *Montreal in 1856*, Montréal, John Lovell, 1856.

ATHERTON, William Henry, *Montreal, 1535-1914*, Montréal, S. J. Clark Publishing Co., 1914.

BERTRAND, Camille, *Histoire de Montréal*, Montréal, Beauchemin, 1942.

BEULLAC, Pierre et Édouard FABRE-SURVEYER, *Le centenaire du Barreau de Montréal, 1849-1949*, Montréal, Librairie Ducharme, 1949.

BLANCHARD, Raoul, *Montréal: esquisse de géographie urbaine*, Montréal, VLB éditeur, 1992.

BORTHWICK, J. Douglas, *History of Montreal, Including the streets of Montreal, their Origin and History*, Montréal, D. Gallagher, 1897.

BRODEUR, Jean-Paul, *La délinquance de l'ordre*, LaSalle, HMH, 1984.

CHARLEBOIS, Pierre-Alfred, *La vie de Louis Riel*, Montréal, VLB éditeur, 1991.

COLLARD, Edgar A. *Montreal. The days that are no more*, Toronto, Doubleday, 1976.

COMEAU, Robert et Bernard DIONNE, *Les communistes au Québec, 1936-1956*, Montréal, Presses de l'Unité, 1980.

COOPER, John Irwin, *Montreal, the Story of Three Hundred Years*, Montréal, Lamirande, 1942.

DAGENAIS, Michèle, *La démocratie à Montréal. De 1830 à nos jours*. Montréal, Ville de Montréal, mars 1992.

DORÉ, Jean, *Pour Montréal*, Montréal, VLB éditeur, 1986.

EN COLLABORATION, *Histoire du mouvement ouvrier au Québec*, Montréal, CSN-CEQ, 1984.

GERMAIN, Annick, *Les mouvements de réforme urbaine à Montréal au tournant du siècle*, Les cahiers du CIDAR, Université de Montréal, 1985.

GOULET, Denis et André PARADIS, *Trois siècles d'histoire médicale au Québec*, Montréal, VLB éditeur, 1992.

GRAP, *Travaux et conférences 1975-1979*, Département d'histoire de l'art, UQAM, 1979.

HARDY, René, *Les zouaves*, Montréal, Boréal Express, 1980.

J. J. A., *Le sénateur Alphonse Desjardins: journaliste et homme public (1841-1912)*, Montréal, Éditions du Messager canadien, 1944.

JENKINS, Kathleen, *Montreal, Island City of the St. Lawrence*, New York, Doubleday, 1966.

KYTE SENIOR, Elinor, *British Regulars in Montreal*, Montréal, McGill-Queen's University Press, 1981.

LAMOTHE, J. Cléophas, *Histoire de la Corporation de la cité de Montréal*, Montréal, Montreal Printing and Publishing Co., 1903.

LA ROQUE, Hertel, *Camillien Houde, le p'tit gars de Ste-Marie*, Montréal, Éditions de l'Homme, 1961.

LEBLOND DE BRUMATH, A., *Histoire populaire de Montréal depuis ses origines jusqu'à nos jours*, Montréal, Beauchemin, 1913.

LEMIEUX, Vincent (dir.), *Personnel et partis politiques au Québec*, Montréal, Boréal Express, 1982.

LEMOINE, Roger, *Deux loges montréalaises du Grand Orient de France*, Ottawa, Presses de l'Université d'Ottawa, 1991.

LÉVESQUE, Robert et Robert-Maurice MIGNER, *Camillien et les années vingt*, Montréal, Éditions des Brûlés, 1978.

LEWIS, Sclater David, *Royal Victoria Hospital (1887-1947)*, Montréal, McGill University Press, 1969.

LINTEAU, Paul-André, *Histoire de Montréal depuis la Confédération*, Montréal, Boréal Express, 1992.

— *Maisonneuve*, Montréal, Boréal Express, 1981.

MARSAN, Jean-Claude, *Montréal en évolution*, Montréal, Fides, 1974.

MINVILLE, Esdras (dir.), *Montréal économique*, Montréal, Fides, 1943.

MONET, Jacques, *La première révolution tranquille, 1838-1850*, Montréal, Fides, 1981.

NAYLOR, Robin Thomas, *The History of Canadian Business 1867-1914*, Toronto, James Lorimer & Co. Publishers, 1975.

NELSON, Wolfred, *Wolfred Nelson et son temps*, Montréal, Éditions du Flambeau, 1947.

O'GALLAGHER, Marianna, *Grosse-Île, porte d'entrée du Canada (1832-1937)*, Québec, Carraig Books, 1987.

PATENAUDE, J. Z. Léon, *Le vrai visage de Jean Drapeau*, Montréal, Éditions du Jour, 1962.

PINARD, Guy, *Montréal, son histoire, son architecture*, Montréal, Éditions La Presse, t. II, 1988.

PURCELL, Susan et Brian McKENNA, *Jean Drapeau*, Montréal, Stanké, 1981.

RAYNAULT, Adhémar, *Témoin d'une époque*, Montréal, Éditions du Jour, 1970.

RENAUD, Charles, *L'imprévisible monsieur Houde*, Montréal, Éditions de l'Homme, 1964.

ROBERT, Jean-Claude, *Montréal (1821-1871). Aspects de l'urbanisation*. Thèse de doctorat, Paris, 1977.

ROBERTS, Leslie, *Montreal. From Mission Colony to World City*, Toronto, Macmillan, 1969.

ROY, Jean-Louis, *Édouard-Raymond Fabre, libraire et patriote canadien (1799-1854)*, Montréal, HMH, 1974.

RUDIN, Ronald, *Banking en français*, Montréal, Boréal, 1988.

RUMILLY, Robert, *Histoire de Montréal*, Montréal, Fides, t. I et II, 1970.

RUMILLY, Robert, *Histoire de Montréal*, Montréal, Fides, t. III, 1972.

RUMILLY, Robert, *Histoire de Montréal*, Montréal, Fides, t. IV et V, 1974.

RUMILLY, Robert, *Histoire de la Société Saint-Jean-Baptiste de Montréal*, Montréal, L'Aurore, 1975.

STANKÉ, Alain et Jean-Louis MORGAN, *Pax. Lutte à finir avec la pègre*, Montréal, Éditions La Presse, 1972.

TULCHINSKY, Gerald, *The River Barons*, Toronto, University of Toronto Press, 1977.

VAC, Bertrand, *Le carrefour des géants*, Montréal, Le Cercle du Livre de France, 1974.

YOUNG, Brian J., *Promoters and Politicians*, Toronto, UTP, 1978.

XXX, *Petite Bourgogne*, Montréal, Éditions du Québec, coll. «Les gens du Pays», n° 2, 1973.

Cahiers des Dix, vol. VII, XX, XXI, XXII, XXIII, XXIV, XXVIII, XXXVI.

Dictionnaire biographique du Canada, t. III, VIII, X, XI, XII.

Revue d'histoire d'Amérique française, t. V, XII, XIV, XXIII, XXIX, XXXII, XXXV.

Table

CET OUVRAGE
COMPOSÉ EN PALATINO 11 SUR 13
A ÉTÉ ACHEVÉ D'IMPRIMER
LE SEPT OCTOBRE MIL NEUF CENT QUATRE-VINGT-TREIZE
PAR LES TRAVAILLEURS ET TRAVAILLEUSES DES PRESSES
DE L'IMPRIMERIE GAGNÉ
À LOUISEVILLE
POUR LE COMPTE DE
VLB ÉDITEUR.

IMPRIMÉ AU QUÉBEC (CANADA)